述而作

版）

读《推背图》

许钦彬◎著

社会科学文献出版社
SOCIAL SCIENCES ACADEMIC PRESS (CHINA)

作者与北京师范大学博士生导师、北师大中国易学文化研究院院长、中国易学文化研究会会长、兼中国教育部人文社会科学重点研究基地山东大学易学与中国古代哲学研究中心教授、兼中国人民大学国学院教授张涛先生的合影

作者与北京师范大学硕士生导师，北师大中国易学文化研究院副院长，中国易学文化研究会副会长、秘书长邓瑞全教授的合影

作者与张涛、邓瑞全教授在一起探讨易学的合影

序 言

在我国历史上，唐太宗李世民执政时期，开创了我国历史上最为辉煌的旷古盛世。相传李世民曾邀请当时在他手下为官的著名的天象学家袁天罡和李淳风为其推算大唐的国运。袁天罡和李淳风就以推背的形式和《周易》的逻辑分析方法在现场作图画、谶曰及颂曰，为唐太宗演绎了著名的《推背图》。传说虽然唐太宗对其中有很多的不理解之处，也问他俩是何意，但袁天罡和李淳风则表示天机不可泄漏，予以婉言拒绝。

《推背图》最早见于南宋《桯史》中，《桯史·艺祖禁谶书》指出：唐袁天罡与李淳风共作图谶，预言历代变革之事，至六十图，袁推李背止之，故名其图谶为《推背图》。宋太祖即位后，曾下令禁止过谶书，但因为此书已流传了数百年，在民间或有藏本，难以禁绝，便取起旧本，紊其次而杂书之。

这件事明代郎瑛在《七修类稿》中也曾提到过：《推背图》，传李淳风作也，予尝于万都宪五溪处见之，杳难明验，因而告曰："记忆宋禁谶书，犯者日众，（宋太祖）特以此书紊其次而杂书之，传数百本于人间，使传者惛其先后，不复可验，遂为弃之，此或是欤？"五溪曰："得矣，可以告同类不观可也。"

另外，《推背图》见载于正史《宋史·艺文志》（仁寿本《二十六史》）内。

这样，根据《桯史》记载，我们就知道《推背图》有了两个传本，一为原本，一为赵匡胤紊乱其秩序的本子。今天我们看到的《推背图》是清乾隆年间的举人金圣叹评批的版本，原本仍保存于中国台湾的台北故宫博物院，与我们看到的没有什么出入。

笔者通过多年的研究发现，我们现在看到的《推背图》，确实是曾经被人紊乱其秩序的本子，这与宋太祖赵匡胤所为的"特以此书紊其次而杂书之"就刚好对应上了。

《推背图》中的六十象，原本就是根据中国历法中的十天干和十二地支相互组合成的六十甲子，对照中国龙文化中的易学理论，将后天八卦的排序与六十甲子一一对应，里面的谶曰诗句与颂曰诗句和图画中的画意，也全部用的是《周易》中的卦爻辞及六爻易数中的自然科学和哲学的逻辑分析，是对封建帝王加强政治管理的一些建议。

虽然谶曰诗句与颂曰诗句里的意思非常隐晦，令人难以理解，但从中我们仍可以看出，《推背图》与《周易》的写作手法恰恰是一致的，它们都是由中国龙文化中阴与阳这两个最基本的，既是相互对立的，又是相互统一的哲学概念所构成，其中阴的一部分是由符号、卦象、纳甲和易术筮法理论组成的，阳的那一部分是由谶曰诗句和颂曰诗句所描述的哲学思想和理论组成的。

笔者试着在这一方面做了一些努力和尝试，利用筮法中的六爻易术结合古汉语知识，再将帛书《周易》和通行本《周易》与

《推背图》加以对比，发现这样来解读《推背图》，反而对《推背图》有了一个更全新的认识。

笔者发现《推背图》中体现的大唐盛世的管理思想，也完全是汲取了《周易》中最优秀的取自于宇宙大自然运行的自然法则和客观规律，它与中国的儒家思想和法家思想，甚至老子的道家思想都有联系。所以笔者怀疑，唐太宗李世民在治理大唐时所使用的"海纳百川，兼收并蓄，为我所用"的思想，与经他治理后而达到的"旷世盛唐"与"四海之内皆兄弟"的辉煌景象，令世界各地的访客都惊羡的大唐长安的富庶、美丽和强盛，以及大唐在世界的政治、经济、文化舞台上占据了实力中心的地位，这些是否与袁天罡和李淳风的《推背图》有关呢？

在《推背图》中，袁天罡和李淳风用《周易》中取自于宇宙大自然运行的自然法则和客观规律，利用中国易学中政治经济哲学的理论（或政治与经济的哲学关系理论）阐述了对国家如何进行管理，如何去做一代杰出的君王，并对国家内政和外交事务以及未来世界的格局都做了明确客观的分析，不仅有积极的建议，甚至还有极其隐晦的批评。

可以肯定，《推背图》之所以用极其隐晦的语句表述，原因在于这是一部王者治国的宝典，系统地阐述了君王如何治国的理论，特别是对大唐的经济发展和如何提高国家的综合实力方面的建议，即使在今天对全世界各个国家的发展都有着积极的借鉴意义。

另外，《推背图》的这种写作方式对我们今天所有研究中国文化特别是研究易学思想的人都会很有帮助，也能打开一个全新的思路。

　　由于科学本身就是一个不断探索、不断发现和发展的过程，对《推背图》的评价也是一样。由于笔者只是一位易学爱好者，水平还很有限，书中对《推背图》的逻辑分析和演绎论述观点，也只代表本人的一家之言，演绎方法和解读得准确与否，还有待于历史学家和易学研究专家来下最后的结论。语言描述欠准确及作品中的错误之处，还希望更多的读者、学者、专家给予批评和斧正。

作品简介

　　该书是作者根据流传下来的通行本《推背图》，结合帛书和通行本《周易》，用易学的六爻易术筮法理论解读破译出的演绎作品，是一部集学术与通俗于一体的演绎读本。

　　本书从学术角度阐述了《推背图》如同《周易》以及它的标识——太极图一样，是由阴阳两个部分构成的，阴的一部分由符号、卦象、易术理论组成，阳的那一部分由谶和颂的文字描述组成。这阴阳两部分相辅相成的组合构成了一个不可分割的整体，就是我们常说事物矛盾的两方面既是对立的又是统一的。只有将这阴阳两部分结合成一个统一的整体去理解和证明才能真正明白《推背图》的本意，以及易学思想的博大精深。

　　其中谶和颂作为阳的那部分是对阴的（符号、卦象、纳甲和易术筮法理论）那部分的文字描述，而符号、卦象、纳甲和易术筮法理论作为阴的那部分利用形象思维和逻辑思维所推导出的结论，则恰恰是打开谶和颂真意的那把金钥匙，也是对阳的那部分文字描述的推演证明。它们都是《推背图》的重要组成部分。

　　所以本书也从无神论学术的角度，特别采用了六爻易术纳甲筮法理论进行了逻辑分析，否则任何一个人，如果只通过其中阴的或阳的那单独一部分内容就想真正知道《推背图》的本意，则都只能是雾里看花和水中望月。

通过作者的《解读〈推背图〉》，可以看出《周易》的思想理论，以一种独特的方式，在中国历史旷古盛世的大唐时期，就被使用于政治、经济、军事等指导过程。通过《解读〈推背图〉》也可以看出，《周易》就是中国古人将宇宙大自然的运行变化，完全融入了华夏思想文化体系，可以证明《周易》不仅是泱泱大中华，更是全世界现存于世保存最早、最完善、最系统的哲学、科学著作，而且是在公元前11世纪就已经成书的最古老的（自然、历史、社会、政治、经济、科学等）系统的唯物主义的文明文化教科书。

目　录

第一章　中国古代哲学体系简介

第一节　中国古人的自然哲学观

一　形象思维的中国古文化——《先天八卦》

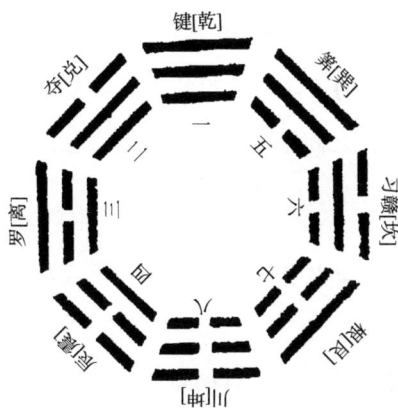

先天八卦

《先天八卦》为体、为根、为始、为生，是中国智慧的古人在一个四维的立体时空体系中对大自然原本就有的自然法则与客观规律所进行的形象思维的描述，即：

键〔乾〕：金是在高温下熔炼出来的，等；

夬〔兑〕：金是从矿脉中产出来的，等；

罗〔离〕：太阳是从东方升起来的，等；

辰〔震〕：植被是根生的，等；

箅〔巽〕：风、云、草是行走在地上的，等；

习赣〔坎〕：水是在低温下冷聚的，等；

根〔艮〕：山脉是高耸入天的，等；

川〔坤〕：大陆是漂流移动的，等。

……

这只是在《先天八卦》中针对大自然所描述的部分理论。

古人在开始的形象思维中，将人体与大自然进行了整体模糊的类比，发现微观的人体与宏观的大自然有着极其近似的对应关系，把他（它）们之间用拟人化的自然写意，能够进行真实的对应，比如：

1. 大自然就极其近似于一个头顶蓝天、脚踩大地的巨大人体；

2. 无边际的天空能够极其近似地对应人体大脑开阔的运动思维；

3. 日月能够极其近似地对应人体的双眼，日月光与闪电能够极其近似地对应人体的目光；

4. 金木水火土星能够极其近似地对应人体的五官与五脏；

5. 微风能够极其近似地对应人体的呼吸，狂风能够极其近似地对应人体的喘粗气；

6. 雷声能够极其近似地对应人体的发脾气，下雨能够极其近似地对应人体的流泪；

7. 阴天能够极其近似地对应人体的忧愁，晴天能够极其近似地对应人体的爽朗；

8. 黑夜能够极其近似地对应人体的睡眠，白昼能够极其近似地对应人体的活动；

9. 山脉能够极其近似地对应人体的骨骼，山谷能够极其近似地对应人体的经络；

10. 土壤能够极其近似地对应人体的肌肉，大地能够极其近似地对应人体的皮肤；

11. 植被能够极其近似地对应人体的毛发，露水珠能够极其近似地对应人体的汗珠；

12. 河流能够极其近似地对应人体的血脉，地气的涌动能够极其近似地对应人体的气血流动；

13. 湖泊、沼泽、湿地能够极其近似地对应人体的泌尿、生殖、排泄系统；

……

这只是在《先天八卦》中，将大自然和人体进行对应后，所描述的部分理论，而且都是在动态地变化。

以"一物一太极"的形象思维，《先天八卦》对应人的头部：

键［乾］——脑、思想、思维空间、反应、认识等脑部的功能；

夺［兑］——右眼、舌等；

罗［离］——左眼，左右眼与舌头在头部范围内具有的表现示意功能等；

辰［震］——声带，确切的指发出声音的功能，头发等；

筭［巽］——指喘气、呼吸、耳朵、眉毛等；

习赣［坎］——指眼泪、鼻涕、口水、嘴等；

根［艮］——指鼻子、牙等；

川［坤］——指面部肌肉等。

以"一物一太极"的形象思维，《先天八卦》对应人体的胸腹部：

键［乾］——胸腔、腹腔等；

夺［兑］——肺部、大肠等；

罗［离］——心脏、小肠等；

辰［震］——肝、胆等；

筭［巽］——经络、丹田、神经系统等；

习赣［坎］——肾脏、膀胱等泌尿系统；

根［艮］——胃、背等；

川［坤］——脾脏、胃等。

以"一物一太极"的形象思维，《先天八卦》对应整个人体：

键［乾］——头；

夺［兑］——右眼、舌等；

罗［离］——左眼；

辰［震］——左手、声音、毛发等；

筭［巽］——右手、呼吸、汗毛、眉毛等；

习赣［坎］——肛门、生殖器官等；

根［艮］——腿、全身筋骨等；

川［坤］——足、全身肌肉、皮肤等。

这只是将《先天八卦》与人体对应的部分理论。

中国古人在自然界里生产、生活的活动中，对宇宙大自然的万事万物不断地观察、总结，以形象思维的方式，拟人化地总结归纳出了"天地定位、雷风相搏、山泽通气、水火不相射"这样一个反映天地人合的、先天的自然运动法则和客观规律。

所以说《先天八卦》既是一部书又是一个图形，一组八个符号，一组八个数字，一组八个代表众多含义的汉字，是在向全人类描述和诠释：在人类对宇宙大自然具有系统的认知能力之前，万事万物的自我本身，以及具有万事万物的自然界，乃至整个宇宙的时空就已经是一个相对永恒的，并且是永恒变化的、充满生机的动态运行的时空平衡系统了。

这只是《先天八卦》理论中的部分的描述。

二 形象思维与逻辑思维的中国古文化——《后天八卦》

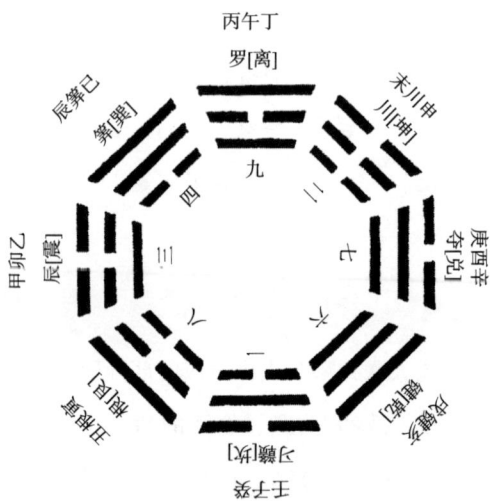

后天八卦

后天八卦为用、为变化、为运动、为过程，既可在平面，也可在立面，还可在一个四维的立体时空中，是中国智慧的古人对大自然中万事万物自然运动的法则与客观变化规律所进行的形象思维的描述，即：

平面对应：

东、南、西、北、东北、西北、东南、西南、中九个方位。

……

立面，四维立体时空对应：

1. 日在天上行、鸟在天上飞、火焰向上炎、热量向上走等；
2. 水在地上流、鱼在水中游、水向低处流、冷气向下走等；
3. 春来木生长、夏来木停生、秋来木凋零、冬来木休眠等；
4. 月夺太阳光、满望最亮泽、上下弦变化、晦朔光不见等；
……

这只是在《后天八卦》中，对大自然所描述的部分理论。

古人在形象思维中，对大自然中万事万物自然运动的法则与客观变化规律，又有了逻辑的思维，不但将人体与大自然进行了整体模糊的类比，还将人类社会与大自然进行了整体模糊的类比，发现微观的人体与宏观的大自然，以及人类的社会都有着极其近似的对应关系。

因此，中国智慧的古人就对大自然的整个系统，都有了一个系统的认知能力，并总结、归纳、创造了《后天八卦》。《后天八卦》的书图就具有了方向性、方位性、社会性、人事性、数字的概念性和逻辑性等等，对所有的自然属性和社会属性给予了明确的定义、定位、定量，把他（它）们之间用拟人化的自然写意，也能够进行真实的对应，比如：

键［乾］	夺［兑］	罗［离］	辰［震］	箅［巽］	习赣［坎］	根［艮］	川［坤］	中
天	月	日	雷	风	水	山	地	人类活动的任一点
六	七	九	三	四	一	八	二	五
西北	西	南	东	东南	北	东北	西南	中央
戌亥	酉	午	卯	辰巳	子	丑寅	未申	辰戌丑未（月）
秋冬	秋	夏	春	春夏	冬	冬春	夏秋	季（春夏秋冬）

黄偏白	白	红	青绿	黄偏青	黑	黄偏黑	黄偏红	黄
宇宙	金系星	火系星	木系星	木系星	水系星	土系星	土系星	地球
凉爽	凉	热	温	温暖	寒	寒温	热燥	适中温度
父亲	小女儿	二女儿	大儿子	大女儿	二儿子	小儿子	母亲	家庭
爷爷	小姑婶	母亲	大伯	大姑婶	父亲	小叔	奶奶	兄弟姐妹
老男人	少女	中年妇女	壮年男人	女人	中年男人	少男	老女人	社会
帝	妹	妇女	武将	宫女	文臣	弟	后	宫廷
生机	金属	火	树木	草木	水	石头	田地	土壤
智慧	欢乐	美丽	健壮	端庄	成熟	成长	稳重	形态
马	羊	禽鸟	鹿	鸡	鱼	鼠	牛	动物
龙	虎	牝牛	良马	孔雀	大鱼	龟	牝马	
脑	舌	眼	声	气	泪水	鼻	面	面部
胸腹	肺	心	肝	经络	肾膀胱	胃	脾	五脏六腑

……

这只是在《后天八卦》中，将大自然和人体，以及社会、方位进行对应后，所描述的部分理论，而且也都是处在动态的变化中。

由于天体中的星辰是左旋的，所以书图就明示了：

1. 太阳在夏至那一天在寅时从东方寅位升起，在戌时降落在西北方戌位。

太阳在冬至那一天在辰时从东方乙位升起，在申时降落在西方庚位。

2. 一年从立春那一天开始进入春天的寅月，标志着冬天的丑月结束。

一年从立冬那一天开始进入冬天的亥月，标志着秋天的戌月结束。

3. 寅丑在根［艮］八宫，根［艮］宫之寅为木，后天之数既为"三"，也为"八"。

戌亥在键［乾］六宫，键［乾］宫之亥为水，后天之数既为"一"，也为"六"。

……

这只是在《后天八卦》中，理论性地将大自然的运动法则和变化规律进行了描述，而且也都是处在动态的变化中。

有了《后天八卦》之后，中国智慧的古人针对宇宙大自然的整个体系中的自然科学，以《后天八卦》书图的方式，阐述得更加简单与明了、清晰与自然了。

这种表达方式，是典型的中国思想文化，在其中独特、综合而全面的哲学道理中，既包括了人类的形象思维，也包括了人类的逻辑思维，它向世人说明了中国的思想文化是动态运行的，是一个即将发生或即将结束的过程趋势，处在整个动态系统中运行的状态趋势，是与时俱进的。

比如在《后天八卦》中的数字，就既有概念性，又有逻辑性，既有运动的状态性，又有方向性，还有明确的方位性：

1. "三"为先天火，代表太阳光，也代表太阳处在旭日状态，表示生、旺，"九"为后天火，代表篝火光，也代表太阳处在落日状态，表示死、衰，罗［离］为阴，"三"为小、为生，"九"为大、为死，代表先天强、硬而后天软；

2. "四"为先天木，代表草本植物，也代表植物处在落叶状态，表示死、衰，"八"为后天木，代表木本植物的树木，也代表植物处在发芽状态，表示生、旺，辰［震］为阳，

"四"为小、为死，"八"为大、为生，代表先天软而后天强、硬；

3. "一"为后天水，代表河水，也代表河水处在奔腾状态，表示死、衰，"六"为先天水，代表雨水，也代表雨水处在落雨状态，表示生、旺，习赣［坎］为阳，"一"为小、为死，"六"为大、为生，先天软，后天强、硬；

4. "二"为先天金，代表月光泽，也代表月光处在满月状态，表示生、旺，"七"为后天金，代表金属光泽，也代表金属光泽处在月光的初晦状态，表示死衰，夺［兑］为阴，"二"为小、为生，"七"为大、为死，先天强、硬，后天软；

5. "五"为先天土，代表石、岩类，也代表土［沉积岩、石灰岩等］处在坚硬的状态，表示生旺，"十"为后天土，代表粉尘类，也代表土［沉积岩、石灰岩等风化后或其他原因所形成的粉尘类］处在松软的状态，表示死衰，川［坤］为阴，"五"为小、为生，"十"为大、为死，先天强、硬，后天软。

……

再比如在《后天八卦》中的数字的变化，就能够明确地描述出大自然的体系中，事物运动变化的法则与客观的规律，也是既有概念性，又有逻辑性，既有运动的状态性，又有方向性，还有明确的方位性：

1. 树木［先天"八"］在春天［后天"三"］发芽，在夏天［后天"九"］停止生长，在秋天［后天"七"］凋零落叶，在冬天［后天"一"］休息、冬眠；

2. 太阳［先天"三"］从东方［后天"八"］升起，到南方［后天"九"］停止升起，在西方［后天"七"］降落，在北方［后天"一"］休息（其实在继续运动，只是我们没看到，拟人化的表述就是休息）等待明天升起；

3. 月亮［先天"二"］在朔过后两天，开始生辉，出现蛾眉月，到了周天四分之一，出现上弦月，继续变化，逐渐到满望月，整个这一半的过程始终是月亮从东方［后天"三"］在逐渐地变圆、变亮，走到周天的一半［后天"九"］时，变成了满月［先天"二"］；月亮在既生魄时开始缺损，再走到离太阳四分之一周天时，就会出现下弦月，一直继续到晦，就看不见月亮了，整个这一半过程始终是月亮从西方［后天"七"］在逐渐地变缺、变暗，晦到朔这几天［后天"一"］月亮是黑的、没有反射出光泽；

4. 水［先天"一"］在天上形成雨［后天"六"］，下到地上从高处［后天"一"］向低处流，就汇合形成了河流［后天"一"］，流的过程灌溉了树木、雨林［后天"三"、后天"四"、后天"八"］，温度、热气［先天"三"、后天"九"］也会使水又蒸发到天空［后天"九"］形成云，众多的云积聚到一起，就会形成积雨云，遇到冷气［后天"七"］，就会形成雨滴［后天"六"］；

5. 金属［先天"一"］在高温烈火［后天"九"］中得到冶炼和锤炼，被制作工具在砍伐树木［后天"三"、后天

"四"] 中慢慢磨损，在雨水、河水［后天"一"］的浸泡中被氧化、锈蚀，在金矿中［先天"七"］被重新挖掘、采集，五行中只有金是克生的。

……

以上这些，只是在《后天八卦》中，理论性地将大自然动态的运动法则和变化规律，进行了其中一小部分的详细描述。西方哲学初期的毕达哥拉斯学派所提出的"万物皆数"的观点，其实就是与之极其类似的哲理。

所以说《后天八卦》，是中国智慧的古人利用中国哲学中古老的形象思维和逻辑思维的方式，向全人类诠释和描述：在人类具有了对宇宙大自然系统的认知能力之后，万事万物的自我本身，以及具有万事万物的自然界乃至整个宇宙都有生有死，有始有终，是一个循环的、生生不息的，相似于永恒的动态运行的时空平衡系统，并且是一个在永恒变化着，永远充满生机的动态运行的时空平衡系统。

第二节　中国古代哲学中万事万物的归类

帛书《周易》	键	夺	罗	辰	筭	习赣	根	川
通行本《周易》	乾	兑	离	震	巽	坎	艮	坤
先天八卦顺序	一	二	三	四	五	六	七	八
后天八卦顺序	六	七	九	三	四	一	八	二

1. 先天八卦代表的事物含义

键［乾］（一）：

上、天、高、神、龙、顶、首、健、易、道、大、不息、元、旋、古、久、昼、旧等

夺［兑］（二）：

泽、月、口、舌、言、说、美、悦等

罗［离］（三）：

太阳、火、电、焚、光、明、恶人、网罟、飞翔、红、羽、鹤等

辰［震］（四）：

雷、震动、行、出、作、兴、讲、响、音、生、笑、麋鹿、蕃、初、起、振、威、惊惧等

筭［巽］（五）：

风、霜、云、白茅、鸡、鱼、绳、蛇、手、舞、歌、高、入、伏等

习赣［坎］（六）：

水、月、乌云、沟、咸、大川、江河、渊、寒、泉、雨、耳、顺、尸、死、险、陷、毒、习、聚、归、阴液、灾、涕等

根［艮］（七）：

山、石、树根、背、鼻、手、脚、指、爪、沙、丘、穴居、星、尾、虎、豹、鼠、硕果、栗、止、闲、居、罢、友、道、小狐、狼等

川［坤］（八）：

下、大地、土、陆、身、形、晦、夕、暮夜、尸、丧等

2. 后天八卦代表的事物含义

键［乾］（六）：

天、君、父、天子、王、大人、圣人、善人、君子、武人、行人、高、宗、考、神、人、族、爱、信、龙、马、万物、金、玉、寒、冰、斗、郊、野、顶、首、直、健、易、敬、畏、威、严、坚、刚、道、德、良、善、生、好、祥、庆、嘉、誉、福、禄、始、大、得、盈、治、老、远、谋、不息、元、旋、荒、包、肥、古、久、大明、昼、百、圭、著、旧、西北方等

夺［兑］（七）：

泽、少女、月、姊、妹、妻、妾、友、巫、口、舌、言、说、祝、谢、教、刑人、酌、享、虎、羊、牲、右、西、美、容、金、角、见、悦、花瓶、西方等

罗［离］（九）：

太阳、火、电、礼、中女、母、妇、妹、主人、恶人、大腹、户、自、女兵、牢狱、网罟、瓶、甓、矢、飞翔、禽鸟、黄牛、牝牛、文彩、红、见、辉光、智、大吉、羽、樽、燔、焚、光、明、戎、鹤、南方等

辰［震］（三）：

雷、震动、帝、主、诸侯、行人、士、兄、夫、行、征、出、逐、作、兴、奔走、言、讲、议、问、告、响、音、应、交、惩、友、从、守、左、生、缓、宽仁、乐、笑、陵、祭、草莽、麋鹿、筐、趾、蕃、短木、缶、足、腓、拇、履、击、鼓、初、起、振、长子、祖、宗、公、百官、虞人、臣、百谷、坦道、圭、棺、椁、躬、身、戎、敕、威、仁、惊惧、东方等

箅［巽］（四）：

风、霜、云、长女、处女、妇、妻、宫人、商旅、长木、白芽、药、鸡、鱼、束帛、床、褥、绳、维、股、肱、手、舞、歌、解、高、入、伏、进退、号啕、命、规律、行事、号令、风谷、仁、资、利市、墉、归、桑、龟、蛇、处、交、东南方等

习赣［坎］（一）：

水、月、乌云、玄、沟、咸、大川、江河、渊、井、寒、泉、雨、中男、客、匪、盗、寇、弓弹、桎梏、弧、豕、弓轮、法、律、罚、耳、顺、尸、死、血、劳、志、惕、恤、愁、悔、疑、忧、心病、险、陷、隐伏、欲、毒、习、聚、归、入、膏、阴液、灾、涕、罪、北方等

根［艮］（八）：

山、石、树根、背、鼻、手、脚、指、爪、沙、丘、干、磐、门庭、宫殿、域、庐、舍、穴居、社稷、星、斗、经络、少男、君子、贤人、弟子、小人、孤、童、仆、晦、尾、皮、虎、豹、鼠、小屋、硕果、栗、华、止、慎、节、执、引、取、求、牵、纳、握、炙、厚、笃实、积德、多识、信、思、差、休、闲、居、罢、防、颠、弟、官、友、道、时、小狐、狼、肱、教堂、宗、观、寺、庙、东北方等

川［坤］（二）：

大地、王后、土、佳妻、百姓、群众、女人、母、妇、妣、姓、城邑、隍城、田、畴、邦、国、家、宅、陆、闭、关、黄牛、牝马、大舆、腹器、厚德、甘、肥、身、安、负、利、富裕、虚、谷、经营、吝啬、迷、欲、形、过、恶、害、乱、冥、晦、夕、暮

夜、朋、方正、光大、顺从、终、无疆、事业、庶政、尸、康、辽、寡、营、下、书、永、逊、近、思、默、密、耻、怨、丧、年、户、齿、辐、西南方等

也可参照本章上一节中所谈的一、二、三、四、五、六、七、八、九、十这十位数字运动变化的法则、规律，表达了大自然中的万事万物永远都处在一个运动变化的状态之中。

西方哲学初期的毕达哥拉斯学派所提出的"万物皆数"的观点，其实就是与之极为类似的哲理。

先天与后天最明显的区别在于数字代表的意义发生了极大的变化，原因是中国人智慧的先祖，先天思维时，通过形象的思维对比，在观物取象时，经过仔细的类比，发现自然界的万事万物，以及自然运动的法则与规律，是在人类形成对它们的认识之前就已经是一直这样存在于大自然中的，可以极其近似地与八卦和符号、数字等一些简单直观的意思进行一一的对应，中国古人称之为"体"和"先天"。

由于人类在不断地进化，中国人智慧的祖先通过实践与劳动，后来又逐渐掌握了大自然中的万事万物的动态运动变化的法则和规律，并将这些先天自然运动的法则与规律，总结、类比、归纳、延伸进来了许许多多的事物，甚至是所有的事与物，而且通过利用数字的变化，就能够完整地对大自然的所有事物进行整体而模糊的静态和动态描述，从而就逐渐产生了文化与文明，并将这些文化与文明应用到了社会的生产和生活当中，形成了一个完整的文明文化体系，中国古人称之为"用"和"后天"，言简意赅。

3. 十天干代表的事物含义

甲——代表阳木、高大强硬的树木、大风、东方等；

乙——代表阴木、柔弱的小草、灌木、微风、东方等；

丙——代表阳火、旺盛的太阳之火、高温的炉火、强烈刺目的光线、南方等；

丁——代表阴火、柔弱的篝火、烛火、亮光、南方等；

戊——代表阳土、强壮干硬的山石、岩石、卵石、中部、中央等；

己——代表阴土、柔软的粉尘、砂土、黏土、中部、中央等；

庚——代表阳金、强硬的工具、刀斧等金属以及西方、寒气等；

辛——代表阴金、柔软的黄金、白银等可用于装饰的金属以及西方、凉爽等；

壬——代表阳水、江、河、海、大雨等强势的水资源以及寒冷、黑暗、北方等；

癸——代表阴水、细雨、露珠、小溪、流淌、清凉、液体、阴暗、北方等。

4. 十二地支代表的事物含义

子——代表阳水、江、河、海、大雨等强势的水资源以及寒冷、黑暗、北方等。

丑——代表阴土、植被与水分充足的山脉、稀泥、沼泽、湿地、东北方等。

寅——代表阳木、树根、树干、大树、东方等；寅也为驿马星，在最古老的古汉语言文学中，也代表动词中的生长、打雷、竞争等。

卯——代表阴木、草根、草木、树叶、东方等。

辰——代表阳土、海岸、河堤、水库堤坝等湿土以及东南方等。

巳——代表阴火、篝火、炉火、窑火、阳光、温暖、温热、东南方等；巳也为驿马星，在最古老的古汉语言文学中，也代表动词中的照射、刮风、捆绑等。

午——代表阳火、太阳之火、火种、阳光、炎热、南方等。

未——代表阴土、沙漠、干旱的土地、炎热、蒸发、西南方等。

申——代表阳金、上升、劈下、强硬的刀斧等金属工具以及西方、凉爽等；申也为驿马星，在最古老的古汉语言文学中，也代表动词中的闪电、劈、窜等。

酉——代表阴金、雕刻刀、柔软的黄金、白银等可用于装饰的金属以及西方、凉爽等。

戌——代表阳土、燃烧过的灰烬、燥土、凉爽、西北方等。

亥——代表阴水、雨水、小溪、流淌、液体、清凉、阴暗、北方等；亥也为驿马星，在最古老的古汉语言文学中，也代表动词中的流淌、流泪、睡觉等。

5. 子孙、妻财、官鬼、父母、兄弟、世、应，经过归类后所代表的事物含义

子孙：生机、生命、机能、生物、动物、小孩子、后代、苗头、财源、果实、种子、福气、规律、秩序、工艺、工序、健康、医药、医生、卫生等；

妻财：妻子、小妾、能量、富饶、富裕、能源、资源、财富、食物、钱财、货币、丰收、收成、物品、病源等；

官鬼：官员、官位、表率、约束、管理、壮观、壮丽、妖娆、匪盗、骗子、灾难、疾病、糊涂、高价、困惑、艰难、险阻、困苦、战斗等；

父母：大自然、事业、安全、保护、庇佑、文件、文章、组织、纪律、法律、制度、父母、家庭、房屋、村庄、车船、教育、成功、名气、环境、权力、国家、江山、社稷、百姓、人民、军队等；

兄弟：大规模、势众、势力、众多、联合、帮助、团结、朋友、兄弟、姐妹、破财、劫财、亏损、损失、损伤等；

世：自己、本人、我方、己方，身在主体现象和变化现象事物发展过程之中，并在观察、思考、认识和执行的局中人；

应：此事、对方，事物变化的起源与事物变化的结果，对方的开始与对方的结果。

6. 初爻、二爻、三爻、四爻、五爻、六爻，经过归类后所代表的事物含义

初爻：开始、基层、基础、地面、脚部、百姓、农民、工人等社会底层的位置；

二爻：开始、门口、房屋、道路、过程、轨道、心理、心里、腿位、床位、嘴位、篱笆位、轮位、手位、生殖器位及工人、小商贩等社会阶层的位置；

三爻：半天空、过程、轨道、半山腰、腹部、腰部、手部、臀部、白领等社会中产阶层的位置；

四爻：半天空、过程、轨道、半山腰、胸部、背部、手臂部、金领等社会中高产阶层的位置；

五爻：天空、过程、心脏、心理、眼位、头部、脑位、院墙位及君王等社会高层、实力、实权的位置；

六爻：天空、太空、结束、结果、头顶、脑子、山顶、尾巴及老人、退休、安逸等社会阶层的位置。

第三节　中国古代哲学中的事物具有
自然关系的逻辑体系

《后天八卦》中隐藏着十天干和十二地支，十天干和十二地支被类比归类后，所能代表事物的意义实在是太多了，中国智慧的古人利用了拟人化的形象思维和逻辑思维，生动地描述了事物在运动变化的不同时期，所表现出的不同运动变化状态。

一　十天干生旺死绝表（用形象与逻辑关系，拟人化编制的表格）

物质运动变化的状态	五阳干				五阴干			
	甲	丙戊	庚	壬	乙	丁己	辛	癸
长生	亥	寅	巳	申	午	酉	子	卯
沐浴	子	卯	午	酉	巳	申	亥	寅
冠带	丑	辰	未	戌	辰	未	戌	丑

物质运动变化的状态	五阳干				五阴干			
	甲	丙戊	庚	壬	乙	丁己	辛	癸
临官	寅	巳	申	亥	卯	午	酉	子
帝旺	卯	午	酉	子	寅	巳	申	亥
衰	辰	未	戌	丑	丑	辰	未	戌
病	巳	申	亥	寅	子	卯	午	酉
死	午	酉	子	卯	亥	寅	巳	申
墓	未	戌	丑	辰	戌	丑	辰	未
绝	申	亥	寅	巳	酉	子	卯	午
胎	酉	子	卯	午	申	亥	寅	巳
养	戌	丑	辰	未	未	戌	丑	辰

胎——孕育 　　　　　　　　　　　　　　养——出生　　　长生——成长
沐浴——洗澡、启蒙、教育、洗去眼前的障碍　冠带——成人　　临官——壮大
帝旺——顶峰　　　　　　　　　　　　　衰——衰老　　　病——生病
死——死亡　　　　　　　　　　　　　　墓——坟墓　　　绝——消散

（一）甲

1. 雨林、大树生长在（亥）雨水比较充足的地方，大树的生长状态及环境比较好，就像小孩在不断地发育成长一样。

2. 雨林、大树生长在（子）河水边上，大树的生长环境及状态比较好，就像小孩在河边洗澡一样。

3. 雨林、大树生长在（丑）水分较足的山包上，树长得茂盛，像鸡冠，就像山包这么个人在成人仪式上，头上戴了顶象征已成人的帽子一样。

4. 雨林、大树生长在（寅）自己的树根之上，非常茂盛，而树根在地上趴伏着，就像上级长官光临此地，树根在拜见长官

一样。

5. 雨林、大树生长在（卯）草滩上，显得茂盛极了，小草在周围弯着腰，树叶在地上趴伏着，就像拜见大树这个帝王一样。

6. 雨林、大树生长在（辰）河堤上，树根把持着堤土，不让水土流失，就像显得很累的样子（树根也像钢筋，土也像混凝土）。

7. 雨林、大树旁有（巳）篝火在烤着，就像大树很难受，像人生病了一样。

8. 雨林、大树在（午）烈日下暴晒着，就像大树和人快要被晒死了的过程情景一样。

9. 雨林、大树如果长期在（未）热土中无水滋润，就像人进入了坟墓的情景一样。

10. 雨林、大树被（申）刀削斧砍，就像人们也在被刀削斧砍一样，一会儿就气绝了。

11. 雨林、大树如果被（酉）用于去雕刻，就像大树是很好的雕刻坯胎。

12. 雨林、大树在受用周围的草叶被烧过而变成的草木灰、肥料（戌），就像胎儿出生时得到了奶水的营养成分一样。

（二）乙

1. 草原上的草木在（午）阳光的照耀下苗壮成长，就像小孩在享受适宜的阳光照耀。

2. 草木就像小孩一样沐浴着阳光，就像在享受着（巳）篝火的温暖。

3. （辰）河堤上的草木就像人长出的毛发，就像有些鸟长着的羽毛和冠，又像头上戴了顶在成人仪式上戴的帽子。

4. 草木生长在自己的（卯）根系上，非常茂盛，草根在地皮上趴伏着，就像长官亲临此地，拜见长官一样。

5. 草木生长的周围有大树的（寅）根系，趴伏在地皮上，就像帝王受臣民拜伏。

6. 草木在（丑）湿度较大的山坡上，根系把持着泥土，保持着水土，就像显出了很累的样子。

7. 草木在（亥）阴冷天或在水中泡着，就像小孩生病了一样。

8. 草木在（子）寒冷天或一直被雨淋着，就像涝死了一样。

9. 草木在（戌）被烧过的土地上变成了草木灰、肥料，就像入了坟墓一样。

10. 草木在（酉）月也就像被小刀割除一样，就像一下就没了、绝了。

11. 草木在（申）月都结种了，就像在等待时机，再生长了。

12. 草木在（未）温暖的土壤中，就像出生、冒芽了。

（三）丙

1. 太阳在（寅）位（寅）时一点一点地露头，就像小孩子出生后，在长个儿一样。

2. 太阳在（卯）位（卯）时跳出海平面，就像小孩子刚洗完澡一样。

3. 太阳在（辰）位（辰）时，就像小孩子发育成小伙子了，游泳后从大海里出来，站在海岸上穿衣戴帽一样。

4. 太阳在（巳）位（巳）时，此时的太阳要与篝火相比，太阳就像是篝火的长官。

5. 太阳在（午）位（午）时，就像帝王在自己的帝位上正在行使权力，发出炽热的光。

6. 太阳在（未）时（未）位，就像帝王为百姓、国家操劳、做事，已经很疲惫了。

7. 太阳在（申）时（申）位，就像丙火在煅造申金工具等，劳累过度得病了一样。

8. 太阳在（酉）位（酉）时，太阳之火太弱了，就像连手饰之金属都熔化不了一样。

9. 太阳在（戌）位（戌）时，太阳就像橙色的骏马要去休息了一样。

10. 太阳在（亥）位（亥）时，就像太阳之火被滂沱大雨给浇得躲起来而睡着了一样。

11. 太阳在（子）位（子）时，就像太阳之火被奔腾的河水给惊醒了，快睡醒了一样。

12. 太阳在（丑）位（丑）时，太阳醒了，就像养好了神，调整一下能量，准备出来了一样。

（四）丁

1.（酉）月的时候，草都死了，就像柔软的干草可以引发星星之火，点燃篝火。

2. 割（申）下漫山遍野的草供给篝火，那篝火就像沐浴在草的海洋中一样。

3. 干草燃起的篝火在小山包（未）上，小山包就像戴了顶篝火形状的尖帽子。

4. 篝火是干草借助太阳（午）之火点燃的，就像是篝火得到（午）火上级长官的点拨、栽培和提拔使用一样。

5. 篝火在草多、草干，且有风（巳）的地方（巳）燃烧，就像帝王在为百姓和国家的事业，在蒸蒸日上一样。

6. 篝火用湿（辰）地上的湿草去点就不会燃，即使点燃了也着不旺，就像火焰很疲劳的样子。

7. 篝火用还正湿着的（卯）草、叶去点就会冒烟，火焰就像是生病了一样。

8. 篝火用湿的树根（寅）去燃烧，篝火一会儿就熄灭了，就像是人死去了一样。

9. 篝火熄灭之后的草木灰和在湿的山包（丑）和稀泥（丑）中，草木灰就像进了坟墓一样。

10. 就像在（子）河面上怎么能够点燃篝火呢？

11. 雨水（亥）的来临能使小草得到滋润而发芽、生长，就像（丁）篝火也有了生的希望。

12. 草木在被烧过的（戊）土地上有了草木灰肥料，新生的草得到营养，草木就像是野火烧不尽，春风吹又生一样。

（五）戊

1. 火山运动的岩浆（戊土）在蠕动，就好像太阳如同小孩子一样在（寅位）露头生长。

2. 火山运动的岩浆在流动，而地气又在咕嘟、咕嘟地吐泡泡，就像是岩浆在洗澡一样，也像太阳在（卯）位（卯）时一样。

3. 火山岩浆喷出来，喷在火山口边沿（辰）上，就像火山戴上了在成人仪式上戴的帽子一样。

4. 火山岩浆喷起来，像篝火（巳）一般高，就好像火塘中的长官、领导正在跃起，发号施令、高人一等的样子。

5. 火山岩浆喷到半空中（午），就像帝王高高在上、叱咤风云的样子。

6. 火山岩浆喷发，有了衰退之象，就像帝王为百姓（未）、国家忙累了一样。

7. 火山岩浆喷发，无精打采了，慢慢地停下来不喷了，就像是人受了凉（申）而生了病一样。

8. 火山岩浆逐渐凝固了，就像是人死了之后遇到冷气（酉）而逐渐变僵硬了一样。

9. 火山岩浆完全凝固了，就像人死了装入棺材、埋入坟墓一样，像烧过的土（戌）。

10. 正在高温的岩石，遇到雨水（亥）浇下来，会受凉收缩而迅速崩裂，就像是到了绝地一样。

11. 岩浆流入大海（子），岩浆就会迅速冷却而形成大块、大块的岩石，就像是胎儿在发育成形一样。

12. 火山喷发逐渐熄灭、停止了，就像是岩石突然地在湿土（丑）上、在山脉（丑）上出生了一样。

（六）己

1. 淘金（酉）时，就像会被水冲出很多的沙土。

2. 冶炼金属（申）矿石时，矿石渣就像是在火焰中沐浴的样子。

3. 土形的山包（未）在大地上就像是一顶方形的，在成人仪式上戴的帽子。

4. 土地在太阳（午）的暴晒下，没有任何不良反应，就像能够经得住上级长官的考验一样。

5. 土壤制成的陶坯，在窑火（巳）中被烧结而形成大器，与原来普通的土壤相比，就像是变成了大器的帝王一样。

6. 土壤培制的河堤（辰），若洪水袭来时，就像人上了年纪而有点力不从心的样子。

7. 土壤在草原上被草根（卯）盘住、抓住、捆住，就像是人被病魔缠住了身体和手脚而不能自由活动了一样。

8. 土壤在森林中被树根（寅）扎进去、捆绑住，就像是人被扎透和绑住而死了一样。

9. 土壤在山脉、山包（丑）中，就像是进入了它自己的坟墓中一样。

10. 土壤在洪水（子）的冲击、冲刷下，就像顷刻就绝迹、消失了。

11. 土壤在雨水（亥）的浸泡下，沉积、凝固在地表，就像是土壤在怀胎成形一样。

12. 土壤上的植被刚被烧过，会露出烧过的土地（戌），就像是土壤重新获得了新的生命一样。

（七）庚

1. 能用于制作工具的金属材料，在炉火（巳）中加热，并得到千锤百炼，就像成长起来一样。

2. 制工具之金属在太阳（午）之火的极高温度下熔化，就像是制工具之金属在自己被火焰所熔化的溶液中沐浴，将要被重新浇筑成形一样。

3. 被烘干的沙型模具（未），就像是一顶圆形的在成人仪式上戴的帽子一样。

4. 矿石中的金属（申）成分一旦被提炼出来，制造成劳动和生产的工具，就像人被领导提拔重用一样。

5. 金属能被制造成工具所发挥的作用，与装饰金属（酉）制成的工具相比较，耐用与锋利程度，（庚）就像是帝王一样。

6. 金属材料被火烧过后，会呈现出退火的样子，就像被烧过的土（戌）所呈现出的颜色一样，又像是人老了衰退了一样。

7. 金属材料在潮湿空气或（亥）雨水中会被氧化而表面生锈，就像是人生了大病时的情景一样，会面色难看。

8. 金属材料在（子）河水中泡着，就会被锈蚀，就像是人逐渐在死去一样。

9. 锈蚀之后的氧化铁被弃在湿土（丑）烂泥中，就像是人入了坟墓一样。

10. 金属材料被制作成刀斧，用来不断地砍伐大树（寅）、树根，就像很快就会受到磨损，消失殆尽一样。

11. 长满含金属元素的小草（卯）的山脉里，蕴藏着含金属的矿石，就像是金属的坯胎。

12. 矿山、矿坑（辰）中的金属新矿被不断地挖掘，就像开采出来一样。

（八）辛

1. 用河水（子）淘金，逐渐增多，就像小孩子在生长中，越长越大的样子。

2. 在雨水（亥）中冲刷做装饰用的金子，就像给金子洗澡后，渐渐地露出了光泽一样。

3. 在被烧过野草的土地上（戌）金子暴露出了头，就像狗头金露出来的小帽子一样。

4. 这种狗头金与从沙土中淘出的沙金（酉）相比，就像是当官的模样。

5. 金子的光泽与能制作成劳动工具用的金属（申）的光泽相比，金子的光泽就像是帝王那么夺目了。

6. 金子的本性本来是很凉爽的，如果在热土（未）中，会失去凉润的感觉并改变颜色，就像是人在衰老了一样。

7. 金子在阳光（午）下暴晒会受热，在高温下被加热则会熔化，就像人生了病在发着高烧一样。

8. 金子在（巳）火中被高温加热，逐渐溶化了，就像是人逐渐地在死去一样。

9. 金子在湿土（辰）中，就像是人被埋入了坟墓一样，身上是凉的。

10. 如果用金子去制作劳动生产工具，就好像草（卯）一样柔软的东西就能使工具很快磨损，消耗殆尽的。

11. 金子是在像树根（寅）一样的矿山、矿脉中被发现，并得到采掘，就像诞生了一样。

（九）壬

1. 水蒸气在持续不断地向上升（申）腾，就像向积雨云在积聚。

2. 水蒸气的密度加大，并遇到冷空气（酉），形成了积雨云中上下翻滚的小水珠，就像水珠自己在洗澡一样。

3. 在天空（戌）积雨云中所形成的雨滴开始向下落，就像是黄帝所戴的帽子前后垂着一串串的小珠子一样。

4. 雨水（亥）落到地面所溅起的水花，就像是长官、领导迈步行走踩出的水花，在亲临视察。

5. 雨水汇流成大河之水（子），奔腾而巨浪滔天的模样，就像是帝王在指点江山。

6. 奔腾的河水在山脉（丑）中，被阻挡着，缓慢地流淌着，就像人在稀泥中艰难跋涉，显出很累的样子。

7. 河水流到雨林（寅）中之后，就会不断地被雨林所吸收，就好像河水显不出任何的威力，跟人生了病无精打采的一样。

8. 河水流入湿地、草滩（卯）中，则几乎找不到任何河道、河水的痕迹，就像是河水突然消失、死亡了一样。

9. 河水流到水坑、水库（辰）之中，则被圈了起来，就像是河水进了墓地，再也见不到奔腾、流淌的模样，显得非常平静的样子。

10. 用篝火（巳）烧鼎中的水，也能把水烧干、蒸发完。

11. 太阳（午）之火的炽热温度，使得大河之水能形成水蒸气，就像是水的原始胚胎。

12. 水蒸气在燥热的午后（未）大量地形成了，就像准备向天空运动去积聚成云。

（十）癸

1. 雨水淋到坡地草木植被（卯）上，草与草之间的小缝隙之水汇成了小溪，小溪汇成了小河，就像河水聚集成长一样。

2. 雨水淋到雨林（寅）中，雨水在雨林的绿色苍茫中，就像在沐浴一样。

3. 雨水淋到山脉（丑）上，就像是山脉戴了顶前后都垂着小雨珠的帽子一样。

4. 雨水淋入大河（子）之中，就像是大河得到了美酒和美食，增加了新鲜的血液和能量，欢快地在奔腾一样。

5. 雨水（亥）前赴后继不停地飘落下来，就像是水龙王来到了地面上在视察雨情。

6. 雨水淋到干燥的（戌）土上，没有对燥土起到任何滋润作用，随后又蒸发了，就像雨水还很累的样子。

7. 雨水淋到手饰之金（酉）上，起不了任何作用，还能使之氧化而表面难看，就像雨水将传染病传给了金首饰一样。

8. 雨水淋到（申）金属工具上，使工具金属氧化生锈，就像雨水有恶性传染病而使金属工具受到侵蚀，工具就好像要死去一样。

9. 雨水淋到干燥的沙漠热土（未）上，毫无作用，很快就被蒸发，就好像雨水进了坟墓，被埋在了土里一样。

10. 雨水淋到炽热的像（午）太阳之火的高温火焰的环境中，就像会一下子就被高温蒸发了，没了、绝了。

11. 雨水淋到像（巳）篝火一般温度的热环境中，就像雨水会被蒸发、积聚成为积雨云的胚胎。

12. 雨水淋下来积聚在（辰）水库、湖泊、海洋里而产生大量浓密的水蒸气，就像真正的雨水处在婴儿的时期一样。

二 事物相生的逻辑关系

水生木：植被需要水来滋润；

木生火：植被能使火焰燃烧；

火生土：火焰燃烧后的灰烬回归成土壤；

土生金：金属矿产都藏在土壤和山脉中；

金生水：1. 金为寒，寒冷能将水汽凝结成水滴；2. 金属在一定的条件下成为液体。

三 事物相克的逻辑关系

水克火：水流能浇灭火苗；

火克金：火焰的高温能熔化金属；

金克木：金属的硬度和密度都大于植物的硬度和密度时，金属工具能损伤植物；

木克土：植被的根系能够牢固地深入到土壤之中，把持土壤，固住水土；

土克水：土壤能够吸收水分，堤坝能够围住水流。

四　事物相泄的逻辑关系

木泄水、火泄水：植被能消耗、挥发水分，高温能蒸发水分；

火泄木、土泄木：火焰能消耗、燃烧植被，土壤能消耗植被的生命力；

土泄火、金泄火：灰烬的产生消耗了火焰的能量，金属的熔化也消耗了火焰的能量；

金泄土、水泄土：金属矿石的氧化，水土的流失，都能将此矿石及土壤的性质改变；

水泄金、木泄金：金属每一次被熔化，都会产生一些氧化皮的损失，用金属制作的刀、锯在砍伐树木的时候，也会磨损。

注：自然界所有事物中的生、克、泄在《三命通会》中论述得非常详细，读者若有兴趣可以去参考《三命通会》。

五　事物相冲的逻辑关系

子午水火冲、丑未两土冲、寅申木金冲、卯酉木金冲、辰戌两土冲、巳亥火水冲，顾名思义相互在一条直线上的碰撞谓之冲，如同在同一条铁轨上相对方向行驶的两列火车正好迎头相撞，参照《后天八卦》书图，就很好理解。

六　天干事物相合的逻辑关系

（一）甲己合化土：草木和树木最终都会变化成土壤。

（二）乙庚合化金：草木一秋，小草与树叶都会在秋天凋零，呈现出收敛的特性。

（三）丙辛合化水：

1. 金属在炉火的烈焰冶炼下会熔化成流动的液体；

2. 金属在火焰的烧烤下会从表面析出水分；

3. 热空气和冷空气的交汇会形成雨水。

（四）丁壬合化木：

1. 丁火（亮光）和壬水（黑暗）合化成木（目之谐音），如同在黑暗的夜晚，只要有一点光亮，眼睛就能够看得见；

2. 阳光与水分能使植物发生光合作用。

（五）戊癸合化火：岩石熔化时，呈现出的是火性的高温状态。

七　地支事物六合的逻辑关系

（一）子丑合化土：

子代表：水、寒冷、北方、冬天、阴黑暗、鼠等，属水；

丑代表：湿土、稀泥、冻土、东北方、黑暗、牛等，属湿土。

1. 稀泥是水与土的混合物；

2. 湿土在严寒下会形成冻土；

3. 每年的十一月和腊月是全年最冷的月份，每天的子时和丑时是一天最黑暗、最冷的时间；

4. 老鼠居住在地下潮湿的洞穴中，所以是合化土。

（二）寅亥合化木：

寅代表：大树、树根、立春、凌晨、东北方、虎等，属木；

亥代表：雨水、天空、立冬、晚上、西北方、猪等，属水。

1. 雨水浇灌雨林、植被，雨林、植被中也存储着大量的水分；

2. 虽立春开始暖和，却还有寒意，虽立冬开始有寒意，却还有暖意，每天的寅、亥时也是如此；

3. 野猪被老虎吃了，猪肉到了虎的胃里就随虎了，所以是合化木。

（三）卯戌合化火：

卯代表：草木、早春、东方、早晨、兔子等，属木；

戌代表：山丘、深秋、西北、傍晚、狗等，属燥土。

1. 太阳从东方升起，到西方降落；草能引火，燃烧后变成灰烬。

2. 每年这两月的气候宜人，每天这两个时辰的温度也宜人。

3. 兔子是跳着走的，就像火焰的跳动，狗是热性的，是伸着舌头散热的，都有火的性质，所以是合化火。

（四）辰酉合化金：

辰代表：河岸、湖泊岸、海岸、夹着河流的山脉、晚春、东南方、虫子（从卵到成虫、到蛹、到飞蛾的那种会变化的虫子）

等，属湿土；

酉代表：金属、中秋、西方、凉意、鸡等，属金。

1. 金子、金属矿石是产自河岸以及山脉的矿脉中的；

2. 山林、灌木丛里是野鸡的家园；

3. 鸡吃虫，虫子到鸡的胃里就随了鸡，所以是合化金。

（五）巳申合化水：

巳代表：热空气、风、草、篝火、炉火、火焰、初夏、东南方、蛇等，属火；

申代表：冷空气和刀、斧、剑、戟、锯、锄等金属工具、西方、猴子等，属金。

1. 热空气与冷空气互相交汇，能形成雨水。

2. 金属被火焰的高温熔化成金属液体（滚烫的液体火金）；刀、斧、剑、戟、锯、锄等工具在火焰中被烧软锤打；下大雨时闪电打雷的光亮。

3. 蛇像蜿蜒的绳子，蛇在树林中蜿蜒着窜动；申像伸直的绳子，猴子在树林中上窜下跳着窜动。

4. 蛇与猴的行动都像是火焰的蔓延和火焰的跳动，而且猴子被蟒蛇抓住吃掉，属金的猴子到了蛇的胃里就随蛇了，蛇既是冷血动物，又是巳火，所以是合化水，或者是滚烫的液体火金。

（六）午未合化土：

午代表：太阳、火、中午、炎热、南方、夏天、亮丽、暴躁、马、鸟等，属火；

未代表：燥土、热土、午后、西南方、季夏、温顺、羊等，属燥土。

1. 被阳光灼热的干土地；

2. 每年的五、六月正是炎热的时候，每天的午、未时也正是炎热的时候；

3. 鸟、禽类属火的动物是用干燥的沙土来清洁自己的身体，暴躁的骏马被驯服后就如同绵羊一样的温顺，所以是合化土。

不过在古历法中，太阳在天球所处的位置与北斗的杓所指的星区，有着密切的关系。正月，太阳在亥位，斗杓指寅位；二月，太阳在戌位，斗杓指卯位；三月，太阳在酉位，斗杓指辰位；四月，太阳在申位，斗杓指巳位；五月，太阳在未位，斗杓指午位；六月，太阳在午位，斗杓指未位；七月，太阳在巳位，斗杓指申位；八月，太阳在辰位，斗杓指酉位；九月，太阳在卯位，斗杓指戌位；十月，太阳在寅位，斗杓指亥位；十一月，太阳在丑位，斗杓指子位；十二月，太阳在子位，斗杓指丑位。所以子位与丑位对应，寅位与亥位对应，戌位与卯位对应，辰位与酉位对应，午位与未位对应，这就是合气。在《周礼》"大司乐"甲的音歌乐律中已有这样的记载了。由于太阳的位置标志天区的划分，斗杓所示星区指明大地的方位，所以这样对应的就是天、地的合气。

八 地支事物暗合的逻辑关系

暗合的发生，是自然界的事物在相互平衡的状态下，悄悄地、自然地发生的变化。

1. 卯申暗合成金局：

金局：如同自然界的草木到了秋天会自然地干枯、凋零、被自然所肃杀。

2. 午亥暗合成土局和木局：

土局：两个地支中的甲木和己土合化成土，如同草木和树木都会变化成土壤一样；

木局：（1）两个地支中的丁火（亮光）和壬水（黑暗）合化成木（目之谐音），如同在黑暗的夜晚，只要有一点光亮，眼睛就能够看得见；

（2）阳光与水分能使植物发生光合作用。

3. 寅丑同类暗合：

寅（根）丑（艮）形象一致，同在根［艮］八宫，是暗合。

九　地支事物六害的逻辑关系

（一）子未相害：河水流到干燥的沙漠中，水在损失，未的干土性质就变了。

（二）丑午相害：火焰的温度使稀泥的性质变干了，稀泥性质的土也晦火了。

（三）寅巳相害：巨大的树木和树根生不着小火苗，反能压灭小火苗，高温却能烘烤大树。

（四）卯辰相害：草木能固住（克）河岸的水土，虫子（辰）也能毁害草木。

（五）申亥相害：凉爽的天空能凝聚水汽成雨水，雨水也能锈蚀氧化金属。

（六）酉戌相害：燥土不生金，金的凉爽性质却能改变燥土的热燥性质。

十　地支事物三合的逻辑关系

三合局里所有的驿马星在古代汉语中，都是活跃的动词要素，表示事物是发展的、是运动的、是变化的，这是古人在生产和生活中总结出来的自然哲学和自然科学的思想，三合局是在归类的特指和泛指自然界中某种事物的发展过程，是动态变化的。

（一）申子辰就是在指大自然中自然形成雨水的三个基本要素和客观规律

申：马星、上升、凝结、汇聚、打雷、闪电、下雨、流淌等；

子：水、雨水等；

辰：河岸、湖泊岸、海岸、夹着河道的山脉等；

申子辰三合形成了一个地面的水汽上升、凝结、汇聚——雨水掉下来——流淌汇聚在河、湖、海中——水汽再上升、凝结、汇聚从天上到半空中再到地面，这样一个循环的大自然中的大水局面。

（二）寅午戌就是在指大自然中太阳运动的三个基本要素和客观规律

寅：马星、初升、露头、运动、降下、入地、散热、温暖、夏至时太阳的升起之位等；

午：太阳、中午、火焰等；

戌：天空、夏至时太阳的升起之位等。

寅午戌三合形成了一个太阳初升、上升——日中天——日降、日落——太阳再初升、上升，从东升到西落再升起，这样一个循环的大自然中的太阳大火运行局面。

（三）巳酉丑就是在指大自然中形成金属物质的三个基本要素和客观规律

巳：马星、火焰、燃烧、升温、熔化、流淌、降温、冷却、凝结等；

酉：金属物质等；

丑：矿石、矿脉、湿土地等。

巳酉丑三合形成了一个矿石被火焰的高温熔化——流淌——冷却、凝结——再被高温熔化这样一个循环的大自然中的金属冶炼过程的局面，在社会上也可指金融行业融资的过程。

（四）亥卯未就是在指大自然中形成湿地植被的三个基本要素和客观规律

亥：马星、水流、流淌、滋润、生长、干润、枯竭等；

卯：植物、植被等；

未：干旱、干润的土地等。

亥卯未三合形成了一个有水滋润——大地的植被就茂盛——无水滋润——大地的植被就干枯——再有水滋润的这样一个循环的大自然

中形成湿地植被过程的局面。

另外，还有申子、子辰、申辰的半合局，寅午、午戌、戌寅的半合局，巳酉、酉丑、丑巳的半合局，亥卯、卯未、未亥的半合局，这些都是一种合的趋势，在合的过程中，也要看是哪个主动和哪个旺，这样合成的情景结果就会有所不同，具体请参看本书正文，读者自己可以进一步地去感悟。

三合局还有泛指许多更多其他的意义，读者自己也可以进一步更多地去感悟。

十一　地支事物三会的逻辑关系

三会局里所有的驿马星在古代汉语中，也都是活跃的动词要素，表示事物是发展的、是运动的、是变化的，也特指形成大自然的某一综合段的时空，或某一个综合角度的方位，或某一个综合的局面，或某一种综合的环境，或某一个综合的条件等要素，这也是古人在生产和生活中总结出来的自然哲学和自然科学的思想，三合局是在归类的特指和泛指自然界中某种事物的形成过程。

亥子丑其中就是在指大自然中形成的雨水、河水、泥泞的这样一种大洪水的环境局面和客观时空条件，冬天亥子丑三个月最冷的环境局面和客观时空条件等。

寅卯辰其中就有在大自然中形成的大树、小草、湿地的这样一种富饶植被的环境局面和客观时空条件，春天寅卯辰三个月树木茂盛生长的环境局面和客观时空条件等。

申酉戌其中就有在大自然中形成的各类金属（工具金、装饰金）和矿脉的这样一种矿藏资源的环境局面和客观时空条件，秋天申酉戌三个月凉爽的环境局面和客观时空条件等。

巳午未其中就有在大自然中形成的火苗、火焰、烘烤的这样一种大火灾的环境局面和客观时空条件，夏天三个月炎热、每天中午三个时辰气温高的环境局面和客观时空条件等。

另外，还有亥子、子丑、丑亥的半会局，寅卯、卯辰、辰寅的半会局，申酉、酉戌、戌申的半会局，巳午、午未、未巳的半会局，这是一种会的趋势，在会的过程中，也要看是哪个主动和哪个旺，这样会成的情景结果就会有所不同，具体请参看本书正文，读者自己可以进一步去感悟。

三会局还有泛指许多更多其他的意义，读者自己也可以进一步更多地去感悟。

十二　地支事物三刑的逻辑关系

（一）子刑卯，卯刑子：

水能滋润草木也能涝死草木，水滋润草木，草木却浪费、挥发水分，这就是无礼之刑。

（二）寅刑巳，巳刑申，申刑巳：

大树木和树根生不着小火苗，反能压灭小火苗，高温却能烘烤大树；火焰的高温能熔化金属，金属熔化的过程也在损耗热能；这些就是无恩之刑。

（三）丑刑戌，戌刑未，未刑丑：

丑刑戌就是稀泥把燃烧过的灰烬给中和了，戌失去了燥土的性质，土混在一起变多了；戌刑未就是燃烧过的灰烬比干旱的土质温度要高，未失去了干土的性质，混在一起变多了，温度也更高了；

未刑丑就是稀泥把干旱的土质给中和了，未失去了干土的性质，丑未不但相刑，而且还相冲，这样湿土和干土混在一起不是就变多了吗？这就是土越刑越旺的道理，也是持势之刑的道理，其实这里面都有矛盾的两面性的道理。

辰刑辰、午刑午、酉刑酉、亥刑亥，为自刑。

（四）申子辰三合，对位寅卯辰三会，则申刑寅，子刑卯，辰刑辰自刑。

（五）寅午戌三合，对位巳午未三会，则寅刑巳，午刑午自刑，戌刑未。

（六）巳酉丑三合，对位申酉戌三会，则巳刑申，酉刑酉自刑，丑刑戌。

（七）亥卯未三合，对位亥子丑三会，则亥刑亥自刑，卯刑子，未刑丑。

不论是三会还是三合都有绊起来的意思，申与巳都有比喻用绳子缠住和捆住的意思，申与巳也有将打雷、闪电形象地比喻成教训的意思，寅有用树根把持缠住和用手抓住的意思，亥有河水环绕和缠绕的意思，申、寅、巳、亥又都是中国古代汉语中活跃的动词要素，所以申、寅、巳、亥在三合局和三会局里以及在半合局和半会局里，只要对位的对应起来与任何的人与事一联系起来使用，就具有了使某人被捆绑、被绊住、失去自由的意思，使某事绊住、停止、不能进行下去的意思，这就是三刑的真实意思，它既来自于人类对大自然形象的认识思维，也来自于人类对大自然逻辑的认识思维。

更重要的是，不论是天干的生、克、冲、合，还是地支的生、克、合、会、刑、冲、害，它们都是用古代汉语对大自然的客观规律和自然法则的所作的描述，也可以说是中国最古老的，具有哲学逻辑思维的一种语言。

中国文化具有非常丰富的想象力和创造力，以及形象思维和逻辑思维的能力，易学文化是中国智慧的古人从远古自然界的天文、地理以及万事万物的自然发展中总结归纳出来的客观规律和自然运动的法则。

由于在中国古文化当中的符号、汉字以及所代表的众多的含义不是一一对应的关系，是一个符号、文字、数字对应着多个含义、事物的关系，是很多个含义的分别归类，所以学习者在社会实践中一定要认真、细心地斟酌。

研究易学思想文化和实践易学思想文化的人，定能清醒地认识到法是永远大于术的，法无定法，术如果不与时俱进，通过演绎易术而得出的信息结论的准确率就会不高，易学文化中易术和易数就会不断地受到质疑和玷污，甚至是攻击。

第四节　游魂卦与归魂卦、《连山易》与《归藏易》

一　游魂卦与归魂卦

游魂卦与归魂卦都是固定的，并且上下卦也都是互相反着的。

比如"晋"卦反过来就是"明夷"卦，它们都是游魂卦，"晋"为太阳东升的意思，也可引申为小孩刚出生时的意思；"明夷"是太阳入地的意思，也可引申为老人要死去了的意思；这就是在比喻小孩刚出生的时候还没有什么意识，和老人将要死去的时候意识也很模糊，这就是"游魂"一词的本意。

比如"随"卦反过来就是"归妹"卦，它们都是归魂卦，"随"为雷声和闪电紧紧相随的意思，也可引申妻子要紧紧跟随丈夫的意思；"归妹"是雷电劈入了沼泽湿地的意思，也可引申为一夫一妻建立家庭的意思；这就是在比喻妻子只要紧紧地跟随着丈夫，位置就正确了；女人只要嫁给一个男人，建立一个家庭，就正确地归位了，这就是"归魂"一词的本意。

不管是游魂卦还是归魂卦，不是世爻（自己）在土墓（土爻）里就是应爻（此事）在土墓（土爻）里。

比如"晋"卦的应爻（此事）为土爻（墓），下面伏着子孙（生机），就非常明确地表示出了初升的太阳充满着生机，出生的婴儿也充满了生机，这就是古代汉语中充满生机的意思；"明夷"卦的世爻（此人）为土爻（墓），非常明确地表示太阳就要入地了和人即将死去了的意思。

其他几个游魂卦和归魂卦读者可以自己去综合地从各个时空角度去感悟，只有这样你才能真正地从自己的内心之处感觉到中国文化的可爱与可敬，渊博与精深。

二 《连山易》与《归藏易》

《周易》中所有的 64 个卦里都不缺土爻，而且在每一个卦中都有五行是属木或属火或属金或属水的驿马星在参与卦中的变化，表示事物和事物的主体现象和变化现象都是发展的、是运动的、是变化的，只有五行之土没有驿马星，土爻永远都是在充当木、火、金、水的墓地；在中国文化中墓地的意思就是土包，一目了然，引申过来就是山包，就是说地球上自然界的万事万物最后都是要归藏在土地中和山脉中的。

伏羲氏创八卦的时候，是根据大自然的变化规律发现并归纳了一个先天的八卦，《先天八卦》中的根〔艮〕和川〔坤〕就排在八卦的第七和第八个卦的末尾上，64个卦里都具有的土爻就是最古老的中国古代汉语言文学中所代表的山，就是古代汉语中所代表的地；64个卦，卦卦不缺山，就是《连山》；卦卦不缺地，就是《归藏》，《归藏》就是龟藏，最常见的动物中只有龟能把头部和四肢完美地隐藏在安全的甲壳当中，龟在易学中被归类到根〔艮〕卦里，五行属土，这也就是说，地球上自然界的万事万物最后也都是要归藏入山脉中和土地中的。

《连山易》与《归藏易》只不过是在周文王演绎《周易》之前更早期的称呼和名称而已，所以说《周易》的形成过程就离不开《连山易》与《归藏易》，《周易》的最后成书在《连山易》与《归藏易》的基础之上演绎、发展和编纂出来的，它既是来自于人类对大自然形象的认识思维，也是人类对大自然逻辑的认识思维，是所有中国文化的源头，是所有中国文化中最智慧的结晶，周文王在《周易》的比〔比〕卦卦辞里的说明就涉及了这个问题。

在本书中写出来的意思，都是卦中浮在表面最明显的一个或两个意思，其实还有更多的意思和意义需要更多的研易者孜孜不倦地追求和挖掘，只有这样才能真正的了解易学，才能从自己的内心底处感觉到中国文化的博大精深。

由于是形象的类比、归类或归纳，还具有大自然本身的逻辑关系，就形成了易学中具有着"形——意——理"的自然哲学道理，所以对于宇宙天地间大自然中的万事万物，"易"就具有了无所不包、无所不能的功能了。

这种特殊的写作手法将自然界许多事物的运动规律都可以类比归类到某一个卦爻辞中采用拟人的写作手法进行文字描述，从这种特殊的写作手法中就可以充分体现出中国的文化之所以能够海纳百川的原因了。

冯友兰曾说："《周易》本身并不讲具体的天地万物，而只讲一些空套子，但是任何事物都可以套进去。这就叫'神无方而易无体'。"

这样的话，中国最古老的哲学出现了，中国的古逻辑学出现了，原始的古汉语出现了，中国的古文化与古文明出现了……她们全都来自于易学，来自于伏羲氏，来自于大自然。她体现着大自然在运动变化过程中的自然法则和客观规律。

第二章　古代历法

六十四个卦象与六十甲子能对应起来，究竟是怎么一回事？

明白这个问题，就可以清楚地理解中国古人通过对大自然变化的不断观察，不断思维和总结，所认识到的自然运动法则和客观规律，这对理解本书内容也非常重要，但这就涉及了古代历法的知识。

非常高兴的是，许多的易学前辈们在这方面都曾经做了大量的研究和探索，可以供我们直接阅读，享受到这些知识。下面是我将常秉义先生所著的《周易与历法》中的一段内容摘录在此，以供读者们参考理解。

　　历法是古代一切自然科学中的最初成果，又是天文学的结晶。

　　古人通过观察天体运行规律，总结出包括节气、置闰等内容的年月日时周期节律，用历数予以表示。

　　《星历考原》："洪范曰五纪，一曰岁，二曰月，三曰日，四曰星辰，五曰历数。岁者，日与天会也。日一日行一度，三百六十五日有奇而匝一周，复于天会，而春夏秋冬统于其间矣。月者，日与月会也。月一日行十三度有奇，二十七日有奇而匝天一周，又二日有奇而与日会，是为一月，而晦朔弦望统于其间矣。日出地而为昼，入地而为夜；以右行论之则为东行一度，若以左旋论之特不及天之一度耳，亦一周也。一寒一暑以为岁，一盈一缺以为月，一明一昧以为日，一经一纬以为星，岁月日星纪于辰，合岁月日星辰而为历数，以调四时之气以正晦朔之期，以定晨昏之节。推算以稽其运行，观候以窥其躔舍，所以岁功而齐七政者，莫大于此。故以历数终焉。"

阴历以月球盈亏周期变化（即朔望月）来计年的，阳历则以太阳视运动周期（即回归年）来计年的，而阴阳合历则以回归计年，朔望计月，大小月置闰之法来调节阴阳之历的。由此可见，阴阳合历是最为精确实用的科学历。比如一年必为 365.2425 日，每月初一必为朔月，十五必为满月，而且春夏秋冬井然有序。我国古代的阴阳历又加入干支、节气等内容，使之更符合天象实际。

通过朔望月相变化周期，可推出日地系统的阴阳变化，朔望月运动与回归年周期相距 90°，形成四个特征点，故四年为日月小周期。如此周而复始，经过十五个为期四年的小周期，终于出现了日月会合的六十年大周期。然而，为期六十年的大周期中，朔望月中四个特征点构成一组四象，经过十六次的四象编码，日月终于会合，但首尾完全重合，故十六实为十五，六十四实为六十，此即六十年日月会合，六十四个卦象与六十个甲子能互相融合的奇妙所用。

四年小周期源于两方面：

一是太阳四年积盈百刻而足一日，二是月亮四年四个90°而足一个月周期，于是，四年构成日月共有的小周期。

此外，太阳视运动十五小周为六十日，月亮运行十五小周为六十年，皆以六十甲子表示之。

……

其实，原始形态的历法是以八卦、六十四卦符号系统，干支系统以及与之相配的北斗七星、二十八宿星辰所组成的"宇宙大钟"构架，从时空上讲，再配以周天公度（360°）和日夜百刻计时系统（类似百分比法），从而形成了夏商周三代以前简练精致的历法。

这种历法，以卦爻为核心，动态地反映了宇宙运行规律，比之后来的历法，从宏观上讲，误差要小得多。

例如古老的十月历、八月历即其遗存。故王弼云："卦者，时也；爻者，适时之变也。"可谓一针见血，切中要害。

……

第三章　键［乾］宫八个卦中的太岁

第一节　第一象：甲子与键［乾］

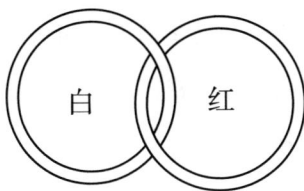

讖曰：

> 茫茫天地，不知所止。
>
> 日月循环，周而复始。

颂曰：

> 自从盘古迄希夷，虎斗龙争事正奇。
>
> 悟得循环真谛在，试于唐后论元机。

键〔乾〕（主体现象）

```
━━━━━━━━━  父母戌土      世
━━━━━━━━━  兄弟申金
━━━━━━━━━  官鬼午火
━━━━━━━━━  父母辰土      应
━━━━━━━━━  妻财寅木
━━━━━━━━━  子孙子水
```

卦象： 晴暗变化而又运动不止的浩瀚太空。

卦辞：（帛书）键，元亨，利贞。

（通行本）乾，元亨，利贞。

现象描述：晴暗变化而又运动不止的浩瀚太空，就像是一个始终在运动着的大外壳，象征着在富饶的宇宙大自然中，到处都充满飘浮运动着的勃勃生机，积聚着自强不息的健康生命，就像生物在聚集着健康的心理生命势能一样，是自然、亨通、有利的征兆。

1 对讖的形象理解与逻辑分析

1.1 图像的形象理解

图中画着两个相扣的圆环，注有红白两字。红为阳（为天、为日、为火、为白天、为炎热、为春夏、为生长等），白为阴（为地、为月、为水、为夜晚、为寒冷、为秋冬、为死亡等）。两环重叠则表示阴中有阳，阳中有阴。

图画实际向人们动态地揭示了大自然的日月相替对应着昼去夜来，阴阳相随对应着寒来暑往，万事万物的运动变化与大自然的运动规律和变化法则也是极其相似的，都在往复交替、自然循环，周而复始，以至无穷。

1.2 卦意的逻辑分析

在太岁（太极、大自然的运动法则与规律）甲子组合中，甲为十天干的开始，子为十二地支的开始，甲子就是智慧的古人们将宇宙大自然以原本先天就具有的运动法则与规律，在运动变化中人为地赋予了开始的意义。

键［乾］卦之卦象的上下卦都为键［乾］（为天体、为运动、为变化、为自强不息等），卦中的世（我们）六爻（天空位、结果位）父母（自然）戌土（天门）与应（事物）三爻（旷野位、田野位、社会位、过程位）父母（自然）辰土（地户）相冲。

即"茫茫天地"之意。

五爻（宇宙位、核心位、眼位、头脑位、心理位、君王位、运动位、转换位）兄弟（势能、众多）申（驿马星、看见、知道）金与二爻（地面位、腿位、心理位、运动位、成长位、转换位）妻财（能量、富饶）寅（驿马星、运动、变化）木相冲。

即"不知所止"之意。

初爻（开始位）子孙（生机、人类、万物）子水与三爻（半天空位、轨道位、旷野位、田野位、社会位、过程位）父母（自然）辰土和五爻（宇宙位、核心位、眼位、头脑位、心理位、国家位、君王位、运动位、转换位）兄弟（势能、众多）申（驿马星、运动、变化、循环）金（月）合成水局（夜、冬）。

合成的水局冲二爻（地面位、关口位、腿位、心理位、运动位、成长位、转换位）妻财（能量、富饶）寅（驿马星、运动、变化、循环）木与四爻（半天空位、轨道位、旷野位、田野位、社会位、过程位）官鬼（壮丽、绚烂）午火（日）和六爻（宇宙位、结果位）父母（自然）戌土合成的火局（昼、夏）。

即"日月循环，周而复始"之意。

袁李两位智者，借图画加谶，实际是在用比喻的方法，而且是非常谨慎、小心隐含地在向李世民述说：

"皇上，在大自然进化的长河中，人类历史的朝代更替与国家的兴旺衰亡，乃至君主的新老交替，都如同宇宙大自然的万事万物一样，也如同天空的太阳与月亮一样，始终在周而复始，交替变化。"

2 对颂的形象理解与逻辑分析

2.1 图像的形象理解

图中一红一白两个相扣的圆环，也在比喻宇宙大自然在阴阳变化的过程中，时刻以龙（阴）虎（阳）相斗（相汇）的状态在交替进行，而且始终在平衡的状态下循环变化着。

2.2 卦意的逻辑分析

初爻（开始位）子孙（生机、万物、规律）子水与三爻（轨道位、过程位）父母（自然、盘古）辰土和五爻（宇宙位、核心位、眼位、头脑位、心理位、国家位、君王位、运动位、转换位）兄弟（势能、众多）申（驿马星、运动、变化、循环）金合成水局（月、阴）。

合成的水局冲二爻（地面位、腿位、心理位、运动位、成长位、转换位）妻财（能量、富饶）寅（驿马星、运动、变化、循环）木与四爻（轨道位、过程位）官鬼（壮丽、绚烂）午火和六爻（宇宙位、结果位）父母（自然、希夷）戌土合成的火局（日、阳）。

即"自从盘古迄希夷"之意。

注：盘古为汉文化中被神化了的开天辟地之人，在此实际就是中国智慧的古人将宇宙大自然运动变化的开端进行了拟人化的比喻。希夷语出《老子》中的"视而不见名曰夷，听而不闻名曰希，搏之不得名曰微，此三者不可致诘，故混而为一。"实际是在指清静无为、虚寂玄妙、任其自然而造化的大自然境界。

二爻（地面位、手位、嘴位、心理位、腿位、成长位、运动位、转换位）妻财（能量、财富、资源、雌性）寅（老虎、驿马星、打斗、争夺、感悟、运动、循环）木与应（事物）三爻（轨道位、道路位、旷野位、社会位、手臂位、过程位）父母（自然、政权）辰（龙）土（地盘）会成木局（能量、财富）。

会成的木局冲五爻（宇宙位、核心位、国家位、王位、头脑位、心理位、转换位）兄弟（势能、众多、竞争）申（驿马星、打斗、争夺、感悟、运动、循环）金与世（我们）六爻（宇宙位、结果位）父母（自然、政权）戌土（地盘）会成的兄弟（势能、势力、众多、竞争、消耗）金局。

即"虎斗龙争事正奇，悟得循环真谛在"之意。

"试于唐后论元机"中的"元"为"开始"或"开端"之意，"机"为"玄机"或"机关"之意，这句话很直白，也很好理解。

袁李两位智者，借图画加颂，实际也是在用比喻的方法，而且是非常谨慎、小心隐含地在向李世民述说：

"皇上，自从盘古开创了宇宙大自然以来，自然界中的人类与所有的动植物都是一样的，一直都在自强不息地寻找着各自的生机。为了生存，为了妄想独霸资源，也一直都在不停地发生着争斗。"

"就像阴阳始终是对立的，又始终是统一地在相互循环着一样，从来都没有停止过。"

"宇宙大自然的这个太极是这样的玄机，地球大自然的这个太极也是这样的玄机，大唐之国的这个太极还是这样的玄机。"

圣叹曰："此象主古今治乱相因，如日月往来，阴阳递嬗，即孔子'百世可知'之意。红者为日，白者为月，有日月而后昼夜成，有昼夜而后寒暑判，有寒暑而后历数定，有历数而后统系分，有统系而后兴亡见矣。"

金圣叹的批注，仅作参考，读者可用易学文化的六爻易术理论，自己来分析。

注：在中国的易学文化中，甲子年对应键［乾］卦（为开始）。在宇宙和地球大自然的系统当中，就像运动变化的开始、万象更替的开始、自强不息的开始、充满勃勃生机的开始一样，在自然和人类社会中这样非常近似和类似于键［乾］卦之象规律的重大事件和现象，都极有可能会发生，并且都能够以形象思维和逻辑思维的方式，被相似归类到键［乾］卦之中。

第二节　第二象：乙丑与狗［姤］

谶曰：

> 累累硕果，莫明其数。
> 一果一仁，即新即故。

颂曰：

> 万物土中生，二九先成实。
> 一统定中原，阴盛阳先竭。

狗 ［姤］（主体现象）

———————	父母戌土
———————	兄弟申金
———————	官鬼午火　　应
———————	兄弟酉金
———————	子孙亥水　　　　伏妻财寅木
——　——	父母丑土　　世

卦象：冬天猛烈的西北风。

卦辞：（帛书）狗，女壮，勿用取女。

（通行本）姤，女壮，勿用取女。

现象描述：猛烈的西北风刮起来的时候，就好像是一个非常强壮的女人，在天地间疯狂地撞来撞去，张牙舞爪地像疯狗一样。如果为娶妻子而占到了此卦，这样的女人可千万别娶，这么不老实的女人，连天都抱不住她，别娶！

1　对谶的形象理解与逻辑分析：

1.1　图像的形象理解

图中画着在一个盘子中满满地摞着许多果子（李子），符合谶曰中"累累硕果，莫明其数"之意，画意也符合筭［巽］（篱笆、围挡、盘子）卦上面放着键［乾］（圆形、果子）卦的狗［姤］卦之形象。

1.2 卦意的逻辑分析

狗〔姤〕卦的上卦为键〔乾〕（为阳、为圆形、为果子），下卦为箅〔巽〕（为阴、为篱笆墙、为围挡、为盘子），从卦象上看只有初爻（基层位、基础位）为阴（为凹形的盘子形象），其余的上面五个全是阳爻（为圆形的果子形象），符合图画的意之形象。

太岁丑土临初爻（地表位、基础位、基层位、盘子位）父母（自然、国家、事业、目标）丑土旺与三爻（旷野位、田野位、社会位、过程位）兄弟（势能、众多）酉金半合成金局（李子果属金）生二爻（地面位、成长位、转换位）子孙（果实、李子、百姓、万物、后代、规律）亥（驿马星、盛装）水（水果）。

即"累累硕果，莫明其数"之意。

太岁丑土临初爻（地表位、基础位、基层位、盘子位）父母（自然、国家、社稷、政权、事业、目标）丑土旺会二爻（地面位、成长位、心理位、转换位）子孙（果实、李子、百姓、万物、后代、规律）亥（驿马星、成熟、延续）水（水果）成水局与伏神（包在里面的）妻财（能量、富饶）寅（驿马星、包藏）木（果仁、李核）合成木局。

五爻（核心位、核仁位、国家位、王位、心理位、收成位、转换位）兄弟（势能、众多、旧的）申（驿马星、延续）金又为二爻（地面位、成长位、心理位、转换位）子孙（果实、李子、百姓、万物、后代、新的、规律）亥（驿马星、成熟、包藏）水（水果）的长生之位。

即"一果一仁，即新即故"之意。

袁李两位智者，借图画加谶，实际是在用比喻的方法，而且是非常谨慎、小心隐含地在向李世民述说：

"皇上，在大自然进化的历史长河中，地球上所能诞生的朝代和国（果之谐音）家，不知会有多少个啊！就像大地上所能产出的果子一样，永远也不会数清楚的。"

"但是一个朝代就会产生一代君，一个国（果之谐音）家也会产生一个王（果仁、仁［人］谐音、核心、君王），换上一个朝代就会更换一代君，一国（果之谐音）年老的天子一旦故去，马上就会有一个新的天子（果仁、仁［人］谐音、核心、君王）继位，这样的自然法则和规律是永远也不会改变的。"

2 对颂的形象理解与逻辑分析

2.1 图像的形象理解

图中的盘子上摞着许多的果子，既表示"万物土中生"中的万物，也表示"二九先成实"中的实（果实），盘子又比喻为大地上的土壤。

2.2 卦意的逻辑分析

太岁丑土临初爻（地表位、基础位、基层位、盘子位）父母（自然、国家、社稷、政权、事业、目标）丑土（土壤）旺与三爻（旷野位、田野位、社会位、过程位）兄弟（势能、众多）酉金半合成金局生二爻（地面位、成长位、心理位、转换位）子孙（万物、生机、规律）亥（驿马星、生长）水。

即"万物土中生"之意。

从初爻（开始位、地表位、基础位、基层位、盘子位）父母（自然、目标、政权、国家、社稷、疆域）丑土（二数）与二爻（地面位、边境位、门口位、手位、心理位、成长位、转换位）子孙（生机、规律）亥（驿马星、生长、拼打）水会成的水局，到五爻（核心位、中原位、王位、心理位、收成位、控制位、转换位）兄弟（势能、众多）申（驿马星、生长、统一、搞定、控制、九数）金与六爻（结果位）父母（自然、目标、成功、国家、社稷、疆域、百姓）戌土会成的金局，既表示为果实的生长成熟过程，也表示为目标的成功实现过程。

即"二九先成实，一统定中原"之意。

太岁丑土临初爻（地表位、基础位、基层位、开始位、盘子位）父母（自然、国家、社稷、事业、目标）丑土旺会二爻（地面位、成长位、心里位、转换位）子孙（果实、李子、后代）亥（驿马星、成熟、延续）水（水果）成水局。

伏神在卦中也是一个非常重要的参考要素。

二爻（地面位、手位、心理位、成长位、关口位、转换位）下伏着的妻财（女人、能量）寅（驿马星、夺取、延续）木出来得此水局之生而旺冲五爻（核心位、君位、王位、心理位、控制位、转换位）兄弟（势能、劫取）申（驿马星、执政）金。

妻财（女人、能量）寅（驿马星、夺取、延续）木在二爻下为阳支阴位而位不正，为阴盛，五爻（核心位、君位、王位、心理位、控制位、转换位）兄弟（势能）申金被从二爻阴位下出来的妻财（女人、阴气、能量）爻旺冲，阴盛阳衰。

即"阴盛阳先竭"之意，在此也为下一象打下了一个伏笔。

从卦象上看，一个阴初爻（地表位、盘子位）所表示的凹形盘子里盛装着五个全是阳爻所表示的果子，为阴爻盛着爻阳，直读的意思就是阴盛着阳，十分符合图画之意，这样就完全体现出了"阴盛阳先竭"的意思。

用自然发展的客观规律来动态地分析，盘子怎么也不会自然地比果子先烂，这也就是"阴盛阳先竭"的真实本意。

袁李两位智者，借图画加颂曰，实际也是在用比喻的方法，而且是非常谨慎、小心隐含地在向李世民述说：

"皇上，在地球大自然不断进化的历史长河中，万事万物都生长在土地上，从出生到结果丰收，就像您打天下开创自己的江山一样，虽然建立了自己的朝代和国家，但国家也会早晚出现阴盛阳衰，甚至是被灭亡的局面，任何一个国家都不可避免，这是大自然谁也无法改变的事物发展的客观规律。"

圣叹曰："一盘果子，即李实也。其数二十一，自唐高祖至昭宣，凡二十一主。二九者，指唐祚二百八十九年。阴盛者，指武曌当国，淫昏乱政，几危唐代。厥后，开元之治，虽足贞观，而贵妃召祸，乘舆播迁。女宠代兴，良娣继之，亦未始非阴盛之象。"

金圣叹的批注，仅作参考，读者可用易学文化的六爻易术理论，自己来分析。

第三节　第三象：丙寅与掾［遁］

谶曰：

> 日月当空，照临下土。
>
> 扑朔迷离，不文亦武。

颂曰：

> 参遍空王色相空，一朝重入帝王宫。
>
> 遗枝拔尽根犹在，喔喔晨鸡谁是雄。

掾［遁］（主体现象）

```
——————— 父母戌土
——————— 兄弟申金　　应
——————— 官鬼午火
——————— 兄弟申金
——　　—— 官鬼午火　　世　　伏妻财寅木
——　　—— 父母辰土　　　　　伏子孙子水
```

卦象：高低起伏延绵不断的山脉，在天空下的大地上向前延伸。

卦辞：（帛书）掾，享，小利贞。

（通行本）遁，享，小利贞。

现象描述：延绵不断高低起伏相互交错缠绕着的山脉，在天空下的大地上向前延伸。这样的情景，既像是躬着背相互交错缠绕着的树根在延伸一样，又像是那种躬起背伸缩着行走的毛毛虫正在逃跑时的情景一样。还像是在捕捉野猪的时候，野猎逃跑的那个情景一样。这是小事亨通，小事有利的征兆。

1 对谶的形象理解与逻辑分析

1.1 图像的形象理解

图中画着一个女人手握钢刀，不知具体在干什么，画意却符合谶"扑朔迷离，不文亦武"的意思。

1.2 卦意的逻辑分析

掾［遁］卦的上卦为键［乾］（为天、为日、为君王），日又为罗［离］（为中女、为日光、为君王），下卦为根［艮］（为山脉、为土）。

太岁寅木与二爻（地面位、嘴位、手位、成长位、转换位）和四爻（旷野位、田野位、社会位、过程位）官鬼（壮丽）午火（日、阳光）和六爻（天空位、结果位）父母（自然、事业、目标、政权、成功）戌（甲子旬戌空）土合成火局。

合成的火局生初爻（地表位）父母（自然、百姓、江山、社稷）辰土（土地）。

太岁寅木冲动三爻（旷野位、田野位、社会位、过程位）和五爻（天空位、国家位、君王位、政权位、控制位、转换位）兄弟（势能、势力）申金（申在夺［兑］宫为月、驿马星、照临）既与六爻（天空位、结果位）父母（自然、事业、目标、政权、成功）戌（甲子旬戌空）土相会，也合初爻（地表位）父母（自然、百姓、江山、社稷）辰土（土地）。

即"日月当空，照临下土"之意。

被太岁寅木冲动的三爻（手臂位、社会位、过程位）兄弟（势能、势力、竞争）申（驿马星、手握）金（钢刀）和五爻（核心位、心理位、转换位）兄弟（势能、势力、竞争）申（驿马星、想法）金与初爻（地表位）父母（自然、目标、权力、文化）辰土及伏神子孙（生机、万物、百姓、规律）子水合成子孙（生机、规律）水局。

合成的子孙（生机、规律）水局冲克被太岁寅木合动的二爻（地面位、成长位、心理位、转换位）官鬼（武人、斗争）午火和四爻（社会位、过程位）官鬼（武人、斗争）午火与六爻（结果位）父母（权力、目的、自然、文化）戌土合成的官鬼（武人、武斗）火局，火局得太岁之生而旺胜水局。

即"扑朔迷离，不文亦武"之意。

袁李两位智者，借图画加谶，实际是在用比喻的方法，而且是非常谨慎、小心隐含地在向李世民述说：

"皇上，在大自然中，日月的变化虽然让人们感到扑朔迷离，但日光和月光却都像一张大网一样，你来我往地争相网罗大地上的万物，而在社会历史发展中的人类也是一样的，不是文斗就是武斗，不是明争，就是暗斗。"

日光（罗［离］为刚、为武、为飞矢），月光（夺［兑］为柔、为文、为口舌）。

画中的女人代表阴柔（文斗），钢刀代表阳刚（武斗）。

笔者推测，后来的武则天很可能就是根据这幅图画和谶里"日月当空，照临下土"的意思，以为曾经为李世民进行过推背预测，演绎大唐未来的袁天罡和李淳风是在预测她自己呢，因此专门为自己创造了一个由日月空这三个字所组合的"曌"字。

2　对颂的形象理解与逻辑分析

2.1　图像的形象理解

图中画着一个女人手握钢刀，符合颂中"喔喔晨鸡谁是雄"中的"雄"字之意。

2.2　卦意的逻辑分析

被太岁寅木冲动的五爻（天空位、核心位、心理位、王位、转换位）兄弟（势能）申（驿马星、参悟）金与六爻（天空位、结果位）父母（自然、色相）戌土相会，而六爻（结果位）的戌土在太岁丙寅之甲子旬外却为空亡。

即"参遍空王色相空"之意。

太岁合动二爻（地面位、心理位、手位、腿位、成长位、转换位）和四爻（社会位、庭院位、殿堂位、过程位）官鬼（武人、斗争）午火。

伏神在卦中也是一个非常重要的参考要素。

这时，伏着的妻财（能量、财富、女人）寅（驿马星、夺取）木出来临太岁旺而与二爻（地面位、心理位、手位、腿位、成长位、转换位）和四爻（社会位、庭院位、殿堂位、过程位）官鬼（阴谋、武人、斗争）午火合成火局。

合成的火局直克九五之尊爻（核心位、国家位、帝王位、心理位、控制位、转换位）的兄弟（势能、势力）申（驿马星、执政）金和三爻（社会位、庭院位、殿堂位、过程位）兄弟（势力、竞争）申金。

即"一朝重入帝王宫"之意。

九五爻（核心位、国家位、心理位、帝王位、控制位、转换位）兄弟（势能、势力、竞争）申（驿马星、执政）金和三爻（社会位、庭院位、殿堂位、大臣位、过程位）兄弟（宗室、同党、朋友、遗枝）申（驿马星、联系、支持）金虽被火局所克败（拔尽），但兄弟（势能、势力、竞争）申进所生的子孙（后代、延续之根）子水却伏在初爻（地表位）父母（自然、国家、佑护、安全）辰土（水库）之下。

即"遗枝拔尽根犹在"之意。

卦中的子孙（后代、延续之根）子水在此时伏在初爻（地表位、基础位、基本位）父母（自然、目标、权力）辰土（水库）之下是比较弱的，还不能奈何此时旺盛的官鬼（阴谋、反方势力）火局。

一旦等着太岁或运程到了金（申酉［雄鸡、晨鸡］金）运旺起之时，三五爻（雄鸡打鸣时嘴位的运动过程）的兄弟（势能、势力、众多、竞争）申（驿马星、打鸣）金就会旺起，并与初爻（地表位）父母（国家、政权、目标、事业、安全、成功）辰土和伏神子孙（后代、生机、动物、军队、规律）子水合成水局克败官鬼（阴谋、反方势力）火局。

即"喔喔晨鸡谁是雄"之意。

袁李两位智者，借图画加颂，实际也是在用比喻的方法，而且是非常谨慎、小心隐含地在向李世民述说：

"皇上，在人类社会的历史发展过程中，不论谁当了帝王，都会使用各种手段，力排异己，铲除反对势力，但不同的意见和声音就像植物的根一样，永远都不会被拔干净，永远都会存在着继续生长。"

"就像大自然中的阴阳虽然是对立的，但又是统一的，而且始终依存在一起，孤阴不长，孤阳不消。太阳每天都会照常从东方升起，雄鸡每天都会照常打鸣，但在所有早晨打鸣的雄鸡中究竟哪个会更雄？真不好说。"

笔者推测，李世民也很可能因为掾［遁］卦的这幅图画和谶曰及颂曰里的诗句，以为在他死后会有女人专权掌控李家的大唐江山，就预先安排好后事。在他死后，把所有曾经服侍过他的嫔妃发送到长安的感业寺，让她们遁入空门，削发为尼，以防后患。

圣叹曰："此象主武曌当国，废中宗于房州，杀唐宗室殆尽。初武氏削发为尼，故有参遍空王之句。高宗废后王氏而立之，故有喔喔晨鸡谁是雄之兆。"

金圣叹的批注，仅作参考，读者可用易学文化的六爻易术理论，自己来分析。

第四节　第四象：丁卯与妇 ［否］

谶曰：

> 飞者不飞，走者自走。
>
> 振羽高冈，乃克有后。

颂曰：

> 威行青女实权奇，极目萧条十八枝。
>
> 赖有猴儿齐着力，已倾大树仗扶持。

妇〔否〕（主体现象）

```
━━━━━━━━━  父母戌土    应
━━━━━━━━━  兄弟申金
━━━━━━━━━  官鬼午火
━━━━  ━━━━  妻财卯木    世
━━━━  ━━━━  官鬼巳火
━━━━  ━━━━  父母未土        伏子孙子水
```

卦象： 远离地球的太空。

卦辞：（帛书）妇，妇之非人，不利君子贞，大往小来。

（通行本）否，否之匪人，不利君子贞，大往小来。

现象描述：在远离地球的太空中是没有地球上自然万物的生机的，就像是种子始终播不到土里，雌雄动物始终不能交配授精，使妇女不能生育小孩一样。就像不能生育小孩的妇女不是正常的女人一样，这是不利于丈夫君子的征兆，投入很大，回报却很小。

1 对谶的形象理解与逻辑分析

1.1 图像的形象理解

图中画着一只鹦鹉站在高处，没有飞起来，画着五只猴子在地上蹦着走，就像要扶着什么，画之意境符合"飞者不飞，走者自走"之意。

1.2 卦意的逻辑分析

妇［否］卦的上卦为键［乾］（为天、为首脑），下卦为川［坤］（为地、为妇女）。

太岁卯木临三爻（社会位、殿堂位、臂膀位、翅膀位、过程位）妻财（能量）卯木旺合初爻（地表位）父母（自然、目标、事业、社稷、百姓）未土。

伏神在卦中也是一个非常重要的参考要素。

伏着的子孙（动物、生机、规律）子水出来与五爻（核心位、王位、心理位、控制位、转换位、五只）兄弟（势能、势力、众多）申（猴子、驿马星、蹦走）金合成水局。

合成的水局冲克四爻（社会位、殿堂位、臂膀位、过程位）官鬼（官位、控制、管理）午火和二爻（地面位、手位、翅位、腿位、心理位、成长位、转换位）官鬼（官位、控制、管理）巳（驿马星、飞翔、走路）火。

太岁卯木临三爻（社会位、殿堂位、臂膀位、翅膀位、过程位）妻财（能量）卯木旺也暗合五爻（核心位、王位、心理位、控制位、转换位、五只）兄弟（势能、势力、众多）申（猴子、驿马星、蹦走）金与二爻（地面位、手位、翅位、腿位、心理位、成长位、转换位）官鬼（官位、管理、控制）巳（驿马星、飞翔、走路）火合成水局。

合成的水局克四爻（社会位、殿堂位、臂膀位、翅膀位、过程位）官鬼（官位、管理、控制）午火（鸟类、飞翔）。

即"飞者不飞，走者自走"之意。

太岁卯木临三爻（社会位、殿堂位、手臂位、翅膀位、身体位、过程位）妻财（能量）卯木（羽毛）旺也与六爻（高处位、结果位）父母（自然、国家、目标、事业、权力）戌土（高冈）合成火局（鸟类）。

合成的火局克五爻（核心位、君王位、心理位、控制位、转换位）兄弟（势能、势力、众多）申（猴子）金，就是说等到太岁或运程为火旺之时，就会出现在五爻（君王位）兄弟（势能、势力、损失）申（猴子、驿马星、捣乱）金被克的结果。

即"振羽高冈，乃克有后［猴谐音］"之意。

袁李两位智者，借图画加谶，实际是在用比喻的方法，而且是非常谨慎、小心隐含地在向李世民述说：

"皇上，作为一个王者，如果自己不带头飞翔起来，而带着一副精神萎靡的样子，让下属官员们供着自己，投其所好，这样就会使得一些下属官员仰仗皇上，利用权势为所欲为，造成国家发展无序，混乱倒退的局面，导致整个社会阴气猖獗，阳气受损。"

"皇上啊，要想改变这种局面，作为一个王者，就得高瞻远瞩，振臂高呼，带领国家和百姓自强不息地去努力奋斗，这样才能克制住像猴（后谐音）子一样的奸臣小人上窜下跳和为所欲为。"

2　对颂的形象理解与逻辑分析

2.1　图像的形象理解

图中鹦鹉（鸟类为罗［离］、为亮丽、为中女）站在高处，但没有飞起来，符合颂"威行青女实权奇，极目萧条十八枝"的意思，五只猴子在地上蹦着走，就像要扶着什么，符合颂中"赖有猴儿齐着力，已倾大树仗扶持"的意思。

2.2　卦意的逻辑分析

太岁卯木临三爻（社会位、殿堂位、臂膀位、翅膀位、过程位）妻财（能量、财富、女人）卯（桃花、漂亮）木（青色）旺暗合五爻（核心位、王位、转换位）兄弟（势能、势力）申（猴[后谐音]、驿马星、夺权、行使）金。

太岁卯木临三爻（社会位、殿堂位、臂膀位、翅膀位、过程位）妻财（能量、财富、女人）卯（桃花、漂亮）木（青色）旺与六爻（结果位）父母（目标、权力）戌土合成官鬼（威严、实力）火局。

太岁卯木临三爻（社会位、殿堂位、臂膀位、翅膀位、过程位）妻财（能量、财富、女人）卯（桃花、漂亮）木（青色）旺与初爻（基础位）父母（自然、目标、权力）未土合成妻财（能量、财富、女人）木局（青色）。

即"威行青女实权奇"之意。

妇［否］卦之下卦为川［坤］，川［坤］为老女人，卦中的地支未（8）巳（6）卯（4）之和为18数，而且未巳卯全为阴支，阴气多为萧条。

即"极目萧条十八枝"之意。

键［乾］卦中的四爻（社会位、殿堂位、臂膀位、翅膀位、过程位）官鬼（困难、萧条）午（7）火与应（事物）六爻（结果位）父母戌（11）土相合。

也即"极目萧条十八枝"之意。

川［坤］（老女人）卦中的二爻（地面位、小王位、皇后位、手位、嘴位、心理位、成长位、转换位）官鬼（阴谋、困难、萧条）巳（驿马星、夺权）火与妇［否］卦的五爻（核心位、王位、眼位、心理位、转换位）兄弟（势能、持势）申（猴［后谐音］、驿马星、执政、看见）金合成火热的官鬼（困难、灾难、萧条）液体火金局。

也即"极目萧条十八枝"中的极目萧条之意。

太岁卯木临三爻（社会位、殿堂位、臣位、手臂位、过程位）妻财（能量、财富、）卯木（大树）旺与五爻（核心位、君王位、眼位、心理位、转换位）兄弟（势能、帮助）申（猴子、驿马星、执政、扶持）金合成兄弟（团结、齐力、帮助）金局。

初爻（地表位、基础位、基本位、百姓位）父母（自然、百姓、权力、文化、精神、文明、道德、法制、老人）未土和六爻（上层建筑领域位、百姓位、结果位）父母（自然、百姓、权力、精神、文明、道德、法制、老人、安全、保障、平安）戌土被太岁卯木合动。

伏神在卦中也是一个非常重要的参考要素。

这时，伏着的子孙（动物、生机、下属、幼小）子水出来与五爻（核心位、君王位、心理位、控制位、转换位）兄弟（势能、势力、帮助）申（猴子、驿马星、执政、扶持）金合成水局。

合成的水局既生三爻（社会位、过程位）妻财（能量、富裕）卯木（大树），还克两个官鬼（反方势力、扭曲、贪婪、萧条、倾覆）爻。

即"赖有猴儿齐着力，已倾大树仗扶持"之意。

袁李两位智者，借图画加颂，实际也是在用比喻的方法，而且是非常谨慎、小心隐含地在向李世民述说：

"皇上，作为王者在治理国家的过程中，如果把财富看得过重，过于强调财富的累积，就会很容易给人们造成错误的金钱观和扭曲的拜金心理，也会给社会治安带来极其消极的影响，这对于一个国家和社会来讲是很不和谐的。"

"要改变这一局面，就要在全社会积极建立健全法制，大力倡导团结互助，尊老爱幼，遵纪守法的良好秩序和风范，动员全社会都积极地参与到这样的生活与工作中来，共同来扶持国家与社会这棵大树不要出现任何倾覆迹象。"

"皇上，就像妇〔否〕卦中所说的那样，如果在经济领域投入过大的精力，而在精神文明的建设上只投入很小的精力，那么这样的国家也会很危险的。"

圣叹曰："此象主狄人杰荐张柬之等五人反周为唐。武后尝梦鹦鹉两翼俱折，狄仁杰曰：'武者，陛下之姓也。起二子则两翼振矣。'五猴指张柬之等五人。"

金圣叹的批注，仅作参考，读者可用易学的六爻易术理论，自己来分析。

第五节 第五象：戊辰与观［观］

谶曰：

> 杨花飞，蜀道难。
>
> 截断竹箫方见日，更无一吏赖平安。

颂曰：

> 渔阳鼙鼓过潼关，此日君主幸剑山。
>
> 木易若逢山下鬼，定于此处葬金环。

观［观］（主体现象）

———————— 妻财卯木

———————— 官鬼巳火　　　　　伏兄弟申金

——　—— 父母未土　　世

——　—— 妻财卯木

———————— 官鬼巳火

——　—— 父母未土　　应　　伏子孙子水

卦象：猛烈吼叫的狂风。

卦辞：（帛书）观，盥而不尊，有復，趑若。

（通行本）观，盥而不荐，有孚，顒若。

现象描述：猛烈吼叫的狂风，就像是老天这个巨人正在发表自己的观点时，从嘴里喷出的口气吹在了大地上一样。这个景象就像是说在发表自己的看法和观点时，不要高高在上，就像狂风给别人洗脸一样的强行灌输、欺骗灌输。这种不尊重别人，还要让别人强行接受自己观点的方法，是不会受别人尊重的。要想让别人接受你的观点和看法，首先得让别人对你的观点和看法有兴趣才行。

1 对讖的形象理解与逻辑分析

1.1 图像的形象理解

图中画着一位女子卧在地上，旁边还画着一个马鞍和一摞书籍，图中所画内容并没有体现出讖里的直接意思，反倒符合观［观］卦箅［巽］（为长女）在上，川［坤］（为地）在下的形象。

1.2 卦意的逻辑分析

观［观］卦中的上卦为箅［巽］（为风、为飞舞、为灌木、为花絮、为长女、为文明［书籍］），下卦为川［坤］（为地、为西南、为老女人、为坐人的马鞍），这是一个伏吟卦，有伏在地上在哭泣和痛苦之意。

太岁辰土（辰运、辰年、辰月［三月杨花飞］）助起初爻（地表位、基础位、百姓位）和四爻（旷野位、田野位、道路位、社会位、过程位）的父母（自然、国家、社稷、安全、平安、人民、百姓）未土（西南、蜀地）合三爻（半天空位、旷野位、田野位、道路位、过程位）和六爻（天空位、枝头位、结果位）的妻财（能量、富裕、女人）卯木（花朵、杨木）成妻财（能量、富裕、女人）木局。

太岁辰土（辰运、辰年、辰月［三月杨花飞］）助起初爻（地表位、基础位、百姓位）和四爻（旷野位、田野位、道路位、社会位、过程位）的父母（自然、国家、社稷、安全、平安、人民、百姓）未土（西南、蜀地）会二爻（地面位、床位、心理位、腿位、成长位、转换位）和五爻（核心位、心理位、政权位、控制位、转换位）的官鬼（困难、危险、强大、壮丽、治理、管理）巳（驿马星、思想、行走、治理）火成官鬼（困难、危险、强大、壮丽）火局。

即"杨花飞，蜀道难"之意。

太岁辰土助起初爻（地表位、基础位、百姓位）和四爻（旷野位、田野位、道路位、社会位、过程位）的父母（自然、国家、社稷、法制、文化、文明、平安、百姓）未土会动二爻（地面位、小王位、王后位、官吏位、成长位、转换位）和五爻（天空位、核心位、眼位、心理位、控制位、转换位）官鬼（灾难、危险、壮丽、强大、治理、管理）巳（驿马星、行走、看见、治理、建设）火成官鬼（灾难、危险、壮丽、强大）火局（日）。

伏神在卦中也是一个非常重要的参考要素。

伏着的兄弟（势能、帮助、广大、众多、团结）申（绳子、驿马星、砍杀、铲除、勒紧、帮助、治理）金（刀子）出来克合三爻（社会位、过程位）和六爻（结果位）的妻财（能量、资源、女人、祸源）卯木（竹箫）。

伏着的子孙（后代、生机）子水出来刑三六爻的妻财（女人、祸源、阴气）卯木（竹箫）。

即"截断竹箫方见日，更无一吏赖平安"之意。

袁李两位智者，借图画加谶，实际是在用比喻的方法，而且是非常谨慎、小心隐含地在向李世民述说：

"皇上，作为一个王者，要想把江山社稷治理好可不是一件容易的事，如同行走在艰难的蜀道上一样。"

"这也并不是什么难事，只要铲除阴暗邪恶的势力，弘扬正气，让百姓们物质丰富，安居乐业，精神生活像阳光一样的明媚就行了。但这并不是只靠一个君王和一个官吏所能解决和实现的，这需要充分依靠国家和社会的发展和法制道德建设，需要在广大百姓中倡导科学文化和精神文明，有了这样的环境，国家和人民就会具有盎然的勃勃生机。"

图中的一摞书籍代表科学文化和精神文明的财富，马鞍代表国家社会平安（鞍谐音），倒卧在地上的女人代表物质的财富和百姓的安（鞍谐音）居。

"皇上，就像观［观］卦中所说的那样，人们富裕起来之后，精神会空虚的，这个时候，只有大力进行精神文明建设，以文化事业为纽带，才会吸引更多人民将我们的江山社稷治理得更加祥和，更加壮丽。"

2 对颂的形象理解与逻辑分析

2.1 图像的形象理解

图中所画内容也并没有体现出本颂里的直接意境。

2.2 卦意的逻辑分析

太岁辰土助起初爻（地表位、基础位、百姓位）和四爻（旷野位、田野位、道路位、社会位、过程位）的父母（国家、军队、自然、百姓、平安）未土（西南、山地）会动二爻（地面位、手位、腿位、门口位、关口位、成长位、转换位）和五爻（核心位、君王位、心理位、控制位、转换位）官鬼（壮观、强大）巳（驿马星、行军、敲鼓）火成官鬼（壮观、强大）火局，伏着的兄弟（势能、势力）申金（刀、剑）出来。

即"渔阳鼙鼓过潼关，此日君主幸剑山"之意。

注：鼙鼓为古代军队中使用的一种敲击小鼓。

太岁辰土助起初爻（地表位、基础位、百姓位）和四爻（旷野位、田野位、道路位、社会位、过程位）的父母（自然、国家、军队、百姓、平安）未土（山）会动二爻（地面位、山下位、路口位、转换位）和五爻（核心位、国家位、转换位）官鬼（灾难、危险、死亡）巳（驿马星、逢合）火成官鬼（危险、灾难、死亡）

火局。

伏神在卦中也是一个非常重要的参考要素。

伏着的兄弟（势能、势力、损失）申（申在夺［兑］宫为月、驿马星、生活、掠夺）金出来与二爻（地面位、成长位、转换位）和五爻（核心位、国家位、转换位）的官鬼（战争、掠夺、灾难、危险、死亡）巳（驿马星、逢合、征战）火（日）相合。

伏着的兄弟（势能、势力、损失）申（申在夺［兑］宫为月、驿马星、生活、掠夺）金出来也与三爻（旷野位、战场位、过程位）和六爻（结果位）的妻财（能量、财富、资源、女人）卯木暗合成妻财（能量、财富、资源、女人）木局，则卯（木）巳（日）申（月）就组合成了"木易"这两个字。

即"木易若逢山下鬼"之意。

注："木易"两字在此也隐含地代表了大自然当中日月交替所产生的人力和物质财富资源。

太岁辰土助起初爻（地表位、基础位、百姓位）和四爻（旷野位、田野位、道路位、社会位、过程位）的父母（自然、国家、军队、百姓、平安）未土（山）会动二爻（地面位、手位、转换位）和五爻（核心位、国家位、转换位）官鬼（灾难、危险、死亡）巳（驿马星、埋葬）火成官鬼（危险、灾难、死亡）火局。

伏神在卦中也是一个非常重要的参考要素。

伏着的兄弟（势能、势力、损失）申（驿马星、埋葬）金

（金环）出来被二爻（地面位、手位、转换位）和五爻（核心位、国家位、转换位）官鬼（灾难、危险、死亡）巳（驿马星、埋葬）火合成火热的官鬼（危险、灾难、死亡）火金局。

伏着的子孙（生机、后代）子水出来被初四爻的父母（自然、军队）未土（山）所害，太岁辰土为水之墓地，也为金（金环）之墓地。

即"定于此处葬金环"之意。

袁李两位智者，借图画加颂，实际也是在用比喻的方法，而且是非常谨慎、小心隐含地在向李世民述说：

"皇上，作为王者在治理国家的过程中，如果只想靠军队征伐来证明自己的强大，就会置国家的平安与百姓的生活于不顾，其结果也一定会给国家经济造成巨大的损失，将百姓安定富裕的生活给埋葬掉。"

"皇上，就像观［观］卦中所说的那样，您得让所有接触过您的人才，都被您的人格魅力吸引过来，那么您和我们的大唐不是就可以吸引众多的建设人才吗？通过这样的方法，我们国家的强大不是就指日可待了吗？"

圣叹曰："一马鞍指安禄山，史书指史思明，一妇人死卧地上，乃贵妃死于马嵬驿。截断竹箫者，肃宗即位而安史之乱平。"

金圣叹的批注，仅作参考，读者可用易学文化的六爻易术理论，自己来分析。

第六节　第六象：己巳与剥［剥］

谶曰：

非都是都，非皇是皇。

阴霾即去，日月复光。

颂曰：

大帜巍巍树两京，辇舆今日又东行。

乾坤再造人民乐，一二年来见太平。

剥［剥］（主体现象）

```
——————— 妻财寅木
—  — 子孙子水      世    伏兄弟申金
—  — 父母戌土
—  — 妻财卯木
—  — 官鬼巳火      应
—  — 父母未土
```

卦象：雄壮的泰山和险峻的华山所裸露出来的山峰和高耸巨石。

卦辞：（帛书）剥，不利有攸往。

（通行本）剥，不利有攸往。

现象描述：雄壮的泰山和险峻的华山所裸露出来的山峰和高耸巨石，就像是把动物的肉剔除以后，露出了大骨头的景象一样。山峰没有土壤，只是巨大的石头，这样的情景是不利于去有所作为，不利于去做事的征兆。这样的情景，就像是官员自己高高在上，脱离了实际的基础和脱离了生机能源一样啊！

1 对谶的形象理解与逻辑分析

1.1 图像的形象理解

图中画着一位长者坐在撑着华盖的手推车上，将要被两人推入城门，城门下有两人在开道，车前有一片阴影，而手推车一旦进入到城门里，车前的阴影就会自然消失，从动态上分析图中所画的内容，颇符合谶里的意境。

1.2 卦意的逻辑分析

剥［剥］卦的上卦为根［艮］（为山、为止、为城廓、为山门），下卦为川［坤］（为大地、为江山、为大车、为平稳、为洞口、为两扇门）。

太岁巳火临二爻（地面位、门口位、小王位、官吏位、腿位、心理位、轮子位、转换位）官鬼（官员、官位、管理、治理）巳火旺生四爻（旷野位、田野位、社会位、过程位）父母（都城、王宫、百姓、国家、社稷）戌土。

太岁巳火也旺与初爻（地表位、基层位、百姓位）父母（都城、王宫、百姓、国家、社稷、平安、佑护、权利）未土相会。

二爻（地面位、门口位、成长位、转换位）与五爻（核心位、君王位、心理位、控制位、转换位）子孙（生机、百姓、规律）子水不但没有发生任何关系，初爻（地表位、基层位、百姓位）父母（权利、百姓）未土和四爻（旷野位、田野位、社会位、过程位）父母（权利、百姓）戌土还分别害克五爻（核心位、王位、控制位、转换位）子孙（生机、百姓、环境、气氛、规律）子水（黑暗）。

即"非都是都，非皇是皇"之意。

太岁巳火临二爻（地面位、门口位、成长位、转换位）官鬼（官员、管理、治理）巳火旺生四爻（旷野位、田野位、社会位、过程位）父母（都城、王宫、百姓、国家、社稷、平安、佑护、权利）戌土，也旺会起初爻（地表位、基层位、百姓位）父母（都城、王宫、百姓、国家、社稷、平安、佑护、权利）未土分别害克动五爻（核心位、王位、心理位、控制位、转换位）子孙（生机、百姓、气氛、规律）子水（黑暗、阴霾）。

伏神在卦中也是一个非常重要的参考要素。

被压伏着的兄弟（势能、势力、贫穷）申（申在夺［兑］宫为月、驿马星、露出）金出来在五爻（天空位、核心位、君王位、心理位、收获位、转换位）位，太岁巳火临二爻（地面位、门口位、心理位、成长位、转换位）官鬼（壮丽）巳（驿马星、升起）火（日）旺与出来的伏神在五爻（天空位、核心位、君王位、心理位、收获位、转换位）相合成火热的官鬼（壮丽、管理、治理）火（日、红）金（月、白）局。

即"阴霾即去，日月复光"之意。

袁李两位智者，借图画加谶，实际是在用比喻的方法，而且是非常谨慎、小心隐含地在向李世民述说：

"皇上，作为一个王者，在治理江山社稷的过程中，千万不要把自己所在的城市绝对地认为是首善之区，也千万不要把自己绝对地认为是百姓的皇帝，把自己从人民当中剥离出来。"

"从大自然最高境界的意义上来说，整个江山社稷才是自己真正的都城，百姓才是自己真正的皇上，真正的天。百姓的生活与安稳才是自己壮丽的事业，正所谓水能载舟，亦能覆舟。"

"只要您有了这样的世界观，心中的一切阴霾就会一扫而空，心中的日月光芒就会豁然开朗。否则，不管是谁，想用阴暗强权势力来统治世界，寿命都不会长。"

"皇上，这就是剥［剥］卦中的真实意思。"

2　对颂的形象理解与逻辑分析

2.1　图像的形象理解

图中所画的大车及推车人在此也可暗喻为百姓，意为百姓拥戴自己的君王领袖，画意颇符合颂里的意境。

2.2 卦意的逻辑分析

太岁巳火临二爻（地面位、门口位、手位、心理位、成长位、转换位）官鬼（壮丽、妖娆）巳（驿马星、树立、飘扬）火（旗帜）旺生四爻（半天空位、田野位、社会位、过程位）父母（京都、王宫、国家）戌土。

太岁巳火临二爻（地面位、门口位、手位、心理位、成长位、转换位）官鬼（壮丽、妖娆）巳（驿马星、树立、飘扬）火（旗帜）也旺与初爻（地表位、基层位、百姓位）父母（京都、都城、王宫、国家、社稷、平安、佑护）未土相会。社会百姓的心理为一京，京都为一京。

即"大帜巍巍树两京"之意。

太岁巳火生旺起四爻（旷野位、田野位、社会位、大车位、过程位）父母（辇舆、车、百姓、人民、江山、社稷、平安、佑护）戌土分别与三爻（旷野位、田野位、社会位、道路位、车轮位、过程位）妻财（能量、富裕）卯木（东）和六爻（结果位）妻财（富裕）寅（驿马星、东行、致富）木合成官鬼（壮丽、妖娆）火局。

太岁巳火临二爻（地面位、门口位、车轮位、成长位、转换位）官鬼（壮丽、妖娆）巳（驿马星、行动）火旺会起初爻（地表位）父母（辇舆、车、百姓、江山、社稷、平安、佑护）未土与三爻（旷野位、田野位、社会位、道路位、车轮位、过程位）妻财（能量、富裕）卯木合成妻财（能量、富裕）木局（东）。

即"辇舆今日又东行"之意。

太岁巳火临二爻（地面位、心理位、嘴位、门口位、成长位、转换位）官鬼（壮丽、妖娆）巳（驿马星、看见、创造、欢乐）火旺生四爻（旷野位、田野位、社会位、道路位、过程位）父母（国家、社稷、平安、佑护、百姓）戌（戌在键［乾］宫）土。

太岁巳火临二爻（地面位、心理位、嘴位、门口位、成长位、转换位）官鬼（壮丽、妖娆）巳（驿马星、看见、创造、欢乐）火也旺会起初爻（地表位、基层位、百姓位）父母（人民、国家、社稷、平安、佑护）未（未在川［坤］宫）土。

四爻与初爻都分别动起来害克五爻（天空位、核心位、眼位、心理位、转换位）子孙（生机、百姓、气氛、规律）子水（黑暗、阴霾、一数）。

即"乾坤再造人民乐，一二年来见太平"之意。

袁李两位智者，借图画加颂，实际也是在用比喻的方法，而且是非常谨慎、小心隐含地在向李世民述说：

"皇上，作为王者在治理国家的过程中，心中只要装有江山社稷和百姓，就会像太阳乘坐着辇舆一样，每天都在东升。国家就像大自然的日月与天地一样，每天都会充满着勃勃生机。您只要这样去做，保证在一两年后，国家与百姓就会出现康泰平安的繁荣景象。"

"皇上，这就是剥［剥］卦中的真实意思。"

此卦的逐渐富裕为下一卦的防止外侵还埋下了一个伏笔。

圣叹曰："此象主明皇还西京。至德二载九月，广平王俶郭子仪复西京，十月收复东京，安史之乱尽弭。十二月迎上皇还西京，故云再造。"

金圣叹的批注，仅作参考，读者可用易学文化的六爻易术理论，自己来分析。

第七节　第七象：庚午与潽［晋］

谶曰：

> 旌节满我目，山川蹦我足。
>
> 破关客乍来，陡令中原哭。

颂曰：

> 蝼蚁从来足溃堤，六宫深锁梦全非。
>
> 重门金鼓含兵气，小草兹生口吐啼。

潜［晋］（主体现象）

```
━━━━━━━  官鬼巳火
━━  ━━  父母未土
━━━━━━━  兄弟酉金    世
━━  ━━  妻财卯木
━━  ━━  官鬼巳火
━━  ━━  父母未土    应   伏子孙子水
```

卦象：太阳从大地的东海平面上升起的时候。

卦辞：（帛书）潜，康侯用锡马蕃庶，昼日三绥。

（通行本）晋，康侯用锡马蕃庶，昼日三接。

现象描述：太阳每天从大地东海的海平面上升起来的时候，那种呈现出白黄色还沾着一些水的样子，就像是治理有方使民安居乐业之侯王，用白马在每个昼日来临之前，都要不停地犁三遍土地，把白马累得汗流浃背的情景一样。

1 对谶的形象理解与逻辑分析

1.1 图像的形象理解

图中画着一身穿马蹄袖长袍和马褂之人，口衔一根羽毛，形象如同关外的匈奴胡人一般，画意当中并没有直接反映出谶诗句里的意思。

1.2 卦意的逻辑分析

潜［晋］卦的上卦为罗［离］卦（为火、为旗帜），下卦为川［坤］卦（为大地、为中原、为人民）。

太岁午火助二爻（地面位、边境位、关口位、心理位、手位、成长位、转换位）官鬼（匈奴、胡人、强盗）巳（驿马星、举着、飘扬）火（旌节、旌旗）和六爻（结果位、关外位）官鬼（匈奴、胡人、强盗）巳（驿马星、看见）火（旌节、旌旗）会五爻（核心位、眼位、心理位、控制位、转换位）父母（军队、政权、国家、安全）未土。

即"旌节满我目"之意。

注：旌节是古时候西方、西北方、北方关外的游牧民族所使用的，用动物的毛皮制作出来的一节一节的毛疙瘩再串成了一串的仪仗，类似于他们的旌旗。

太岁午火助二爻（地面位、边境位、关口位、心理位、手位、成长位、转换位）官鬼（匈奴、胡人、强盗、灾祸）巳（驿马星、约束）火会初爻（地表位、足位）父母（自然、山川、国家、政权、军队、目标、身体）未土（未在川［坤］为山川）。

即"山川蹦我足"之意。

太岁午火助二爻（地面位、边境位、关口位、手位、腿位、心理位、嘴位、转换位）和六爻（关外位、结果位）的官鬼（匈奴、胡人、强盗、灾难、兵祸、破坏）巳（驿马星、破关、进来、杀戮、抢掠、难受、哭泣）火与初爻（地表位、基层位、百姓位）和五爻（核心位、眼位、心理位、中原位、政权位、控制位、转换位）父母（江山、社稷、政权、目标、人民、百姓、身体）未土（大地）相会。

即"破关客乍来，陡令中原哭"之意。

袁李两位智者，借图画加谶，实际是在用比喻的方法，而且是非常谨慎、小心隐含地在向李世民述说：

"皇上，作为一个王者，在国家逐渐富裕的太平时期，还得看到关外匈奴胡人的旌节越来越多，这说明胡人的势力也在迅猛发展，正在虎视眈眈地觊觎着我们的中原大地。而大自然的山川大地又像是我们大家都在行走的一个大棋盘，如果关外的胡人一旦攻破边关，侵入中原，则只能会使我们中原的百姓遭受生灵涂炭。"

"所以皇上啊，关外胡人的国家也像潜〔晋〕卦中所说的那样，也在崛起。"

注：1. 中国古代对北方边地及西域各民族人民称呼为胡人。

2. 泛指外国人为胡人。

中国古代汉人称除了汉人以外的部族为胡人，通常是指中国北方以及西方的游牧民族，主要包括匈奴、鲜卑、氐、羌、吐蕃、突厥、蒙古、契丹、女真等部落，带有轻蔑的意义。

2 对颂的形象理解与逻辑分析

2.1 图像的形象理解

图中画着一身穿马蹄袖长袍和马褂之人，口衔一根羽毛，形象如同关外胡人穿着胡服，口叼着作战时所使用的令箭，含有兵气之意。

2.2　卦意的逻辑分析

应（事物）初爻（地表位、足位、基础位）父母（自然、防护）未土（堤坝）与伏神子孙（动物、蝼蚁、生机、规律）子水相害。

即"蝼蚁从来足溃堤"之意。

太岁午火助二爻（地面位、边境位、关口位、手位、心理位、成长位、转换位）和六爻（头脑位、关外位、结果位）的官鬼（匈奴、胡人、强盗、兵祸、灾难、噩梦）巳（驿马星、破关、做梦、缠绕、锁住、六数）火与初爻（地表位、基层位、百姓位、基础位）和五爻（核心位、国家位、眼位、心理位、政权位、控制位、转换位）父母（宫廷、国家、政权、江山、社稷、人民、身体）未土（大地）相会成官鬼（匈奴、胡人、强盗、兵祸、灾难、噩梦）火局。

即"六宫深锁梦全非"之意。

太岁午火助二爻（地面位、边境位、关口位、手位、心理位、嘴位、成长位、转换位）和六爻（关外位、结果位）的官鬼（匈奴、胡人、强盗、兵匪、灾难、破坏）巳（驿马星、破关、进来、杀戮、抢掠、衔着、敲击）火（羽毛）与四爻（旷野位、田野位、社会位、臂膀位、庭院位、过程位）兄弟（势能、势力、势众）酉金合成金（刀枪、金鼓）局。

即"重门金鼓含兵气"之意。

太岁午火合动初爻（地表位、基层位、百姓位）父母（自然、百姓）未土与三爻（旷野位、田野位、身体位、肚子位、过程位）妻财（食物、能量）卯木（小草、野菜）合成木局（野菜、小草）。

伏神在卦中也是一个非常重要的参考要素。

伏着的子孙（生机、百姓）子水出来生刑这个木（野菜、小草）局，木局（野菜、小草）又生二爻（地面位、嘴位、手位、心理位、成长位、转换位）官鬼（匈奴、胡人、强盗、兵祸、灾难、艰难）巳（驿马星、生存、吃野菜、啼哭）火。

即"小草兹生口吐啼"之意。

袁李两位智者，借图画加颂，实际也是在用比喻的方法，而且是非常谨慎、小心隐含地在向李世民述说：

"皇上，作为王者在治理国家的过程中，千万要警惕注意看似很小的事，因为千里长堤会毁于蚁穴，宫廷外界的政治和经济形势可是千变万化的，您待在宫中既听不到也看不到，没有切身感受。"

"在边关之外，到处都是胡人的军队在敲击着金鼓刀枪，时刻都充满着战争的气氛，而在关内的穷苦老百姓为了生活，也经常地以野菜充饥，而这些往往看起来又像是小事，却需要引起您的高度注意。"

"皇上，就像潜〔晋〕卦描述太阳的露头东升一样，任何事物的发生都会有一个预先的苗头，要善于观察事物发展的客观规律。"

圣叹曰："此象主藩镇跋扈及吐蕃入寇中原。"

金圣叹的批注，仅作参考，读者可用易学文化的六爻易术理论，自己来分析。

第八节 第八象：辛未与大有［大有］

谶曰：

> 搀枪血中土，破贼还为贼。
>
> 朵朵李花飞，帝曰迁大吉。

颂曰：

> 天子蒙尘马首东，居然三杰踞关中。
>
> 孤军一驻安社稷，内外能收手臂功。

大有［大有］（主体现象）

━━━━━━━　官鬼巳火　　　应

━━　━━　父母未土

━━━━━━━　兄弟酉金

━━　━━　父母辰土　　　世

━━━━━━━　妻财寅木

━━━━━━━　子孙子水

卦象： 大自然中的艳阳天。

卦辞：（帛书）大有，元亨。

（通行本）大有，元亨。

现象描述：艳阳天壮丽的这个景象，就像凡是能被太阳的光线照到的所有的天下万物，都被一张由光线所织成的巨网给罩住了一样，这个什么都被罩在了网中而丰收的景象就是大有，这个景象一开始就好，亨通。

1　对谶的形象理解与逻辑分析

1.1　图像的形象理解

图中画着一位威武年长的将领身旁，左右各站着一名英姿飒爽的青年将领，站在一起的三位威猛武将，好似很团结的形象，颇符合谶里的意境。

1.2　卦意的逻辑分析

大有［大有］卦的上卦为罗［离］（为太阳、为花朵、为血花），下卦为键［乾］（为天、为元帅、为首脑、为刚劲、为强健）。

太岁未土助起三爻（旷野位、田野位、战场位、手臂位、身体位、社会位、过程位）父母（国家、军队、目标、佑护、社会、百姓）辰土与初爻（地表位）子孙（生机、军队、规律）子水合成水局克太岁临五爻（核心位、心理位、王位、转换位）父母（国家、政权、军队、佑护）未土与应（事物）六爻（结果位）官鬼（战争、军人、叛乱、约束）巳（驿马星、战斗、喷溅）火（血花、枪）会成的火局。

太岁未土助三爻（旷野位、田野位、战场位、手臂位、身体位、社会位、过程位）父母（国家、政权、军队、佑护）辰土与四爻（手臂位）兄弟（团结、帮助）酉金合成兄弟（势众）金局（战争、武器、刀枪），太岁未土助起三爻（旷野位、田野位、战场位、手臂位、身体位、社会位、过程位）父母（军队）辰土会二爻（地面位、手位、心理位、转换位）妻财（能量）寅（驿马星、战斗、军人、叛乱、约束）木既生也刑应（事物）六爻（结果位）官鬼（战争、叛乱、分裂）巳（驿马星、战斗）火。

即"欃枪血中土，破贼还为贼"之意。

注：欃枪是古人对慧星的别称，古人在观察天象时认为欃枪凶星的出现会有战争。

太岁未土临五爻（核心位、帝王位、心理位、政权位、控制位、转换位）父母（国家、权力、安全）未土助起三爻（旷野位、田野位、战场位、手臂位、身体位、社会位、过程位）父母（国家、军队、佑护、平安）辰土会二爻（地面位、手位、腿位、嘴位、心理位、转换位）妻财（财物、能量、富裕）寅（驿马星、保护、说话、下令、调动、迁移）木（树木、李树）刑应（事物）六爻（结果位）官鬼（壮丽、管理、控制、约束）巳（驿马星、飞舞、迁移）火（花朵）。

大有［大有］卦辞为亨通吉利之意，即"朵朵李花飞，帝曰迁大吉"之意。

袁李两位智者，借图画加谶，实际是在用比喻的方法，而且是非常谨慎、小心隐含地在向李世民述说：

"皇上，作为一个王者，看到外夷入侵，您如果依靠外姓军队进行防卫战争，那么战乱平息之后，就要防止这些军队会有居功自傲的心理，会有叛乱的隐患。要注意这样的军队极有可能造成国家分裂。"

"只有在国土之内到处都安插上真正属于李家（国家）的军队，以严明的纪律来约束，由您来统一号令调动，皇上您的国家才能真正称得上是大吉平安的。"

"皇上，就像大有［大有］卦象上表现的天空中只有一个太阳在普照大地，一个国家也只能有一个君王，一个政权。"

2 对颂的形象理解与逻辑分析

2.1 图的形象理解

图中画着好似很团结的三位勇猛武将，符合颂里"三杰"之意。

2.2 卦的逻辑分析

太岁未土临五爻（核心位、天子位、头位、首位、心理位、控制位、转换位）父母（自然、国家、权力、安全、辛苦）未土（燥土、尘土）助起三爻（旷野位、田野位、道路位、社会位、过程位）父母（国家、政权、军队、佑护、百姓、平安）辰土会二爻（地面位、腿位、心理位、转换位）妻财（能量）寅（驿马星、行动、蒙受）木成木局（东方），下卦键［乾］为骏马及头部之意。

即"天子蒙尘马首东"之意。

太岁未土临五爻（核心位、国家位、关中位、控制位、转换位）父母（国家、军队、权力）未土会起六爻（关外位、结果位）官鬼（军人、英雄、豪杰）巳（驿马星、盘踞）火成官鬼（军人、英雄、豪杰）火局。

六爻（关外位、结果位）官鬼（军人、英雄、豪杰）巳（驿马星、盘踞）火刑二爻（地面位、关口位、手位、腿位、心理位、成长位、转换位）妻财（能量、祸源）寅（驿马星、占据、三数）木。

即"居然三杰踞关中"之意。

太岁未土临五爻（核心位、国家位、天子位、心理位、控制位、转换位）父母（国家、权力、军队、成功、佑护）未土助起三爻（旷野位、田野位、社会位、过程位）父母（国家、政权、军队、佑护、平安）辰土与初爻（地表位、基本位、基础位）子孙（军队、生机、规律）子水合成水局（一数）。

合成的水局克六爻（关外位、结果位）官鬼（匈奴、胡人、官兵、贼匪、祸乱）巳（驿马星、驻扎、安定）火。

即"孤军一驻安社稷"之意。

在大有［大有］之外卦的罗［离］卦中，四爻（旷野位、田野位、臂膀位、社会位、过程位）兄弟（势能、势力、帮助）酉金与六爻（结果位）官鬼（管理、控制、强壮）巳（驿马星、收回、控制）火相合成兄弟（势能、势力、团结）金局。

在内卦的键［乾］卦中，三爻（旷野位、田野位、臂膀位、社会位、过程位）父母（国家、政权、军队、安全、佑护）辰土与二爻（地面位、手位、转换位）妻财（能量）寅（驿马星、收回、控制）木相会成妻财（能量）木局。

即"内外能收手臂功"之意。

袁李两位智者，借图画加颂，实际也是在用比喻的方法，而且是非常谨慎、小心隐含地在向李世民述说：

"皇上，天子在治理国家的过程中，自己就像太阳那匹骏马一样，每天都辛辛苦苦地从东方升起，为了江山和社稷而在奔波忙碌。可居然在国土中还盘踞着另外三支外姓军队，这样就会很容易出现三足鼎立的分裂局面，这是非常危险的。"

"只有在国家之内建立起一支完全属于自己的军队，国土之内到处都驻扎可以由您来统一号令的部队，而得到君令的所有部队又像是您自己的手臂一样可以左右内外地运作，只要有了这样一支军队做保护，您的天下，您李家的江山社稷才会安稳长久啊！"

"皇上，就像大有［大有］卦象上表现出的天空中只有一个太阳在普照大地，一个国家也只能有一个君王，一个政权。"

圣叹曰："此象主建中之乱。三人者，李希烈、朱泚、李怀光也。李怀光以破朱泚功，为卢杞所忌，遂反。故曰破贼还为贼。三人先后犯阙，德宗乘舆播迁。赖李晟以孤军收复京城而社稷重安矣。"

金圣叹的批注，仅作参考，读者可用易学文化的六爻易术理论，自己来分析。

第四章 习赣［坎］宫八个卦中的太岁

第一节 第九象：壬申与习赣［坎］

讖曰：

> 非白非黑，草头人出。
>
> 借得一枝，满天飞血。

颂曰：

> 万人头上起英雄，血染河山日色红。
>
> 一树李花都惨淡，可怜巢覆亦成空。

习赣［坎］（主体现象）

—— ——	兄弟子水	世
————	官鬼戌土	
—— ——	父母申金	
————	妻财午火	应
————	官鬼辰土	
—— ——	子孙寅木	

卦象： 江河的水流在低洼之地聚集成了湖泊和海洋。

卦辞：（帛书）习赣，有復，襰心，亨，行有尚。

（通行本）坎，有孚，维心，亨，行有尚。

现象描述：水的规律是从高处向低处流。在最低处的中心，吸引了所有的水流形成了海纳百川的景象，好啊，尚且水的运动本身就是这样很自然地在流淌。这个景象预示着不管职位有多高，只要能低姿态地做人和低姿态地做事，就能赢得人心。

1 对谶的形象理解与逻辑分析

1.1 图像的形象理解

图中画着一棵大树，树枝上有一个鸟巢，树旁躺着四具尸体，树枝上的鸟巢与地上的尸体，符合谶"借得一枝，满天飞血"之意。

1.2 卦意的逻辑分析

习赣［坎］卦的上下卦都为习赣［坎］（为水、为血液、为河流），这是一个六冲卦。

太岁申金临四爻（旷野位、田野位、战场位、身体位、社会位、过程位）父母（自然、社稷、百姓、平安、目标、口号）申金（白色）旺与二爻（地面位、房屋位、心理位、嘴位、手位、腿位、转换位）官鬼（官员、反方、不满、灾难、战争、死亡）辰土和世（我们）六爻（结果位）兄弟（势能、势力、众多、损失）子水（黑色）合成兄弟（势能、势力、竞争、损失）水局，白色的金与黑色的水混合搅拌在了一起。

即"非白非黑"之意。

太岁申金冲动初爻（开始位、地表位、基层位、百姓位）子孙（生机、人民、百姓）寅（驿马星、出来）木（草木）与三爻（旷野位、田野位、战场位、社会位、身体位、过程位）妻财（能量、祸源）午火和五爻（核心位、头部位、君王位、心理位、控制位、转换位）官鬼（反方、意见、官兵、匪盗、祸乱）戌土合成妻财（能量、祸源）火局。

即"草头人出"之意。

四爻（旷野位、田野位、战场位、社会位、身体位、过程位）父母（老窝、巢穴、军队）申金与图画中树枝上鸟巢的位置刚好相对应，太岁申金临四爻（旷野位、田野位、战场位、社会位、身体位、过程位）父母（老窝、巢穴、军队）申（驿马星、借助）

金旺与二爻（地面位、房屋位、心理位、嘴位、手位、腿位、转换位）官鬼（灾难、战争、死亡）辰土和世（我们）六爻（结果位）兄弟（势能、势力、损失）子水合成兄弟（势力、损失）水局。

合成的兄弟水局冲克初爻（地表位、基层位、百姓位）子孙（生机、人民）寅（驿马星、飞舞、死亡）木与三爻（半天空位、旷野位、田野位、战场位、社会位、身体位、过程位）妻财（能量）午火（红色、飞舞、血色）和五爻（天空位、头部位、国家位、控制位、转换位）官鬼（灾难、战争、死亡）戌土合成的妻财（能量）火局（红色、飞舞、血色）。

即"借得一枝，满天飞血"之意。

袁李两位智者，借图画加谶，实际是在用比喻的方法，而且是非常谨慎、小心隐含地在向李世民述说：

"皇上，您也千万不要绝对地认为您的一切想法与做法就是对的，别人的就是错的；您的就是白的，别人的就是黑的。一旦田间草头的农民百姓因为饥寒交迫，感到在一种灰色阴暗的政治势力下生存艰难而对官府不满时，就会起义造反的。"

"造反起义的百姓们会喊出一个口号，打出一面旗帜，聚集在一起，形成一股强大的势力。当初您李家不也是这样的吗？就像飞鸟借助树枝才搭建了巢穴，一旦出现了地方上的起义造反，就会造成'满天飞血'的战争混乱局面。"

"皇上，就像习赣［坎］卦中所说的那样，您虽然现在是一位天子了，但您还要虚怀若谷，这样才能海纳百川，采众人之长，为我所用。"

2 对颂的形象理解与逻辑分析

2.1 图像的形象理解

图中的画意与颂中个别词汇能近义地对应上，画意与颂之意有一些相符。

2.2 卦意的逻辑分析

二爻（地面位、小王位、官吏位、臣位、心理位、转换位）官鬼（英雄、豪杰）辰土在初爻（地表位、基层位、百姓位）子孙（生机、人民）寅（驿马星、出头）木之上位，并与初爻子孙（生机、人民）寅（驿马星、出头）木相会。

五爻（核心位、头部、王位、心理位、成功位、转换位）官鬼（英雄、豪杰）戌土也在四爻（旷野位、田野位、战场位、社会位、过程位）父母（人民、百姓）申（驿马星、借助）金之上位，并与四爻父母（人民、百姓）申（驿马星、借助）金相会成金（杀戮）。

即"万人头上起英雄"之意。

太岁申金临四爻（旷野位、田野位、战场位、社会位、过程位）父母（江山、社稷、人民、百姓）申（驿马星、血染、流血）金旺与二爻（地面位、成长位、转换位）官鬼（艰难、灾难、战争、死亡）辰土和世（我们）六爻（结果位）兄弟（势力、损失）子水合成兄弟（损失、势力、众多）水局（血液）。

合成的兄弟水局克初爻（地表位、基层位、百姓位）子孙（生机、人民、百姓、规律）寅（驿马星、飞舞、死亡、败落、流血）木（树木、李树）与三爻（半天空位、旷野位、田野位、社会位、过程位）妻财（能量、祸源）午火（太阳、花朵、红色、飞舞、血色）和五爻（核心位、头部位、国家位、转换位）官鬼（艰难、灾难、战争、死亡）戌土合成的妻财（能量、祸源）火局（太阳、花朵、红色、飞舞、血色）。

即"血染河山日色红"和"一树李花都惨淡"之意。

太岁申金临四爻（旷野位、田野位、战场位、社会位、过程位）父母（巢穴、百姓）申（驿马星、倾覆、可怜）金旺与二爻（地面位、房屋位、成长位、转换位）官鬼（战祸）辰土和六爻（结果位）兄弟（势能、损失）子水合成兄弟（势能、势力、损失）水局。

合成的兄弟水局冲克初爻（地表位、基层位、百姓位）子孙（生机、百姓、规律）寅（驿马星、倾覆、可怜）木与三爻妻财午火和五爻（核心位、国家位、心理位、转换位）官鬼（战祸）戌土合成的妻财（能量、祸源、财物）火局，水火两败，四爻（田野位、社会位、过程位）父母（江山、社稷、人民、百姓）申（驿马星、血染、流血）金也会受损。

也即"可怜巢覆亦成空"之意。

袁李两位智者，借图画加颂，实际也是在用比喻的方法，而且是非常谨慎、小心隐含地在向李世民述说：

"皇上，所有在战争混乱时期暴发的帝王和英雄豪杰，全都是以牺牲成千上万条百姓的生命为代价的，战争所造成的场面和结局也都是'血染河山日色红'，包括你们李家的天下也是这样打下来的。"

　　"不一定什么时候，你们李家天下也会有'一树李花都惨淡'的情景，也会有'可怜巢覆亦成空'的时刻，这也是大自然的客观规律。"

　　"皇上，就像习赣〔坎〕卦中所说的那样，您只要能虚怀若谷，这样才能使天下的能人和强人都归顺于您，就能避免血染河山的事情发生。"

　　圣叹曰："此象主黄巢作乱。唐祚至昭宗，朱温弑之以自立，改号梁。温为黄巢旧党，故曰巢覆亦成空。"

　　金圣叹的批注，仅作参考，读者可用易学文化的六爻易术理论，自己来分析。

第二节　第十象：癸酉与节〔节〕

谶曰：

荡荡中原，莫御八牛。

泗水不涤，有血无头。

颂曰：

一后二主尽升遐，四海茫茫总一家。

不但我生还杀我，回头还有李儿花。

节［节］（主体现象）

━━　━━　兄弟子水

━━━━━　官鬼戌土

━━　━━　父母申金　　应

━━　━━　官鬼丑土

━━━━━　子孙卯木

━━━━━　妻财巳火　　世

卦象：月亮的黑影部分与光泽部分，沼泽湿地中的水与

湿地的生态。

卦辞：（帛书）节，亨，枯节，不可贞。

（通行本）节，亨，苦节，无咎，不可贞。

现象描述：月亮的黑影部分与光泽部分的变化是有节度规律

的，就像辽阔富饶的湿地保持着适当的水量，湿地的生态才壮丽、

美好、亨通一样。晦朔月时，月亮表面全都是阴暗的黑影，就像

湿地的水源如果干了，湿地生态也就随之枯竭了一样，就是不可以有所做为的征兆。

1 对谶的形象理解与逻辑分析

1.1 图像的形象理解

图中画着在山川中的河流都汇集到了一条山谷中，形成一条正在流淌的大河，画意符合谶"泗水不涤"之意。

1.2 卦意的逻辑分析

节［节］卦的上卦为习赣［坎］（为水、为血液、为河流），下卦为夺［兑］（为月、为泽、为夺取）。

太岁酉金合动初爻（地表位、基层位、百姓位）妻财（财富、资源）巳（驿马星、掠夺）火和三爻（旷野位、田野位、社会位、过程位）官鬼（战争、掠夺）丑土，也会起四爻（旷野位、田野位、社会位、过程位）父母（国家、百姓、军队）申金和五爻（核心位、心理位、王位、控制位、转换位）官鬼（贪婪）戌土。

三爻（旷野位、田野位、社会位、过程位）官鬼（兵祸、匪盗、掠夺）丑（牛）土（湿土）与初爻（地表位、基层位、百姓位）妻财（能量、祸源、财富）巳（驿马星、战争、掠夺）火生合而旺刑五爻（核心位、中原位、转换位）官鬼（官兵、兵祸、匪盗、掠夺、控制）戌土（燥土）相刑，丑（牛）土（湿土）胜。

节［节］之上卦习赣［坎］为 6 数，下卦夺［兑］为 2 数，之和为 8 数。

即"荡荡中原，莫御八牛"之意。

太岁酉金助四爻（旷野位、田野位、战场位、身体位、臂膀位、过程位）父母（身体、百姓）申（驿马星、游、洗）金既与初爻（开头位、地表位）妻财（能量、财富、食物、祸源）巳（驿马星、流血、饥饿）火合成兄弟（贫穷、损失）水局（血液），也与六爻（结果位、百姓位）兄弟子水合成兄弟（贫穷、损失）水局（血液）。

太岁酉金合动三爻（旷野位、田野位、战场位、身体位、手臂位、过程位）官鬼（灾难、兵祸）丑土既与初爻（开头位、地表位）妻财（能量、财富、食物、祸源）巳（马星、流血、饥饿）火合成兄弟（贫穷、损失）水局（血液），也与六爻（结果位、百姓位）兄弟（贫穷、损失）子水合成官鬼（艰难、灾难、兵祸）土局。

即"泗水不涤，有血无头"之意。

袁李两位智者，借图画加谶，实际是在用比喻的方法，而且是非常谨慎、小心隐含地向李世民述说：

"皇上，由于所有中原之外的王者们无一例外地都在贪图中原大地的资源财富，才不断地发动战争，才使得老百姓们不断地被卷入到了这种流血的祸乱中，过着苦难日子里，你们李家曾经也是这样的，就像百姓们即使在水里游泳（泗水），也洗不去身上的祸事。流血的日子怎么就没个头呢？难道你们就不能停止吗？"

"所以皇上啊，就像节［节］卦所说的那样，凡事要有所节制，对待发动战争之事，更要有所节制。"

2 对颂的形象理解与逻辑分析

2.1 图像的形象理解

图中画着在山川中的河流都汇集到了一条山谷中，形成一条正在流淌的大河，画意符合颂中的"四海茫茫总一家"之意。

2.2 卦意的逻辑分析

卦中只有一个初爻（地表位、基层位、百姓位）妻财（能量、财富、女人）巳火，却有三爻（田野位、社会位、过程位）官鬼（强盗）丑土和五爻（核心位、心理位、控制位、转换位）官鬼戌土两个官鬼（官人、主人、强盗、掠夺）爻。

且官鬼（灾难、战争、掠夺、霸占）丑土为与初爻（地表位、基层位、百姓位）妻财（女人、食物、财物、能量）巳（驿马星、杀戮、掠夺、战斗）火相合而与五爻（核心位、心理位、头脑位、控制位、转换位）官鬼（妄想）戌土相刑。

太岁酉金助应（事物）四爻（田野位、社会位、过程位）父母（自然、大家庭）申（驿马星、共享）金既与初爻（地表位、基层位、百姓位）妻财（资源、能量、财物）巳（驿马星、共享）火合成兄弟（朋友、团结、帮助）水局，也与六爻（结果位）兄弟子水合成兄弟水局。

太岁合动三爻（田野位、社会位、过程位）官鬼（壮丽、妖娆）丑土既与初爻（地表位、基层位、百姓位）妻财（资源）巳火相合，也与六爻（结果位）兄弟子水相合。

四爻（田野位、社会位、过程位）父母（自然、大家庭）申（驿马星、共享）金还与二爻（地面位、房屋位、心理位、成长位、转换位）子孙（生机、后代）卯木暗合。

即"一后二主尽升遐，四海茫茫总一家"之意。

卦中的世（我们）初爻（地表位、基层位、百姓位）妻财（资源、能源、能量）巳火为应（事物）四爻（田野位、社会位、过程位）父母（自然、人们）申（驿马星、养活、生长）金的长生之位。

但应（事物）四爻（田野位、社会位、过程位）父母（自然、人们）申（驿马星、掠夺、破坏、毁损）金却刑世（我们）初爻（地表位、基层位、百姓位）妻财（资源、能源、能量）巳火。

即"不但我生还杀我"之意。

太岁酉金助应（事物）四爻（田野位、社会位、过程位）父母（自然、事业、社稷）申（驿马星、回头、发展）金暗合二爻（地面位、心理位、成长位、转换位）子孙（生机、后代）卯（花朵）木（树木、李树），合初爻（开头位、地表位、基层位、百姓位）妻财（能量、资源）巳（驿马星、回头）火（花朵）。

即"回头还有李儿花"之意。

袁李两位智者，借图画加颂，实际也是在用比喻的方法，而

且是非常谨慎、小心隐含地在向李世民述说：

"皇上，共同生活在一个大自然里的人们，就像生活在一个大家庭里共享着资源一样。可总有人妄想自己一个人成为霸主，要独享资源，这样人类就会不断地破坏生养他们的自然和资源（包括人力资源的自相残杀），回头好好地看一看，你们李家不也正是这样做的吗？"

"所以皇上啊，就像节［节］卦所说的那样，凡事要有所节制，特别是对待发动战争这样的大事更要有所节制啊！"

圣叹曰："此象主朱温弑何皇后、昭宣、昭宗而自立，所谓一后二主也。未几为次子友珪所弑，是颂中第三句意。李克用之子存勖代父复仇，百战灭梁，改称后唐，是颂中第四句意。"

金圣叹的批注，仅作参考，读者可用易学文化的六爻易术理论，自己来分析。

第三节　第十一象：甲戌与屯［屯］

谶曰：

> 五人同卜，非禄非福。
>
> 兼而言之，喜怒哀乐。

颂曰：

> 龙蛇相斗三十年，一日同光直上天。
>
> 上得天堂好游戏，东兵百万入秦川。

屯 ［屯］（主体现象）

—— ——　兄弟子水
—————　官鬼戌土　　　应
—— ——　父母申金
—— ——　官鬼辰土　　　　　　伏妻财午火
—— ——　子孙寅木　　　世
—————　兄弟子水

卦象：绵绵的细雨，把柴草和树皮都润湿、浸泡透了

卦辞：（帛书）屯，元亨，利贞，勿有攸往。利律侯。

（通行本）屯，元亨，利贞，勿有攸往。利建侯。

现象描述：细雨一直不停地下着，树皮都被润湿、浸泡透了，就连木柴也都被浸泡、润湿得生不着火了，这样的情景一开始就好，是亨通有利的征兆，但不要到外面去有所作为，只有利于在家制定和完善国家的政治、经济、军事、文化、法律等。

1 对谶的形象理解与逻辑分析

1.1 图像的形象理解

图中画着一个成年男子躺在山川里山沟的地上，就像卡在三棵松树之间，仔细一看就会发现，壮年的腰部（肾脏）位刚好在两棵长寿的松树之间被保护着，头部和身体好像还靠着一棵大树和一块石头，在安详地休息。但画意并没有直接体现出谶中的意思。

1.2 卦意的逻辑分析

屯［屯］卦的上卦为习赣［坎］（为水、为山沟、为休息、为1数），下卦为辰［震］（为树、为壮年男子、先天为4数、辰［震］宫为3数）。

习赣［坎］（1）与辰［震］（4）之和为5数，太岁临应（事物）五爻（核心位、君王位、心理位、转换位）官鬼（胆大、不怕）戌土（大山、石头）旺冲起三爻（旷野位、身体位、腰部位、肾部位、过程位）官鬼辰（5数、水库）土将四爻（旷野位、过程位）父母（自然、文化、目的、休息、安全）申（驿马星、学习、卜算、申意同神、［谐音也同］）金和初六爻的兄弟（朋友）子水合成的兄弟（势能、势力、势大）水局（水主肾、主神、主恐惧）给圈住反围克住了。

伏神在卦中也是一个非常重要的参考要素。

从三爻下出来的伏神妻财（禄财）午火与世（我们）二爻

（地面位、心理位、转换位）子孙（医卜、福气、臣子）寅（驿马星、卜算）木一起来合五爻（核心位、君王位、心理位、转换位）官鬼（君王、胆大、不怕）戌土成的妻财（禄财）火局。

即"五人同卜，非禄非福"之意。

太岁临应（事物）五爻（核心位、君王位、心理位、眼位、耳朵位、心脏位、背部位、转换位）官鬼（君王、危险、灾难、阴的）戌土（大山、脊背、肌肉）旺也兼合二爻（地面位、臣子位、嘴位、手位、心理位、转换位）子孙（下属、臣子、动物）寅（老虎、驿马星、推背、言说、听讲）木成妻财（能量、祸源）火局。

即"兼而言之"之意。

三爻（旷野位、腰部位、身体位、过程位）官鬼（强壮）辰（水库、腰子、肾脏）土被太岁和五爻（核心位、君王位、心理位、转换位）冲旺将四爻（旷野位、过程位）父母（身体、安全）申（驿马星、害怕）金和初爻（地表位、基层位、基本位）和六爻（结果位）的兄弟（损失）子水合成的水局（恐惧）给克围住，则此卦中的水（恐惧）就起不了作用了，剩下的只有火（主喜）木（主怒）金（主哀）土（主乐）了。

即"喜怒哀乐"之意。

而世（我们）二爻（地面位、臣子位、心理位、转换位）子孙（下属、医卜）寅（老虎、驿马星、推背、言说）木没有水生，却反而被太岁和五爻（核心位、君王位、心理位、控制位、转换位）官鬼（控制、危险）戌土所合，这就具有了另一层意思。

注：笔者在这几段里通过对"兼而言之，喜怒哀乐"和屯

［屯］卦的逻辑剖析，发现袁天罡和李淳风当时在里面埋下了一个伏笔，没有用文字表示出他俩在当时具有的极其复杂的另一层心理活动，留在下面由笔者来说。

袁李两位智者，借图画加谶，实际是在用比喻的方法，而且是非常谨慎、小心隐含地在向李世民述说：

"皇上，您现在与我们四人在一起卜算，因为您是皇上，什么都不怕，胆量也最大，卜算的目的既不问福，也不问禄，因为您的财禄是最高的，福气也是最大的，还怕什么呢？"

"既然您现在什么都不怕，也只有喜怒哀乐可以考虑了，而我们四人（包括袁天罡和李淳风在内）在此时却没有一点喜怒哀乐，只剩下恐惧和害怕了，因为伴君如伴虎。今天我们以推背的形式在此进行卜算，真不知您听了我们所说的话之后会怎样，所以这样给李家天下做卜算，对我们来讲还是非常危险的，可千万别因为此事而引火上身啊！"

这就是笔者前面所说的伏笔，由此可见袁天罡和李淳风具有多么高的智慧啊！

2　对颂的形象理解与逻辑分析

2.1　图像的形象理解

图中画意也并没有直接体现出颂中的意思。

2.2　卦意的逻辑分析

太岁临上卦中的应（事物、对方）五爻（核心位、君王位、心理位、控制位、转换位）官鬼（君王、战争）戌土会四爻（旷野位、社会位、过程位）父母（江山、权力、军队、百姓）申（绳［蛇］、驿马星、战斗）金旺冲下卦中的三爻（旷野位、社会位、过程位）官鬼（战争）辰（龙）土会世（我方）二爻（地面位、小王位、成长位、心理位、转换位）子孙（军队、生机）寅（驿马星、战斗）木。

卦中的地支子（1）寅（3）辰（5）申（9）戌（11）子（1）之和为30数。

即"龙蛇相斗三十年"之意。

伏神在卦中也是一个非常重要的参考要素。

伏着的妻财（能量、富裕）午火（日）出来与世（我方）二爻（地面位、小王位、手位、心理位、成长位、转换位）子孙（生机、军队、百姓、臣国）寅（驿马星、战斗、玩耍、游戏、致富、拥护）木和五爻（天空位、天堂位、君王位、控制位、转换位）官鬼（君王、控制）戌土合成妻财（能量、富裕）火（光芒）局直冲六爻（天空位、天堂位、头顶位、结果位）兄弟（势力、竞争、贫穷）子水。

即"一日同光直上天"和"上得天堂好游戏"之意。

太岁临应（事物）五爻（核心位、君王位、秦川位、心理位、控制位、转换位）官鬼（君王、官兵）戌土旺合世（我方）二爻（地面位、关口位、腿位、手位、心理位、转换位）子孙（生机、军队、百姓）寅（驿马星、进入、拥护）木（东方）。

太岁临上卦中的应（事物、对方）五爻（核心位、君王位、心理位、控制位、转换位）官鬼（君王）戌土会四爻（旷野位、田野位、身体位、社会位、过程位）父母（权力、军队、法制、道德、精神文明）申（绳［蛇］、驿马星、法制建设、提倡、鼓励、制约）金成父母（宪法及各种法律制度）金局。

即"东兵百万入秦川"之意。

袁李两位智者，借图画加颂，实际也是在用比喻的方法，而且是非常谨慎、小心隐含地在向李世民述说：

"皇上，您李家当时与对手们为争王位，就像龙蛇一样相斗了三十来年，今日终于如愿以偿了，就像太阳一样升上了天空。"

"您现在是一国之君王了，有百万大军在保护着您和您的国家，就好像是在天堂中，您都可以任意地游戏了一样，还有什么可以担忧的呢？"

"您现在可以继续拿出您李家打天下时的那股劲头，在国家建立健全法制，大力提倡精神文明，提倡高尚的道德风尚，带领百姓发挥出所有的能量，来共同致富，甩掉贫穷，这样国家就会强盛起来。到了那个时候，全国百姓乃至全天下的邻邦之国都拥护着您，您就更像是在天堂里，在任意地游戏一样，就更没有什么可以使您担忧的事了？"

"皇上，就像屯［屯］卦所说的，您现在需要做的就是要深入人心啊！"

圣叹曰："此象指伶人郭从谦作乱，唐主为流矢所中。"

金圣叹的批注，仅作参考，读者可用易学文化的六爻易术理论，自己来分析。

第四节　第十二象：乙亥与既济［既济］

谶曰：

> 块然一石，谓他人父。
>
> 统二八州，已非唐土。

颂曰：

> 反兆先多口，出入皆无主。
>
> 系铃自解铃，父亡子亦死。

既济［既济］（主体现象）

```
▬ ▬  兄弟子水    应
▬▬▬  官鬼戌土
▬ ▬  父母申金
▬▬▬  兄弟亥水    世    伏妻财午火
▬ ▬  官鬼丑土
▬▬▬  子孙卯木
```

卦象：冬天的时候外面冷，里面暖和。

卦辞：（帛书）既济，亨，小利贞，初吉，冬乳。

（通行本）既济，亨，小利贞，初吉，终乱。

现象描述：冬天的时候外面冷，在屋内才会暖和，穿着棉衣的身体也才会暖和，这样的情景，就像要注意保暖抵御寒冷才会好一样，是有小利的征兆。就像每一年的春天都会比较好，冬天会比较麻烦一样，刚开始立冬进入冬天时挺好，到了冬至后最寒冷的时候，就要像照顾刚出生还在吃奶的小孩一样，小心照顾自己的身体了，否则会很麻烦的。

1 对谶的形象理解与逻辑分析

1.1 图像的形象理解

图中画着一位身穿马蹄袖长袍、马褂、头戴皮帽的匈奴胡人，身后卧放着一块到腿部高度、带着棱角的大石头。

画意中的大石头，符合谶"块然一石"之意，衣着马蹄袖长袍和马褂的匈奴胡人符合谶"已非唐土"之意，谶中其他两句话的意思在画意中没有直接体现出来。

1.2 卦意的逻辑分析

既济［既济］卦的上卦为习赣［坎］（为上、为水、为寒冷、为北方），下卦为罗［离］（为下、为火、为温暖、为南方），在此卦中的上卦为我方，下卦为他方。

太岁亥水会起下卦中的二爻（地面位、臣国位、小王位、腿位、嘴位、心理位、转换位）官鬼（小王、官员、觊觎、无赖）丑土（为东北方、为山、为石）生上卦（他人、我方）中的四爻（旷野位、田野位、社会位、过程位）父母（江山、领土、主权）申（驿马星、称谓、攻占、统治）金（金人、胡人）。

即"块然一石，谓他人父"之意。

在下卦二爻（地面位、小王位、臣国位、心理位、成长位、转换位）官鬼（小王、官员、管理、统治）丑土（为东北方、为山、为石）会临太岁的三爻（旷野位、田野位、手臂位、过程位）兄弟（势力、众多、丢失）亥（驿马星、统治）水生初爻（地表位、基层位、百姓位）子孙（军队、百姓、生机）卯木。

且下卦二爻（地面位、小王位、臣国位、心理位、成长位、转换位）两边的亥（12）与卯（4）之和等于2与8相乘的16数。

下卦二爻（地面位、小王位、臣国位、心理位、成长位、转换位）官鬼丑（东北方）土被太岁会起后就会刑上卦的五爻（核心位、中心位、唐土位、控制位、转换位）官鬼（控制、管理）戌土，二爻与五爻及丑土与戌土是阴阳相互对立的关系。

即"统二八州，已非唐土"之意。

袁李两位智者，借图画加谶，实际是在用比喻的方法，而且是非常谨慎、小心隐含地在向李世民述说：

"皇上，北方的匈奴胡人虽然目前还在向我国称臣和称父，其实他们都是一些顽石，是很不愿意称他人为父的，心里面一直都在觊觎着我大唐的江山领土。"

"在与北方匈奴胡人相连的边境上，大概有十六个州远离我们大唐中心，他们早就想占领这些地区和统治这里的百姓了，如果我们不积极做好防备，早晚这十六个州的领土很有可能就不会属于我们大唐了。"

"皇上，就像既济［既济］卦所描述的那样，（北方）冬天的时候外边冷啊！要像注意保暖自己的身体一样，保护好自己的国家和自己的子民。"

2 对颂的形象理解与逻辑分析

2.1 图像的形象理解

画意中没有直接体现出颂中诗句的意思。

2.2 卦意的逻辑分析

太岁亥水助旺三爻（旷野位、田野位、社会位、手臂位、过程位）兄弟（贫穷、众多）亥（驿马星、反叛、抢劫）水既害上卦的四爻（旷野位、田野位、社会位、手臂位、过程位）父母（领土、主权）申金。

伏神在卦中也是一个非常重要的参考要素。

太岁亥水助旺三爻（旷野位、田野位、社会位、手臂位、过程位）兄弟（贫穷、众多）亥（驿马星、反叛、抢劫）水又暗合起伏着的妻财（资源、食物、财富）午火。

太岁亥水助旺三爻（旷野位、田野位、社会位、手臂位、过

程位）兄弟（贫穷、众多）亥（驿马星、反叛、抢劫）水又会二
爻（地面位、小王位、臣国位、心理位、成长位、转换位）官鬼
（战争）丑土。

太岁亥水助旺三爻（旷野位、田野位、社会位、手臂位、过
程位）兄弟（贫穷、众多）亥（驿马星、反叛、抢劫）水也与初
爻（地表位、基层位、百姓）子孙（生机、人口、后代）卯木合
成木局。

即"反兆先多口"之意。

太岁亥水助旺三爻（旷野位、田野位、社会位、手臂位、过
程位）兄弟（贫穷、众多）亥（驿马星、进出、放松）水会二爻
（地面位、边境位、关口位、心理位、转换位）官鬼（管理、制
约、警惕）丑土成兄弟（朋友）水局。

即"出入皆无主"之意。

太岁亥水助旺三爻（旷野位、田野位、社会位、手臂位、过
程位）兄弟（众多、贫穷）亥（驿马星、反叛、抢劫）水既害上
卦的四爻（旷野位、田野位、社会位、手臂位、过程位）父母
（领土、主权）申金。

太岁亥水助旺三爻（旷野位、田野位、社会位、手臂位、过
程位）兄弟（众多）亥（驿马星、守卫、联合、戍边）水还能合
动初爻（地表位、基层位、百姓位）子孙（军队）卯木成子孙
（军队、百姓、生机）木（农作物）局。

合成的子孙木局克制二爻（地面位、边境位、转换位）官鬼
（骚乱、掠夺、战争）丑（牛、耕种）土（土地）。

初爻（地表位、基层位、百姓位）子孙（军队、百姓、生机）卯木并与四爻（旷野位、田野位、社会位、手臂位、过程位）父母（国家、领土、主权、安全）申（驿马星、屯兵、戍边、系上、解开）金（铃铛）暗合成父母（国家、平安）金局。

即"系铃自解铃"之意。

太岁亥水助旺三爻（旷野位、田野位、社会位、手臂位、过程位）兄弟（众多、损失）亥（驿马星、反叛、抢劫、侵犯、占领）水害动上卦的四爻（旷野位、田野位、社会位、手臂位、过程位）父母（国家、领土、主权、人民、百姓、子民）申金。

四爻（旷野位、田野位、社会位、手臂位、过程位）父母（国家、领土、主权、人民、百姓）申金也会暗克合初爻（地表位、基层位、百姓位）子孙（生机、子民）卯木。

即"父亡子亦死"之意。

袁李两位智者，借图画加颂，实际也是在用比喻的方法，而且是非常谨慎、小心隐含地在向李世民述说：

"皇上，匈奴胡人反叛进犯的原因，主要是由于他们游牧民族的人口迅速增长之后，而有限的食物和资源又导致了贫穷，人口多就会争嘴，就会发动侵略战争来掠夺。"

"再一个原因就是那些匈奴胡人在我们的边境关口，随意地出入，而没有官方任何的管理和约束，就像是对待我们自己的兄弟朋友一样，以致我们放松了自己的警惕。"

"其实，我们的军队可以与边境上的百姓联合起来，既能屯兵驻军又能耕作生产，让我们的军民一起戍边保卫我们大唐的疆土。"

"如果不这样，等那些匈奴胡人大举进犯的时候，我们大唐就会非常被动，就会遭受巨大损失。国家一旦灭亡，我们的子民也会遭受生灵涂炭和死亡威胁。"

"皇上，就像既济［既济］卦中所描述的那样，（北方）冬天的时候外边冷啊！要像注意保暖自己的身体一样，以防受凉感冒。保护好自己的国家和自己的子民，免遭生灵涂炭。"

圣叹曰："此象主石敬瑭求救于契丹。唐主遣张敬达讨石敬瑭，敬瑭不得已求救于契丹，事之以父礼，贿之以幽蓟十六州。晋帝之立，固契丹功也，然卒以契丹亡，故有系铃解铃之兆。"

金圣叹的批注，仅作参考，读者可用易学文化的六爻易术理论，自己来分析。

第五节　第十三象：丙子与勒［革］

谶曰：

汉水竭，雀高飞。

飞来飞去何所止，高山不及城郭低。

颂曰：

百个雀儿水上飞，九十九个过山西。

惟有一个踏破足，高栖独自理毛衣。

勒〔革〕（主体现象）

▬ ▬	官鬼未土		
▬▬▬	父母酉金		
▬▬▬	兄弟亥水	世	
▬▬▬	兄弟亥水		伏妻财午火
▬ ▬	官鬼丑土		
▬▬▬	子孙卯木	应	

卦象： 太阳和月亮同时都挂在天空中，日月同辉的情景。

卦辞：（帛书）勒，巳日乃復，元亨，利贞，悔亡。

（通行本）革，巳日乃孚，元亨，利贞，悔亡。

现象描述：有时太阳还没落下去，月亮已出现在天空中了，而有时太阳已经开始升起了，可月亮还在天空没有落下去。这个日月同辉的情景，就像是大自然这个主人用牛皮绳把太阳和月亮都同时勒在了天上一样。选择形象像蛇与绳子的"巳"日，作为制作牛皮绳的好日子，是会有收获的，这是开始就亨通和有利的征兆。日月同辉分离开后的情景，就像是大自然这个主人后悔勒不住了，松开了牛皮绳一样。又像在制作过程中没有控制管理住质量和工艺，而造成了损失，心里在后悔、难受一样。

1　对谶的形象理解与逻辑分析

1.1　图像的形象理解

图中画着五只小鸟，其中一只独自站在城墙上，另外四只在水面上飞翔着掠食，画意符合谶中的一些意境，画意与勒［革］中的夺［兑］（泽）和罗［离］（鸟）也挺对应。

1.2　卦意的逻辑分析

勒［革］卦的上卦为夺［兑］（为月、为泽、为雀、为休息、为西方），下卦为罗［离］（为日、为火、为鸟、为飞翔、为南方）。

太岁（皇上）子水会起三四爻（半天空位、田野位、社会位、过程位）的兄弟（势能、众多、损失、团结）亥水与初爻（水面位）子孙（动物、生机、福气）卯木和六爻（高空位、结果位）官鬼（灾难、干旱、枯竭）未土（燥土）合成子孙（生机）木局。

伏神在卦中也是一个非常重要的参考要素。

从三爻（旷野位、社会位、肚子位、过程位）下伏着的妻财（能量、食物）午火（鸟、飞翔）出来与三四爻（半天空位、旷野位、过程位）的兄弟（势能、众多、损失）亥（驿马星、飞翔、掠食）水暗合。

从三爻（旷野位、社会位、肚子位、过程位）下伏着的妻财（能量、食物）午火（鸟、飞翔）出来也与六爻（高空位、结果位）官鬼（灾难、干旱、枯竭）未土（燥土）合成官鬼燥土局。

即"汉水竭，雀高飞"之意。

伏着的妻财（食物、能量）午火（鸟、飞翔）出来与三四爻（半天空位、旷野位、社会位、过程位）的兄弟（众多、损失）亥（驿马星、飞翔、掠食、停止）水暗合。

即"飞来飞去何所止"之意。

卦中的官鬼丑土（丑在根［艮］宫为高山）在二爻（地面位、低位、转换位），与官鬼未土（城墙为燥土）在六爻（高位、结果位）相冲。

即"高山不及城郭低"之意。

袁李两位智者，借图画加谶，实际是在用比喻的方法，而且是非常谨慎、小心隐含地在向李世民述说：

"皇上，治理国家的时候，您要注意团结一切可以团结的力量，起用一切有才能的人，他们才是治理国家的中坚力量。如果起用他们来为国家和百姓造福，就像日月有时会同时挂在天上一样，用一种团结的力量将他们都勒在大唐。"

"否则，如果您只用您李家的人，那些有才能的人就会为了发挥自己的聪明才智，为了生计而飞到别的城郭去，去为别人服务，为别人效力。同时也会让他们寒心地感到，像您这样高山一样的人其实也不过如此，还不及城郭高呢。"

"这样，就会造成大量的人才流失，我们大唐就会像汉水枯竭了一样，没有希望，百姓又哪来的生机呢？"

"皇上，就像勒［革］卦中所说的那样，是什么力量将日月都同时绑在了天上？是一种团结的力量。"

2　对颂的形象理解与逻辑分析

2.1　图像的形象理解

图中四只鸟儿在水面上飞翔的意境，符合颂"百个雀儿水上飞"的意思，独自站在城墙上小鸟的意境，符合颂"惟有一个踏破足，高栖独自理毛衣"的意思，画意挺符合颂中的意境。

2.2　卦意的逻辑分析

太岁子水会起三四爻（半天空位、旷野位、社会位、过程位）的兄弟（势能、众多、损失）亥水。

伏神在卦中也是一个非常重要的参考要素。

伏着的妻财（食物、能量）午火（鸟、飞翔）出来与三四爻（半天空位、旷野位、社会位、过程位）的兄弟（众多、损失）亥（驿马星、飞翔、掠食）水暗合。

即"百个雀儿水上飞"之意。

伏着的妻财（食物、能量）午（午在罗［离］宫、为9数）火（鸟、飞翔）出来飞到上卦的夺［兑］（西方），又飞过五爻（核心位、国家位、高处位、转换位）父母（自然、国家）酉（西方）金而与六爻（高处位、结果位）官鬼未土（燥土）相合。

即"九十九个过山西"之意。

太岁子水刑初爻（足位）子孙（动物、生机、健康）卯木。

太岁子水也会起三爻（鼻嘴位、身体位、过程位）和四爻（殿堂位、大臣位、身体位、过程位）的兄弟（势能、众多、损失）亥（驿马星、整理、高栖）水与初爻（足位）子孙（动物、生机、健康）卯木（羽毛）和六爻（高处位、结果位）官鬼（灾难、艰难、伤病）未土（燥土）合成子孙（动物、生机、健康）木局。

即"惟有一个踏破足，高栖独自理毛衣"之意。

袁李两位智者，借图画加颂，实际也是在用比喻的方法，而且是非常谨慎、小心隐含地在向李世民述说：

"皇上，治理国家的时候，如果您只用您李家的人，别人就会认为我们大唐不珍惜人才，最后的结局就会人心涣散，这样对我们大唐的人力资源可就是一大浪费啊！"

"有能力的人才都飞走了，最终能留在您这儿的人，也只不过是一些老弱病残罢了，这些人之所以能留在您这儿，也只不过是为了自己的利益，在为自己养老养病罢了。"

"皇上，勒〔革〕卦就有团结才会形成能量，团结才会有收获之意。"

圣叹曰："此象主周主郭威夺汉自立。郭威少贱，世称之曰郭雀儿。"

金圣叹的批注，仅作参考，读者可用易学文化的六爻易术理论，自己来分析。

第六节 第十四象：丁丑与丰［丰］

谶曰：

李树得根芽，石榴漫放花。

枯木逢春只一瞬，让他天下竞荣华。

颂曰：

金木水火土已终，十三童子五王公。

英明重见太平日，五十三参运不通。

丰［丰］（主体现象）

```
———  ——  官鬼戌土
———  ——  父母申金      世
—————————  妻财午火
—————————  兄弟亥水
———  ——  官鬼丑土      应
—————————  子孙卯木
```

卦象： 太阳和雷电同时出现在天空中。

卦辞：（帛书）丰，亨，王叚之，勿忧，宜日中。

（通行本）丰，亨，王假之，勿忧，宜日中。

现象描述：晴天里雷阵雨的情景，太阳和雷电会同时出现在天空当中，雷电劈入大地时的壮丽景象，也给大地带来了丰富的能量，多好啊，多壮观啊。君王如果看到了这样的景象或得到了这个卦象，不要担心，就像是太阳正好到了正午的时分一样，那么的灿烂和辉煌。

1 对谶的形象理解与逻辑分析

1.1 图像的形象理解

图中画着在一捆木柴中，有一根发芽长新枝了，意境符合谶之意，画意也符合丰［丰］卦里的辰［震］（柴、树、动、生长）和罗［离］（花朵）之意。

1.2 卦意的逻辑分析

丰［丰］卦的上卦为辰［震］（为柴、为树、为动、为生长），下卦为罗［离］（为干枯、为日、为火、为花朵）。

太岁助应（事物）二爻（地面位、成长位、心理位、转换位）官鬼（官吏、壮丽）丑土会三爻（田野位、社会位、过程位）兄弟（势能、帮助）亥（驿马星、生长、贴近、帮助）水成水局生初爻（地表位、基层位、基础位、根部位、百姓位）子孙（生机、后代、百姓）卯（卯 [冒、茂] 的谐音）木（李树）。

即"李树得根芽"之意。

被会起的三爻（田野位、社会位、过程位）兄弟（势能、帮助）亥（驿马星、生长、贴近、帮助）水与初爻（地表位、开始位、基层位、百姓位）子孙（生机、后代、百姓）卯（花朵）木合成木局生四爻（半天空位、田野位、社会位、过程位）妻财（能量、富裕）午火（花朵）。

三爻（半天空位、田野位、社会位、过程位）兄弟（势能、帮助）亥（驿马星、生长、开放、贴近、帮助）水暗合四爻（半天空位、田野位、社会位、过程位）妻财（能量、富裕）午火（花朵）。

即"石榴漫放花"之意。

被会起的三爻（田野位、社会位、过程位）兄弟（势能、帮助）亥（驿马星、生长、滋润）水与初爻（开始位、地表位、春天位）子孙（生机、百姓、后代）卯木合成木（春天）局。

即"枯木逢春只一瞬"之意。

被会起的三爻（田野位、社会位、过程位）兄弟（势能、帮助）亥（驿马星、生长、滋润）水合动初爻（地表位、开始位、基层位、百姓位）子孙（生机、百姓、后代）卯木与六爻（结果位、天下位）官鬼（壮丽、妖娆）戌土合成妻财（能量、富饶）火局。

即"让他天下竞荣华"之意。

袁李两位智者，借图画加谶，实际是在用比喻的方法，而且是非常谨慎、小心隐含地在向李世民述说：

"皇上，只要您官府里的各级官吏都能从心里与老百姓贴近，紧密团结，共同努力，发挥出各自的能量，就能让百姓的生活具有生机，就能使枯木发芽，就能让国家和百姓共同走向富裕之路。"

"所以皇上，丰〔丰〕卦有雷电给大地带来了巨大而丰富的能量、肥料之意，那么您和您的各级官员，以及官府是不是也应当这样做呢？"

"从图画中可以看出，只要有了丰富的肥料之能量，内外上下紧密地团结一心，共同努力，枯木都会发芽的。"

2 对颂的形象理解与逻辑分析

2.1 图像的形象理解

颂并没有直接表达出图画中的意境。

2.2 卦意的逻辑分析

卦中表面的木火土金水五行是全的，并没有伏藏着哪一行，可以连环相生起来。

即"金木水火土已终"之意。

被会起的三爻（田野位、社会位、过程位）兄弟（势能、帮助）亥（驿马星、生长）水合动初爻（地表位、开始位）子孙（生机、后代、儿童）卯（花朵）木与五爻（核心位、国家位、君王位、心理位、控制位、转换位）父母（君王、江山、社稷、政权）申（驿马星、登基、装着、贴近）金暗合成父母（君王、江山、社稷、百姓、事业、目标、成功）金局。

申（9）与卯（4）之和为13数，5指五爻位。

即"十三童子五王公"之意。

太岁助应（事物）二爻（地面位、成长位、转换位）官鬼（壮丽、妖娆、烂漫、官吏）丑土刑六爻（结果位）官鬼（壮丽、妖娆、烂漫）戌土，土越刑越旺，旺土又生旺五爻（核心位、国家位、君王位、心理位、控制位、转换位）父母（自然、国家、百姓、平安）申金。

即"英明重见太平日"之意。

丰［丰］卦中的所有地支卯（4）丑（2）亥（12）午（7）申（9）戌（11）与辰［震］（4）罗［离］（3）之和为52数，是此卦的圆满数，就是说到了53数的时候就是另一个结果了。

即"五十三参运不通"之意。

注：笔者在对"五十三参运不通"的剖析中发现，"参"字却隐含着袁天罡和李淳风的另一层意思，他们在此埋下了一个伏笔，用"参"字表示出他俩在当时具有的一种极其复杂的心理活动，而不好向皇帝李世民明说，留在下面由笔者来说。

袁李两位智者，借图画加颂，实际也是在用比喻的方法，而且是非常谨慎、小心隐含地在向李世民述说：

"皇上，只要从您这儿开始，心里惦记着百姓，去贴近百姓，那么各级官吏就会效仿您，连续相生相传地为百姓服务，加上您的子孙登位后也这样效仿您，天下太平的日子就会大放光明，属于您李家的江山社稷就会稳固长久。"

"如果您的子孙没有这样去做，就会出现另一种局面，天下就不会太平，就会导致您李家的天下连三（用参隐含三）代都运行不下去。这就是中国人常说的富（富丽）不过三代。"

卦中的罗［离］（为日、为中心、为光芒、为丽、为富丽、为3数），在此隐含了袁天罡和李淳风当时具有的一种极其复杂的心理活动，在此不好向李世民明说。

这就是前面笔者所说的伏笔，由此可见在封建社会的时候，作为臣子，在天子面前说话需要多么小心，多么谨慎，真是伴君如伴虎啊。

可面对着皇上，有些看明白的事理，话既不能明说，又不能不说，否则就是欺君之罪，所以袁天罡和李淳风能在君王面前这样去说，可见他俩具有多么高的智慧啊！

"皇上，丰［丰］卦有雷电给大地带来了巨大而丰富的能量、肥料之意，那么您和您的各级官员，以及官府是不是也应当这样做呢？"

圣叹曰："此象主周世宗承郭威受命为五代之终。世宗姓柴名荣，英明武断，勤于为治，惜功业未竟而殂。五代共五十三年，凡八姓十三主，颂意显然。"

金圣叹的批注，仅作参考，读者可用易学文化的六爻易术理论，自己来分析。

第七节 第十五象：戊寅与明夷〔明夷〕

谶曰：

> 天有日月，地有山川。
>
> 海内纷纷，父后子前。

颂曰：

> 战事中原迄未休，几人高枕卧金戈。
>
> 寰中自有真天子，扫尽群妖见日头。

明夷〔明夷〕（主体现象）

```
——  —— 父母酉金
——  —— 兄弟亥水
——  —— 官鬼丑土      世
————————  兄弟亥水        伏妻财午火
——  —— 官鬼丑土
————————  子孙卯木      应
```

卦象：午后的太阳在逐渐的西落，最后落入了地平线。

卦辞：（帛书）明夷，利根贞。

（通行本）明夷，利艰贞。

现象描述：午后的太阳开始逐渐的向西降落，最后慢慢地落入了地平线，这样的过程情景，就像有利于在艰难的逆境中坚定信念，坚持下去的征兆。

1　对谶的形象理解与逻辑分析

1.1　图像的形象理解

图中画着一棵大树上吊着一个蜂窝，在蜂窝周围飞舞着许多蜂子，地上一个小孩一点也不害怕会蜇人的蜂子，正在用一把扫帚驱赶着它们。但谶却没有直接表达出画面中的意境。

1.2　卦意的逻辑分析

明夷［明夷］卦的上卦为川［坤］（为大地、为山川、为厚德），下卦为罗［离］（为天、为日、为丽、为火、为飞舞、为正直）。

下卦罗［离］中有三爻（半天空位、旷野位、过程位）兄弟（势能、势力、众多）亥（驿马星、运行）水（月）和伏着的妻财（能量）午火（日）。

上卦川［坤］中有四爻（半天空位、旷野位、过程位）官鬼（雄壮）丑（丑在根［艮］宫为山）土，有五爻（核心位、转换位）兄弟（势能、众多）亥（驿马星、流淌）水（川）。

整个卦中有两个官鬼（雄壮）丑（丑在根［艮］宫为山）土，有六爻（天空位）父母（自然）酉（酉在夺［兑］宫为月）金。

即"天有日月，地有山川"之意。

初爻（地表位）与六爻（结果位）里所夹着的二三四五这四个爻都是兄弟（势能、众多、大量、损失）亥（驿马星、飞舞、奔腾）水（海水）被太岁所合动后，又去会官鬼（灾难、艰难、混乱）丑土。

即"海内纷纷"之意。

卦中的初爻（开始位、早晨位、春天位、前面位）是子孙（后代、生机、百姓、万物）卯木，与六爻（结果位、傍晚位、秋冬位、后面位）是父母（自然、江山、社稷、百姓、佑护、平安、事业、目标）酉金相冲。

即"父后子前"之意。

袁李两位智者，借图画加谶，实际是在用比喻的方法，而且是非常谨慎、小心隐含地在向李世民述说：

"皇上，天上的日月与地上的山川，它们的存在与运行，都是为了养育大自然的万物。作为一代天子，一个人间的帝王，就应当像日月一样，在自己国家遭遇到不论多么大的自然灾害和战乱人祸，都要首先义不容辞地率领自己的百姓去战斗，去排除万难，去创造良好的自然环境和社会秩序。"

"父王走了，就由儿子来继续接替父王的职位，行使父王的职权责任，承前启后，前赴后继地去完成父王未完成的大业，这样的大业才是一个真正天子的意愿和目标。"

"皇上，就像在明夷〔明夷〕卦中所描述的，在大自然中，虽然今天的太阳下去了，但将有一个崭新的太阳要克服艰难漫长的黑暗，在第二天黎明，自强不息地会继续升起，来继续行使他的职责——普照万物。"

"这就是大自然中的日月要以这样的法则和规律，去存在和运行的原因了。"

2　对颂的形象理解与逻辑分析

2.1　图像的形象理解

图中画着的一个小孩在用一把扫帚驱赶着蜂子，好像一点也不害怕蜂子会蜇他的样子。画意符合颂"扫尽群妖见日头"诗句里的意境。

2.2　卦意的逻辑分析

初爻（地表位）与六爻（结果位）里所夹着的三爻（旷野位、田野位、手臂位、过程位）和五爻（核心位、中原位、君王位、转换位）兄弟（势能、众多、大量、损失）亥（驿马星、战斗、飞舞、奔腾）水都被太岁寅木所合动后，又分别去会二爻（地面位、成长位、手位、转换位）和四爻（旷野位、田野位、社会位、过程位）的官鬼（战争、灾难、艰难、混乱）丑土。

即"战事中原迄未休"之意。

太岁合动三爻（旷野位、田野位、社会位、手臂位、过程位）和五爻（核心位、头部位、心理位、转换位）的兄弟（势能、势力、众多）亥（驿马星、战斗、高枕、亥在键［乾］宫为头部）水又生合起初爻（地表位、基本位）子孙（人们、生机）卯木冲六爻（头顶位、枕头位、结果位）父母（床、休息、平安）酉金（武器、金戈）。

即"几人高枕卧金戈"之意。

太岁合动三爻（旷野位、田野位、社会位、手臂位、过程位）五爻（天空位、核心位、天子位、心理位、转换位）的兄弟（势能、众多）亥（驿马星、战斗、扫除、教育、亥在键［乾］宫为头部）水又生合初爻（地表位、基础位）子孙（生机、人们、后代、小孩）卯木（埽箒）成木局克二爻（地面位、心理位、转换位）四爻（半天空位、田野位、社会位、过程位）的官鬼（群妖、灾难）丑土。

伏神在卦中也是一个非常重要的参考要素。

从三爻下出来的伏神妻财（能量）午火（太阳）也害二爻（地面位、转换位）和四爻（半天空位、田野位、社会位、过程位）的官鬼（群妖、灾难）丑土。

从三爻下出来的妻财（能量）午火（太阳）也与五爻（核心位、天子位、眼位、心理位、控制位、收获位）兄弟（势能、众多、帮助）亥（驿马星、看见）水暗合成子孙（生机、百姓）木局克官鬼（艰难、灾难）土局。

即"寰中自有真天子，扫尽群妖见日头"之意。

袁李两位智者，借图画加颂，实际也是在用比喻的方法，而且是非常谨慎、小心隐含地在向李世民述说：

"皇上，多少年来，在中原大地上，从来就没有停止过自然的灾害和人为的战争。多少代人都是抱着与自然抗争，与人祸战斗的信念在顽强地活着，人们就像用头枕着金戈在休息一样，努力生存，而不惧怕任何灾难和人祸。"

"所以君王应这样来教育自己的太子储君，既然将来要成为人间大地上的真天子，就应当要有太阳一样顽强的奋斗精神，不论将来遇到多大的自然灾害和战争，都要有战胜它们，扫除群妖的能量和勇气，让百姓们看到像太阳一样的真天子，是能够拨开乌云的，而且是正在普照着自己的子民的。"

"皇上，这也是明夷〔明夷〕卦的真正含义。"

圣叹曰："此象主五代末造，割据者星罗棋布，惟吴越钱氏（钱镠四世）稍图治安，南唐李氏（李昇三世）略知文物，余悉淫乱昏虐。太祖崛起，拯民水火。太祖小名香孩儿，手执帚者，扫除群雄也。"

金圣叹的批注，仅作参考，读者可用易学文化的六爻易术理论，自己来分析。

第八节　第十六象：己卯与师〔师〕

谶曰：

> 天一生水，姿禀圣武。
>
> 顺天应人，无今无古。

颂曰：

> 纳土姓钱并姓李，其余相次朝天子。
>
> 天将一统付真人，不杀人民更全嗣。

师 ［师］（主体现象）

▬▬ ▬▬	父母酉金	应
▬▬ ▬▬	兄弟亥水	
▬▬ ▬▬	官鬼丑土	
▬▬ ▬▬	妻财午火	世
▬▬▬▬▬	官鬼辰土	
▬▬ ▬▬	子孙寅木	

卦象： 洪水泛滥时，在地表肆虐冲击的情景。

卦辞：（帛书）师，贞大人吉，无咎。

（通行本）师，贞丈人吉，无咎。

现象描述：洪水泛滥时，在地表从高处向低处肆虐冲击的情景，势如破竹，就像是大兵团在战斗冲锋时呈现出的那种排山倒海的阵势一样。这种景象对统帅和君王大人是吉利的征兆，这没错，也没有不妥之处。

1 对谶的形象理解与逻辑分析

1.1 图像的形象理解

图中画着一位身穿龙袍的君王正襟危坐在椅子上,后边一个侍者在侍从君王,前面有五位大臣躬着背像是正在觐见君王,并回答着什么。

画意里的君王颇符合谶曰"姿禀圣武"诗句里的意境。

1.2 卦意的逻辑分析

师[师]卦的上卦为川[坤](为大地[大帝谐音]、为厚德、为面、为肚),下卦为习赣[坎](为水、为北、为背、水在卦中为兄弟爻、为左右臂膀、为爱卿)。

太岁(太极、大自然的运动法则与规律)卯木合动五爻(天空位、核心位、君王位、心理位、控制位、转换位)兄弟(势能、众多、帮助)亥(亥在键[乾]宫为天、为王、为头、驿马星、生起、可怜)水生合初爻(地表位、基层位、基础位、百姓位)子孙(人民、生机、万物、规律)寅(驿马星、生长、可怜)木,下卦习赣[坎]也为水。

即"天一生水"之意。

太岁卯木合动五爻(核心位、圣人位、君王位、眼位、心理位、转换位)兄弟(势能、势力、众多、帮助)亥(驿马星、会见、召见)水会起(会见、召见)四爻(殿堂位、大臣位、爱卿位、过程位）官鬼（官员、威武）丑土。

五爻（核心位、圣人位、君王位、眼位、心理位、转换位）兄弟（势能、势力、众多、帮助）亥（驿马星、会见、召见）水暗合三爻（殿堂位、身体位、过程位）妻财（能量）午火。

即"姿禀圣武"之意。

太岁卯木合动五爻（天空位、核心位、君王位、政权位、成功位、心理位、转换位）兄弟（势能、帮助、众多）亥（驿马星、照应）水合动初爻（地表位、基层位、基础位、百姓位）子孙（人民、生机、福气、万物）寅（驿马星、生长）木成子孙（人民、生机、福气、万物）木局。

即"顺天应人"之意。

上卦为川［坤］（为阴、为今、为未来），下卦为习赣［坎］（为阳、为古、为过去）。

即"无今无古"之意。

袁李两位智者，借图画加谶，实际是在用比喻的方法，而且是非常谨慎、小心隐含地在向李世民述说：

"皇上，您是天子，本身就应上善若水地来可怜天下的苍生，来对待您的众生子民，但在众卿臣面前还要显示出您能摧毁一切的英武姿态和巨大能量。"

"皇上，采取这样的方式来做一国君王，不管是过去，还是未来，就像师［师］卦中所描述的，大自然中的洪水本身就具有着一种顺天应人的自然规律，既可以滋润干涸的土地，又可以摧枯拉朽般地摧毁田野上的动植物。"

2 对颂的形象理解与逻辑分析

2.1 图像的形象理解

画意里的君王与大臣们，符合颂"其余相次朝天子"和"天将一统付真人"诗句里的意境。

2.2 卦意的逻辑分析

太岁卯木合动五爻（核心位、国家位、君王位、心理位、控制位、转换位）兄弟（势能、众多、贫穷）亥（驿马星、帮助、分派、明白）水合会起四爻（旷野位、田野位、社会位、过程位）官鬼（管理、治理）丑土（土地）生合六爻（天空位、结果位、百姓位）父母（人民、平安、道理［李谐音］、技术）酉金成父母（道理［李谐音、理数］）金（李为火金音）局。

太岁卯木合动五爻（核心位、国家位、君王位、心理位、控制位、转换位）兄弟（势能、众多、贫穷）亥（驿马星、帮助、摆脱）水分别将三爻（旷野位、田野位、社会位、手位、过程位）妻财（能量、富裕、货币［钱］）午火与初爻（地表位、基层位、基础位、百姓位）子孙（生机、百姓）寅（驿马星、劳动）木合在一起合成妻财（能量、致富、货币［钱］）火局。

此妻财（能量、致富、货币［钱］）火（钱为火金木音）局又克应（事物）六爻（天空位、百姓位、结果位）父母（人民、平安、道理［李谐音］）酉金。

即"纳土姓钱并姓李"之意。

太岁卯木合动五爻（核心位、国家位、君王位、心理位、控制位、转换位）兄弟（势能、帮助）亥（驿马星、收取）水暗合三爻（旷野位、田野位、社会位、手位、过程位）妻财（富裕、收成）午火。

太岁卯木合动五爻（核心位、国家位、君王位、心理位、控制位、转换位）兄弟（势能、帮助）亥（驿马星、收取）水六合初爻（地表位、基层位、百姓位）子孙（生机、百姓）寅（驿马星、劳动）木。

初爻（地表位、基层位、百姓位）子孙（生机、百姓）寅（驿马星、劳动）木与三爻（旷野位、田野位、社会位、手位、过程位）妻财（富裕、收成）午火合成的妻财（能量、致富、货币[钱]）火局与五爻（核心位、君王位、国家位、转换位）暗合。

即"其余相次朝天子"之意。

太岁（天）卯木合动五爻（核心位、天子位、政权位、心理位、控制位、转换位）兄弟（势能、帮助）亥（驿马星、生长）水成子孙（生机、人民、百姓、万物）木局。

太岁（天）卯木合动五爻（核心位、天子位、政权位、心理位、控制位、转换位）兄弟（势能、帮助）亥（驿马星、生长）水六合初爻（地表位、基层位、百姓位）子孙（生机、百姓、万物）寅（驿马星、生长）木成子孙（生机）木局。

太岁（天）卯木与初爻（地表位、基层位、百姓位）子孙（生机、万物、规律）寅木和二爻（地面位、成长位、转换位）官鬼（壮丽、妖娆）辰土会成子孙（生机）木局。

即"天将一统付真人"之意。

卦中的两个官鬼（灾难、杀戮）爻对父母（人民、佑护、平安）爻和子孙（百姓、后代、生机）爻没有任何不利的损害。

即"不杀人民更全嗣"之意。

袁李两位智者，借图画加颂，实际也是在用比喻的方法，而且是非常谨慎、小心隐含地在向李世民述说：

"皇上，普天之下莫非王土，只要您将李家的土地分配给众多贫穷的百姓，让他们依靠自己的努力来辛勤劳动与耕作，让他们明白勤劳致富的道理和技术，来获得丰富的回报。"

"这样，百姓们会将收成的一部分留给自己，一小部分进献给天子和官府当作税赋。这样您的子民百姓就会安居乐业，天下就没有了杀戮，皇上您就是一统天下的真正天子了，您李家的江山社稷也就会后继有人，安康全嗣了。"

"皇上，就像是师〔师〕卦中所描述的，大自然中的洪水既可以滋润干涸的土地，又可以摧枯拉朽，在大自然中本身就具有着这样一种顺天应人的自然规律。"

圣叹曰："此象主宋太祖受禅汴都，天下大定，钱、李二氏，相继归化。此一治也。"

金圣叹的批注，仅作参考，读者可用易学文化的六爻易术理论，自己来分析。

第五章 根［艮］宫八个卦中的太岁

第一节 第十七象：庚辰与根［艮］

谶曰：

> 声赫赫，干戈息。
>
> 扫边氛，奠邦邑。

颂曰：

> 天子亲征乍渡河，欢声百里起讴歌。
>
> 运筹幸有完全女，奏得专功在议和。

根 ［艮］（主体现象）

```
━━━━━━  官鬼寅木    世
━━  ━━  妻财子水
━━  ━━  兄弟戌土
━━━━━━  子孙申金    应
━━  ━━  父母午火
━━  ━━  兄弟辰土
```

卦象：树根的根系就像是山脉一样，到处在延伸。

卦辞：

（帛书）根，其北，不获其身，行其廷，不见其人，无咎。

（通行本）艮，其背，不获其身，行其庭，不见其人，无咎。

现象描述：山脉是那么有力量地从北边延伸了过来，树根的根系也像是山脉的脊背一样，从北边（背面）也延伸了过来，就像你根本就看不见自己的背（北）部一样，你根本就找不到它们的身体所在。树根扎到庭院里来的情景，就像是根本没有看到一个人和他的身体，而此人的腿脚却莫名其妙地在行走着，贪婪地伸进到庭院里来了一样，其实这也没什么错，是自然规律。

1 对谶的形象与逻辑分析

1.1 图像的形象分析

图中画着在一条大河对岸，站着一位身穿龙袍之人，河这边

站着一位身穿胡服的人在向对岸之人拱手施礼，好像大河就是一
条边境线一样。

图中的画意颇符合谶中"扫边氛，奠邦邑"诗句的意思。

1.2 卦意的逻辑分析

根〔艮〕卦的上下卦都是根〔艮〕（为山、为手、为足、为
止）。

太岁辰土与应（事物）六爻（结果位）官鬼（雄壮）寅（驿
马星、喊叫、组织）木和二爻（地面位、边境位、关口位、腿位、
嘴位）官鬼（雄壮、战事）卯木三会成官鬼（威武、雄壮）木局。

即"声赫赫"之意。

卦中的子孙（军队）申（驿马星、停止、干仗）金（金戈）
伏在三爻（旷野位、田野位、过程位）之下而没有上卦。

"干戈息"之意。

太岁辰土与应（事物）六爻（结果位）官鬼（雄壮、战事）
寅（驿马星、扫除）木和二爻（地面位、边境位、关口位、手位、
成长位、转换位）官鬼（雄壮、战事）卯木三会成官鬼（震慑）
木局。

会成的官鬼（震慑、敌人、害怕）木局生旺初爻（地表位、
基础位）父母（国家、太平、佑护、安全）巳火。

即"扫边氛"之意。

太岁辰土冲动四爻（旷野位、过程位）兄弟（邻邦、朋友、
势力）戌（戍边、武力）土刑旺三爻（旷野位、手臂位、过程位）

兄弟（邻邦、朋友、势力）丑土，土越冲越刑越旺，土性稳定。

即"奠邦邑"之意。

袁李两位智者，借图画加谶，实际是在用比喻的方法，而且是非常谨慎、小心隐含地在向李世民述说：

"皇上，在国家强盛的时候，一旦有匈奴胡人骚扰我边关挑起战事，那就一定要抓住时机，在全国范围内组织起声势浩大的战前动员工作，用我们强大的国威震慑边关的匈奴，迫使他们停止骚扰抢掠和战争，借此奠定我们边关的和平，这就是不战而屈人之兵。用我们像根〔艮〕之高山一样的能量气势去平息战事，营造和平。"

2 对颂曰的形象与逻辑分析

2.1 图像的形象分析

图中画着在一条大河和对岸站着那位穿龙袍的人，颇符合颂中"天子亲征乍渡河"之意，其他诗句里的意思在画中没有直接表达出来。

2.2 卦意的逻辑分析

太岁辰土（河岸）合起五爻（核心位、天子位、控制位、转换位）妻财（能量）子水（河水）去刑（征讨）二爻（地面位、边关位、腿位、转换位）官鬼（战事）卯木。

即"天子亲征乍渡河"之意。

太岁辰土合起五爻（核心位、天子位、控制位、转换位）妻财（能量）子水合三爻（旷野位、手臂位、过程位）兄弟（势能、势力、众多）丑土成兄弟（势能、势力、众多）土局。

伏神在卦中也是一个非常重要的参考要素。

伏着的子孙（百姓、军队、生机）申（驿马星、出发、行军、歌唱）金出来暗合二爻（地面位、边关位、嘴位、腿位、手位、心理位、转换位）官鬼（战事、雄壮、勇气、斗志）卯木。

伏着的子孙（百姓、军队、生机）申（驿马星、出发、行军、歌唱）金出来也与初爻（地表位、基层位、百姓位）父母（百姓、拥护、保佑、平安、成功）巳（驿马星、欢送、鼓掌）火合成火热的父母父母（百姓、拥护、保佑、平安、成功）火金局及妻财（能量）水局（水在习赣［坎］宫为1数、1也可为百数）。

即"欢声百里起讴歌"之意。

在卦中的五爻（核心位、国家位、君王位、心理位、运筹位、控制位、转换位）是妻财（能量、女人）子水（水在习赣［坎］宫为1数、1数是一个完全数）。

即"运筹幸有完全女"之意。

太岁辰土与应（事物、对方）六爻（关外位、结果位）官鬼（敌方）寅（驿马星、扫除、谈判、签署）木和二爻（地面位、边关位、嘴位、心理位、手位、转换位）官鬼（敌人、害怕）卯木三会成官鬼（敌人、害怕）木局。

会成的官鬼木局生旺初爻（地表位、基础位、基本位）父母（国家、太平、和平、安全、成功）巳（驿马星、商议、协议）火。

即"奏得专功在议和"之意。

袁李两位智者，借图画加颂，实际也是在用比喻的方法，而且是非常谨慎、小心隐含地在向李世民述说：

"皇上，在国家实力强大起来以后，匈奴胡人一旦再骚扰抢掠我边关，挑起战争。必要之时，您就得亲自统率我们的大军出征北上，这样一则可以鼓舞大唐国民的勇气，二则可以振奋军队士兵的斗志，壮我国威和军威。就凭您这种无惧无畏的精神气概，可以更大提高您在百姓心中的地位，大唐的百姓们既会百里夹道相送，也会百里夹道相迎。"

"等您统率的千军万马到了边境，就能像高山一样，震慑住敌人，哪怕是匈奴军队害怕而不敢打了，也要让他们回到谈判桌上来，迫使他们签署停止战事，停止抢掠骚扰我边关的条约协议。"

"这样的结果，就是我们的胜利，也无可非议地就是您帷幄运筹的一大专功，这样，就可以永远树立起您在大唐像根〔艮〕之高山一样神圣而崇高的地位。"

圣叹曰："此象主真宗澶渊之役。景德元年，契丹大众入寇。寇准劝帝亲征（完全女指准言），乃幸澶渊。既渡河，远近望见御盖，皆踊跃呼万岁，声闻数十里。契丹夺气，遂议和。"

金圣叹的批注，仅作参考，读者可用易学的六爻易术理论，自己来分析。

第二节　第十八象：辛巳与蘩［贲］

谶曰：

> 天下之母，金刀伏兔。
>
> 三八之年，治安巩固。

颂曰：

> 水旱频仍不是灾，力扶幼主镇埏垓。
>
> 朝中又见钗光照，宇内承平气象开。

蘩［贲］（主体现象）

```
————————  官鬼寅木
——    ——  妻财子水
——    ——  兄弟戌土      应
————————  妻财亥水              伏子孙申金
——    ——  兄弟丑土              伏父母午火
————————  官鬼卯木      世
```

卦象：夕阳和晚霞映照着山体，呈现出了自然美丽的装饰现象。

卦辞：（帛书）䨓，亨，不利有攸往。

（通行本）贲，亨，小利有攸往。

现象描述：夕阳与晚霞一起映衬着山体的情景，就像大自然在装扮和装饰自己一样，好！这样的情景，就像人生自我，能够借助装扮，比较有利于实现小的作为一样。

1 对谶的形象理解与逻辑分析

1.1 图像的形象理解

图中画着一位妇女正襟端坐在大门里殿堂的中央位置，脚边卧着一只小狗，彼此都显得很安静。

画中意境颇符合谶"天下之母"和"治安巩固"之意，画意也符合䨓［贲］卦里根［艮］（高大建筑）和罗［离］（中年妇女）之意境。

1.2 卦意的逻辑分析

䨓［贲］卦的上卦为根［艮］（为高山、为高大建筑、为止、为威），下卦为罗［离］（为中年妇女、为美丽、为祥和、为祥光），这是一个六合卦。

太岁巳（阴支）火在卦中为父母（阴支为母）爻，合动二爻（地面位、门口位、屁股位、座椅位、转换位）兄弟（势能、帮助）丑（丑在根［艮］宫为高大建筑）土。

伏神在卦中也是一个非常重要的参考要素。

伏着的父母午火（午在罗［离］宫为中年女人、为丽）出来与三爻（厅堂位、身体位、过程位）妻财（能量、女人）亥（驿马星、端坐）水暗合成官鬼（壮丽）木局和兄弟（势能、势力、帮助）土局。

即"天下之母"之意。

太岁巳火冲动三爻（厅堂位、身体位、手臂位、过程位）妻财（能量）亥（驿马星、降服）水，伏着的子孙（动物、生机、后代、儿童）申（驿马星、降服、锻炼、吸取）金（武器、金刀）出来与四爻（臂膀位、过程位）兄弟（势能、帮助、多次）戌土会在一起分别与初爻（地表位、脚位）官鬼（灾难、艰苦、失败、教训）卯（兔子）木暗克合成子孙（动物、生机、后代、规律）金局和父母（事业、目标、成功、辛苦、忠诚）火局。

即"金刀伏兔"之意。

从这儿的逻辑分析可以看出图中画着的动物本应该是一只兔子才对，而不应当是一条小狗，但六合卦中的四爻（厅堂位）兄弟戌土合到了初爻（地表位）官鬼卯木的位置，且戌土（土地）是卯木的墓地，所以画一条狗也就显得比较准确了。

根［艮］宫为8数，罗［离］卦之先天为3数，太岁巳火冲动三爻（厅堂屋、过程位）妻财（能量、女人）亥水与六爻（结果位）官鬼（艰苦、磨炼）寅木合成木局（三八为木局）。

太岁巳火冲动三爻（厅堂屋、过程位）妻财（能量、女人）亥水与初爻（地表位、基础位、基本位）官鬼（艰苦、磨炼）卯木也合成木局（三八为木局）。

指戊寅（木）第十五象和己卯（木）第十六象，即"三八之年"之意。

太岁巳火合动二爻（地面位、成长位、心理位、转换位）兄弟（势能、帮助）丑土，伏着的父母（目标、江山、社稷、安定、太平、成功、辛苦）午火出来被三八之官鬼（艰苦、摔打、磨炼、治理、管理、巩固）木局所生旺。

即"治安巩固"之意。

袁李两位智者，借图画加谶，实际是在用比喻的方法，而且是非常谨慎、小心隐含地在向李世民述说：

"皇上啊，您在培养太子储君的过程中，要让他多去经受大自然中的自然灾害和艰苦磨炼。大自然其实就像一个慈祥的母亲一样，她充盈的自然能量使每一个人在成长的过程中，会不断地遭遇各种艰难和困苦，甚至是失败。同时也会使每一个人从每次失败当中吸取教训，获取能量，充满新的生机。最终敢于面对各种困难和自然灾害，去克服所遇到的各种困难和自然灾害。"

"大自然的艰苦环境，会把一个幼小的儿童摔打成一个成熟稳重的小伙子。就像会把一只胆小温顺的小兔子，变成一条成熟而忠诚的猎狗一样。"

"从第十五象中描述的如何去磨练太子储君，到第十六象中所描述的最终能掌控天下，需要不断地去千锤百炼，最后才能成为一块上好的钢材。有这样的太子继位，我们的大唐江山，才能长治久安，得以巩固。"

"就像繁〔贲〕卦所描述的，太阳也要不断地经历磨难，才能用雄丽的晚霞，把江山映照得更加灿烂，预示着祖国的明天将像朝霞一样地气象大开，充满勃勃的生机。"

2 对颂的形象理解与逻辑分析

2.1 图像的形象理解

图中画着一位妇女正襟端坐在大门里殿堂的中央位置，脚边卧着一只小狗，都显得很安静。

画中意境颇符合颂诗句里"朝中又见钗光照"和"宇内承平气象开"之意。

2.2 卦意的逻辑分析

太岁巳火冲动三爻（旷野位、田野位、道路位、过程位）妻财（能量）亥（驿马星、奔腾、锻炼）水与五爻（核心位、国家位、君王位、心理位、转换位）妻财（能量）子水和二爻（地面位、转换位）兄弟（势能、损失、帮助）丑土会成妻财（能量）水局（水涝）。

太岁巳火合动二爻（地面位、转换位）兄弟（势能、损失、帮助）丑土，并与从二爻（地面位、转换位）下出来的父母（自然、江山、百姓、事业、信心、成功）午火会成父母（自然）火局（干旱）。

即"水旱频仍不是灾"之意。

太岁巳火冲动三爻（旷野位、社会位、殿堂位、手臂位、过程位）妻财（能量）亥（驿马星、锻炼、降服）水，伏着的子孙（儿童、后代、生机）申（驿马星、锻炼）金（金戈）出来合动五爻（核心位、君王位、心理位、成功位、转换位）妻财（能量）子水即刑克又暗合初爻（地表位、基础位、基本位）官鬼（灾难、艰难、敌人）卯木。

伏神在卦中也是一个非常重要的参考要素。

出来的伏神子孙（儿童、后代、生机）申（驿马星、锻炼）金（金戈）与初爻（开始位、幼小位）官鬼（灾难、艰难、摔打、磨炼、胆大）卯木暗合成子孙（生机、后代）金局克六爻（结果位）官鬼（灾难、艰难）寅（驿马星、遭遇）木。

出来的伏神子孙（儿童、后代、生机）申（驿马星、锻炼）金（金戈）也自己直冲六爻（结果位）官鬼（灾难、艰难）寅（驿马星、遭遇）木。

被暗合动的初爻（开始位、幼小位）官鬼（灾难、艰难、摔打、磨炼、胆大）卯木也合克应（事物）四爻（旷野位、社会位、过程位）兄弟（残损）戌土（埏埃）。

即"力扶幼主镇埏埃"之意。

从二爻（地面位、成长位、心理位、转换位）下出来的父母（自然、江山、百姓、事业、信心、成功）午火（心灵、目光）既冲五爻（朝中位、眼位、心理位、成功位、转换位）妻财（能量）子水，也与上卦（天、宇）的六爻（天空位、宇宙位、结果位）

官鬼（壮丽）寅（驿马星、照耀）木和四爻（旷野位、田野位、社会位、过程位）兄弟（势能、帮助）戌土合成父母（自然、江山、百姓、事业、信心、成功）火局。

即"朝中又见钗光照，宇内承平气象开"之意。

太岁巳火冲动三爻（旷野位、田野位、道路位、社会位、过程位）妻财（能量）亥（驿马星、锻炼）水，既与出来的子孙（生机、后代）申（驿马星、锻炼）金合成火热的父母（自然、江山、百姓、事业、信心、成功）火金局（生机、后代），也合成妻财（能量、丰富）水局，太岁巳火还与二爻（地面位、成长位、转换位）兄弟（势能、帮助、众多）丑土也合成子孙（生机、后代、万物、规律）金局。

也即"宇内承平气象开"之意。

袁李两位智者，借图画加颂，实际也是在用比喻的方法，而且是非常谨慎、小心隐含地在向李世民述说：

"皇上啊，太子储君只有在大自然的艰苦环境中，才会遇到各种水旱之灾，遇到锻炼机会。这样的自然灾害对于他的成长来说，并不一定是坏事。"

"他在自然实践当中所看到、听到、接触到的一切事物，能不断磨练他的心智。这样他才会更加了解民情，体恤民情。帮助他早日成熟，具有更加坚定的意志，使他能承受起更加巨大的打击。"

"如果未来大唐有了这样的君王继位，江山社稷会被他治理得更加壮丽，更加美好。那时的大唐就会出现'朝中又见钗光照，宇内承平气象开'的景象。"

"这种景象就像蘩〔贲〕卦所描述的，壮丽的晚霞将江山映照得更加灿烂，预示着祖国的明天会像朝霞一样的气象大开，充满勃勃的生机。"

圣叹曰："此象主仁宗嗣立，刘太后垂帘听政。旁有一犬，其惟狄青乎？"

金圣叹的批注，仅作参考，读者可用易学文化的六爻易术理论，自己来分析。

第三节　第十九象：壬午与泰畜〔大畜〕

谶曰：

众人嚣嚣，尽人其室。

百万雄师，头上一石。

颂曰：

朝用奇谋又丧师，人民西北尽流离。

韶华虽好春光老，悔不深居坐殿墀。

泰畜［大畜］（主体现象）

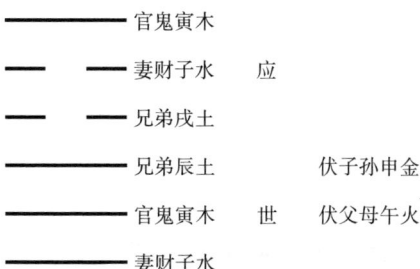

```
━━━━━━━  官鬼寅木
━━  ━━  妻财子水      应
━━  ━━  兄弟戌土
━━━━━━━  兄弟辰土              伏子孙申金
━━━━━━━  官鬼寅木      世      伏父母午火
━━━━━━━  妻财子水
```

卦象： 大自然中，山的顶端高入天空。

卦辞：（帛书）泰畜，利贞，不家食，吉，利涉大川。

（通行本）大畜，利贞，不家食，吉，利涉大川。

现象描述：储粮的粮仓都像山一样的高耸入云了，这么充足的储备管理是有利的征兆。这样的情景，对于不围着小家忙活、守着家吃饭的男人来说是吉利的，有利于去干大事业，去有所大作为。

1 对谶的形象理解与逻辑分析

1.1 图像的形象理解

图中画着一座亭子的周围地面上，围了两面网（或篱笆），亭子就像一座山，网（或篱笆）又像是天网，直读就是山天大畜［泰畜］卦之形象。

画中意境没有直接表达出谶里的意思，画意符合泰畜［大畜］卦里根［艮］（山）和键［乾］（天网）之形象。

1.2　卦意的逻辑分析

泰畜［大畜］卦中的上卦为根［艮］（为山、为石头、为建筑、为青年），下卦为键［乾］（为天、为经纬、为天子、为老年）。

太岁午火生合旺起四爻（殿堂位、过程位）兄弟（势力、众多）戌土，四爻（殿堂位、臂膀位、过程位）兄弟（势能、势力、众多）戌土与二爻（地面位、门口位、嘴位、手位、腿位、心理位、转换位）官鬼（嚣张、阴谋）寅（驿马星、叫嚷、冲入）木合冲到三爻（殿堂位、手臂位、过程位）兄弟（势能、势力、众多）辰土。

伏神在卦中也是一个非常重要的参考要素。

三爻和二爻分别被冲合的动了之后，伏着的子孙（后代、人们）申金和父母（人们、目的、权力）午火也出来到了各自的三爻（殿堂位、身体位、过程位）和二爻（心理位、腿位、屁股位、座椅位、转换位）的位置。

即"众人嚣嚣，尽入其室"之意。

在键［乾］卦里伏着的子孙（后代、军队）申金和父母（人们、军队、目的、权力）午火出来之后，到了各自的三爻（殿堂位、身体位、过程位）和二爻（心理位、腿位、屁股位、座椅位、转换位）的位置，

伏神出来并分别与原来就在本位的三爻兄弟（势力、众多）辰土合成妻财（能量）水局，与原来就在本位的二爻（小王位、太子位、成长位、心理位、转换位）官鬼（储君、阴谋、雄壮）寅（驿马星、掌握、控制）木合成父母（国家、目标、权利、军

队）火局，而键［乾］（头部、老年）卦的上面是根［艮］（为山、为石头、为青年）。

即"百万雄师，头上一石"之意。

袁李两位智者，借图画加谶，实际是在用比喻的方法，而且是非常谨慎、小心隐含地在向李世民述说：

"皇上，您可一定要注意，将来千万不要去做那个太上皇的位置。"

"别看有那么多人在大殿厅堂上都嚷嚷哄抬着，让您将来做太上皇，其实他们的目的很阴险、嚣张，也很明确。您一旦当了太上皇，掌握国家和百万雄师的大权就会落到别人手中，那您这个太上皇也只不过是别人头上一块碍事的石头罢了。"

"所以您一定得像泰蓄畜［大畜］卦中所说的，不断储备自己的能量，以便更好地去控制局势。"

2　对颂的形象理解与逻辑分析

2.1　图像的形象理解

图画中像山似的亭子顶上，好像有一个阁楼，里面又像是藏着什么东西。意境符合颂曰"悔不深居坐殿墀"之意。

2.2　卦意的逻辑分析

太岁午火冲动五爻（核心位、朝中位、君王位、心理位、控制位、转换位）合初爻（地表位、基层位、人民位）的妻财（能量、谋略）子水与三爻（殿堂位、手臂位、过程位）兄弟（势能、损失、众多）辰土合伏神子孙（人民、军队、生机）申（驿马星、斗争）金合成妻财（能量）水局。

太岁午火合动四爻（旷野位、社会位、臂膀位、过程位）兄弟（势能、损失、众多）戌（西北）土与二爻（地面位、嘴位、腿位、心理位、转换位）官鬼（谋略、斗争、灾难）寅（驿马星、斗争、流离）木合伏神父母（国家、权利、军队、百姓）午火合成父母（国家、权利、军队、百姓）火局，合成的妻财（能量）水局与父母（国家、权利、军队、百姓）火局相冲克。

即"朝用奇谋又丧师，人民西北尽流离"之意。

太岁午火合动四爻（过程位）兄弟（势能、势力、帮助）戌土与键［乾］（权利、健壮、运转）卦中的二爻（地面位、小王位、心理位、屁股位、成长位、转换位）官鬼（壮丽）寅（驿马星、坐着）木合伏神父母（国家、权利）午（时光）火合成父母（国家、江山、社稷、百姓、权利、成功、安全）火局（时光）。

这是在说年青（韶华）的时候，在此段好像应该将键［乾］卦换成根［艮］卦才对，其实不然，在此卦中二爻（地面位、小王位、心理位、屁股位、成长位、转换位）位与官鬼（管理、治理）寅木的位置才是对应的。

而太岁午火合动四爻（过程位）兄弟（损失）戌土与根［艮］（山顶、老根）卦中的六爻（高空位、山顶位、结果位）的官鬼（苦恼）寅（驿马星、后悔、深居、坐着）木合伏神父母（自然）午火（时光）合成父母（自然）火局（时光）。

合成的水局（流水、时间）与火局（时光）相冲克。

这是在说高而无位的时候，在此段好像也应该将根［艮］卦换成键［乾］卦才对，其实也不然，在此卦中的五爻（核心位、君王位）与官鬼寅木的位置相对应才对，六爻就对应不上君王位了，是高而无位。

以上这几段分析的意思，即"韶华虽好春光老，悔不深居坐殿墀"之意。

袁李两位智者，借图画加颂，实际也是在用比喻的方法，而且是非常谨慎、小心隐含地在向李世民述说：

"皇上，您一旦当上了太上皇，即使在朝中，再有多么好的奇谋，有多么大的能量，可您却没有掌握调动百万雄师的大权，又有什么用呢？"

"到那时，您的心理跟大多数流离到西北的普通人民有什么两样？会感到非常失落。到那时您就会觉得怎么春光流失得这么快，怎么这么快就老得不被别人受用了，也会不断地回忆起自己年青时掌握着国家和军队的时候叱咤风云是多么地风光，也会后悔怎么就同意居住到了朝中最深处？怎么当初就不继续坐在殿墀上呢？现在可好了，今天坐到了太上皇这个最高之位，都高而无位了，感觉怎么会是如此地高处不胜寒啊！"

"所以皇上啊，您一定得像泰畜［大畜］卦所说的，要继续储备自己的能量，更好地去控制局势。"

在将谶和颂里的诗句逻辑分析完之后，我们再回过头来看第十九象的图画，按照上北下南的原则方位，就会发现图中的网

（篱笆）只画了东面和南面这两个方位，北面和西面这两个方位是空的，就是说会有来自北和西这两方面的隐患。

对照泰畜［大畜］卦中的五爻（君王位）妻财（能量、女人）子水（北）和伏着的子孙（儿子）申金（西），我们就会发现袁天罡和李淳风其实也用了极其隐晦的方式暗示李世民，您得注意您身边的女人和现在还潜伏着的儿子。

李世民去世之后，在他的嫔妃（才人）中出了个武则天（媚娘），结果成了唐高宗李治的皇后，武则天在称帝前就参政持政三十余年，登基称帝后又把持了大周政权十余年。

圣叹曰："此象主神宗误用安石，引用群邪，致启边衅，用兵西北，丧师百万。熙宁初，王韶上平戎三策，安石惊为奇谋，力荐于神宗，致肇此祸。"

金圣叹的批注，仅作参考，读者可用易学文化的六爻易术理论，自己来分析。

第四节　第二十象：癸未与损［损］

谶曰：

> 朝无光，日月盲。
>
> 莫与京，终旁皇。

颂曰：

> 父子同心并同道，中天日月手中物。
>
> 奇云翻过北海头，凤阙龙廷生怛恻。

损 ［损］（主体现象）

```
——————————  官鬼寅木    应
——  ——      妻财子水
——  ——      兄弟戌土
——  ——      兄弟丑土    世    伏子孙申金
——————————  官鬼卯木
——————————  父母巳火
```

卦象：月亮的黑影部分逐渐变大和湿地的表面凸起盐碱土壳
的景象。

卦辞：（帛书）损，有復，元吉，无咎，可贞，利有攸往，
鬲之用二巧，可用芳。
（通行本）损，有孚，元吉，无咎，可贞，利有攸往，
曷之用二簋，可用享。

现象描述：月亮的黑影部分逐渐变大，就像月亮的黑影部分
正在逐渐地吸收、耗损、俘获月亮的光泽部分一样。这个情景，

又像湿地表面凸起的山包似的盐碱土壳正在吸收、耗损、俘获湿地的水源一样。一开始就好，没错，这是个饥渴或渴望的征兆，也是有利于有所作为的征兆。就像人们在逐渐枯竭的湿地中获得了能饮用的两壶水，渴的时候就不会担心，有利于走出枯竭的湿地一样，是有利于去有所作为的征兆，亨通之象。

1 对谶的形象理解与逻辑分析

1.1 图像的形象理解

图中画着在一片流沙中艰难地生长着两小丛杂草，画意并没有直接表示出谶里的意思，但画意反倒符合损〔损〕卦的卦辞之意。

1.2 卦意的逻辑分析

损〔损〕卦的上卦为根〔艮〕（为土包），下卦为夺〔兑〕（为泽）。

太岁未土（燥土、沙漠）冲旺三爻（旷野位、田野位、殿堂位、过程位）兄弟（损失、凝聚力）丑土（湿土）合五爻（核心位、朝中位、控制位、转换位）妻财（能量）子水成兄弟（众多、损失、凝聚力）土局（稀泥）。

初爻（地表位、基层位、百姓位）父母（自然、百姓、国家、社稷、和平）巳（驿马星、光照、战火）火也被冲旺的三爻（旷野位、田野位、殿堂位、过程位）兄弟（众多、损失、凝聚力）丑土合住，由于土越冲越旺，像沙漠里的沙子一样，而土旺又能晦火。

即"朝无光，日月盲"之意。

伏神在卦中也是一个非常重要的参考要素。

从三爻下出来的子孙（军队、百姓、生机）申（驿马星、攻打）金（京谐音、金戈）与二爻（地面位、开始位、门口位、房屋位、手位、腿位、转换位）官鬼（灾难、战祸）卯木暗合成子孙（军队、百姓、生机）金局（金戈）。

从三爻下出来的子孙（军队、百姓、生机）申（驿马星、攻打）金（京谐音、金戈）与初爻（地表位、基层位、百姓位）父母（自然、百姓、国家、社稷、和平）巳（驿马星、打仗、战祸）火合成火热的液体火金局。

即在此有"莫与京"之意。

太岁未土合动二爻（地面位、家门口位、国门口位、手位、、腿位、转换位）官鬼（掠夺、战祸、奴役、灾难、死亡）卯木刑五爻（核心位、国家位、京都位、王位、转换位）妻财（经济、能量、财富）子水。

即"莫与京，终旁皇"之意。

袁李两位智者，借图画加谶，实际是在用比喻的方法，而且是非常谨慎、小心隐含地在向李世民述说：

"皇上，一个国家的朝中无光，就像人的两只眼睛全都瞎了一样，生活会很艰难。就如同大自然的日月也失去了应有的光芒一样，万物因而得不到生长。"

"这样的一个国家，很有可能就会失去正气，就会失去凝聚力，会导致一个国家里的人民就像沙漠中流动的散沙一样，而凝聚不到一起，国家和人民也会像沙漠中的小草丛一样，由于缺乏生机而会生存得很艰难。"

"这样的一个国家，就会很容易给别的国家造成可趁之机。一旦有战事发生，别国的军队就会很容易攻打进来，京都王宫也会很容易被攻占。最终的结果就是这个国家的人民会陷入战祸之中，会被掠夺，会被奴役，会继续生活在水深火热之中。"

"那时的皇帝即使在京都，再有能量，也会无所做为，一筹莫展，也会被赶到一旁去，甚至可能会被杀掉。"

"皇上，就像损［损］卦所说的湿地中的勃勃生机会逐渐失去一样。"

2 对颂的形象理解与逻辑分析

2.1 图像的形象理解

图中画意并没有直接表示出颂里的意思。

2.2 卦意的逻辑分析

太岁未土（燥土、沙漠）冲旺三爻（旷野位、社会位、道路位、过程位）兄弟（势能、凝聚力、团结、损失）丑土（湿土），湿土被燥土越冲越干躁。

伏神在卦中也是一个非常重要的参考要素。

从三爻下出来的子孙（军队、儿子、后代、规律、生机）申（驿马星、攻打、治理）金（武器、金戈）与初爻（地表位、基础位、基本位、基层位、百姓位）父母（自然、百姓、国家、社稷、和平、法则）巳（驿马星、打仗、战祸）火合成火热的液体火金局，形成铁疙瘩。

即"父子同心并同道"之意。

伏神子孙（军队、儿子）申（申在夺［兑］宫为月、驿马星、战斗、攻打、掌握）金（武器、金戈、西方）在三爻（半天空位、旷野位、社会位、殿堂位、手臂位、过程位）兄弟（势能、团结、帮助、凝聚力、众多、损失）丑土（湿土、北方）之下。

三爻（半天空位、旷野位、社会位、殿堂位、手臂位、过程位）兄弟（势能、团结、帮助、凝聚力、众多、损失）丑土（湿土、北方）还与初爻（地表位、基础位、基本位、基层位、百姓位）父母（军队、国家）巳（日、驿马星、掌握、攻打）火（火光）合成子孙（军队）金（武器、金戈、西方）局。

即"中天日月手中物"之意。

另外，二爻（地面位、手位、家门口位、国门口位、转换位）官鬼（掠夺、战祸、奴役、灾难、死亡）卯木既与出来的子孙（军队、儿子）申（申在夺［兑］宫为月、驿马星、战斗、攻打、掌握）金（武器、金戈、西方）暗合，又生初爻（地表位、基础位、基本位、基层位、百姓位）父母（父亲、自然、百姓、国家、社稷、和平）巳（日、驿马星、打仗、战祸）火。

也即"中天日月手中物"之意。

太岁未土会起初爻（地表位、基础位、基本位、基层位、百姓位）父母（自然、百姓、国家、社稷、和平、凤阙）巳（驿马星、打仗、战祸、翻过、爆炸）火（鸟、凤凰、巳火在箅［巽］

宫为风云）跨过三爻（半天空位、旷野位、田野位、过程位）兄弟（势能、势力、众多、损失）丑土（北方）和五爻（天空位、核心位、头部位、转换位）妻财（能量）子水（北方、大海）。

即"奇云翻过北海头"之意。

太岁未土合动二爻（地面位、家门口位、国门口位、手位、腿位、心理位、转换位）官鬼（掠夺、战祸、奴役、灾难、死亡、害怕、怛恻）卯木刑五爻（核心位、君王位、王宫位、凤阙位、龙廷位、心理位、转换位）妻财（经济、能量、财富、祸源）子水。

即"凤阙龙廷生怛恻"之意。

袁李两位智者，借图画加颂，实际也是在用比喻的方法，而且是非常谨慎、小心隐含地在向李世民述说：

"皇上，您和您的儿子们在治理江山社稷的时候，一定要团结得像铁疙瘩一样。这样，国家和人民才能团结得像钢铁长城一样。如果您按照这个法则和规律来治理大唐，手中就像掌握着日月一样，能普照大地，我们的人民就像大自然的万物一样，充满勃勃的生机。"

"如果不这样的话，觊觎我大唐天下很久的北方匈奴胡人，就会出奇兵从北方迅速攻占我大唐江山。到那时，恐怕您也只有在凤阙龙廷哆嗦着害怕的份了。"

"皇上，就像损［损］卦所说的湿地中的勃勃生机会逐渐失去一样。"

圣叹曰："此象主司马光卒，蔡京父子弄权，群小朋兴，贤良受锢，有日月晦盲之象。"金圣叹的批注，仅作参考，读者可用易学文化的六爻易术理论，自己来分析。

第五节　第二十一象：甲申与乖［睽］

谶曰：

　　空厥宫中，雪深三尺。

　　吁嗟元黄，南辕北辙。

颂曰：

　　妖氛未靖不康宁，北扫烽烟望帝京。

　　异姓立朝终国位，卜世三六又南行。

乖［睽］（主体现象）

```
———————————    父母巳火
———   ———      兄弟未土          伏妻财子水
———————————    子孙酉金      世
———   ———      兄弟丑土
———————————    官鬼卯木
———————————    父母巳火      应
```

卦象: 日全食发生的过程。

卦辞: (帛书) 乖,小事吉。

(通行本) 睽,小事吉。

现象描述:日全食发生的整个过程,怪怪的,白天不会完全变黑,时间也不会太长,这个时候只能做小事吉利。

1 对谶的形象理解与逻辑分析

1.1 图像的形象理解

图中画着三个人的背影,前面两人装扮一样,身穿汉服的龙袍,并排前行,后面一人身着匈奴胡人马蹄袖长袍和马褂的胡服。

图中并没有画出谶诗句里的意思。

1.2 卦意的逻辑分析

乖 [睽] 卦的上卦为罗 [离](为日、为火、为暖),下卦为夺 [兑](为月、为泽、为冷)。

太岁甲申旬中午未空,五爻(天空位、核心位、宫廷位、转换位)兄弟(友情、帮助、竞争、势力、劫取)未土为空亡。

即"空厥宫中"之意。

太岁申金六合应(事物)初爻(地表位、足位)父母(自然、目标、江山、权力)巳火成火热的父母(自然、目标、权力、国家)火子孙(后代、儿子)金及妻财(能量)水(雨、雪)局,罗［离］（为 3 数），夺［兑］（为冷）。

即"雪深三尺"之意。

太岁申（驿马星、哀叹）金暗合动二爻（地面位、心理位、嘴位、小王位、手位、转换位）官鬼（灾难、杀戮）卯木既与五爻（核心位、君王位、心理位、头位、转换位）兄弟（友情、帮助、竞争、势力、劫取）未土合成官鬼（灾难、杀戮、死亡）木局，又与四爻（旷野位、田野位、殿堂位、臂膀位、过程位）子孙（后代、儿子）酉金（武器、金戈、刀剑）相冲。

即"吁嗟元雸"之意。

太岁（君王）申（驿马星、架空）金合动初（开始位）父母（目标、江山、事业、成功、辛苦）巳火到六爻（结果位、太上皇位）。

也为"吁嗟元雸"之意。

注：雸为元首之意。

罗［离］之上卦中的六爻（结果位）父母（希望、目标、家庭、平安）巳（驿马星、希望）火被太岁申金合动与五爻（核心位、君王位、心理位、控制位、转换位）兄弟（友情、帮助、竞争、势力、劫取）未土会成父母（希望、目标、家庭、平安）火局（南）。

伏神在卦中也是一个非常重要的参考要素。

伏着的妻财（能量）子水（北）出来与三爻（旷野位、田野位、社会位、车轮位、道路位、过程位、车辙位）兄弟（友情、帮助、竞争、势力、劫取）丑土合成兄弟（友情、帮助、竞争、势力、劫取）土局（稀泥）。

即"南辕北辙"之意。

袁李两位智者，借图画加谶，实际是在用比喻的方法，而且是非常谨慎、小心隐含地在向李世民述说：

"皇上，宫中难道就像月亮上的宫阙一样，那么寒冷而没有一点温暖吗？您说，为了宫中的王位，兄弟之间也可以没有手足之情吗？"

"为了王位，兄弟之间把目标和能量都用到权力的竞争上去了，手足之情竟然都可以像在三尺之深的雪中行走一样。"

"为了王位，兄弟之间都能刀枪相见，成为敌人，不惜彼此杀戮。这样的事，不是让所有的人都寒心吗？"

"发生这样的事，最感到意外和哀叹的，就是您的父母亲。从做父母的角度出发，可是希望所有的弟兄们都能团结互助，一致对付外部的匈奴胡人。可是您却根本不念手足之情，在兄弟们之间制造了灾难和死亡。"

"而且您父亲是辛苦开创李家江山的元首，您把他也都给架空了。这样的结果，与您父母当初的目标和希望可真是南辕北辙啊！就连我们这些做下属的都感到寒心和害怕啊！"

袁天罡和李淳风在此用了极其隐晦的方式，在讥讽和挖苦李世民，同时在他俩的心理上，也在极其警惕地提防着李世民。他对待手足兄弟都可以像日全食一样地反目成仇，都能架空他的父亲当太上皇，更何况对待我们这些下属臣子呢。

2 对颂的形象理解与逻辑分析

2.1 图像的形象理解

图中那个身着匈奴马蹄袖长袍马褂的胡人，符合颂"妖氛未靖不康宁，北扫烽烟望帝京"诗句里的意思，图中并没有明确画出颂其他诗句里的意思。

2.2 卦意的逻辑分析

太岁申（驿马星、横扫、看望）金暗合动二爻（地面位、心理位、小王位、手位、成长位、转换位）官鬼（阴谋、妖氛、灾难、杀戮）卯木（扫帚）既与四爻（殿堂位、臂膀位、过程位）子孙（后代、儿子、动物、生机）酉金（武器、金戈、刀剑、蜂刺）相冲，又与五爻（核心位、帝京位、君王位、心理位、头位、控制位、转换位）兄弟（友情、帮助、竞争、势力、劫取）未土合成官鬼（灾难、杀戮、死亡）木局。

伏神在卦中也是一个非常重要的参考要素。

伏着的妻财（能量）子水（北）出来合起三爻（旷野位、殿堂位、手臂位、过程位）兄弟（友情、帮助、竞争、势力、劫取、损失）丑土（北）直冲五爻（核心位、帝京位、王位、心理位、头位、控制位、转换位）兄弟（友情、帮助、竞争、势力、劫取、损失）未土。

即"妖氛未靖不康宁，北扫烽烟望帝京"之意。

太岁申（驿马星、立朝、推背、结束、9 数［最大的阳数、为乾］）金暗合动二爻（地面位、心理位、小王位、手位、成长位、转换位）官鬼（阴谋、战争、灾难、杀戮、对立、敌人、异姓、艰难）卯木既与世（自己）四爻（旷野位、殿堂位、臂膀位、过程位）子孙（后代、儿子、臣子）酉金（武器、金戈、刀剑）相冲，又与五爻（核心位、帝京位、君王位、心理位、头位、北［背］位、转换位）兄弟（友情、帮助、竞争、势力、劫取）未土合成官鬼（灾难、杀戮、死亡、杀戮、对立、敌人、异姓、艰难）木局。

太岁（君王）申（神谐音、驿马星、卜算、行走）金合动初（开始位、地表位、基础位）六爻（结果位）的父母（目标、国家、权力、成功、辛苦、百姓）巳（驿马星、行走、6 数、躲避、巳在箅［巽］宫为风烟）火与五爻（核心位、国家位、君王位、在罗［离］宫为南）兄弟（友情、帮助、竞争、势力、劫取、损失）未土相会成父母（自然、国家、目标、权力、成功、辛苦）火局（南、难谐音），罗［离］（为南［难谐音］、为 3 数）。

即"异姓立朝终国位，卜世三六又南行"之意。

袁李两位智者，借图画加颂，实际也是在用比喻的方法，而且是非常谨慎、小心隐含地在向李世民述说：

"皇上，靠这样不顾手足之情，兄弟之间以刀枪相见，相互屠杀而得来的王位，也会给您的子孙后代们留下一个非常不健康和不安宁的邪恶妖孽气氛。"

"这样以阴谋屠杀的方式，最终帮您登上一国之君位，跟一个异姓对立的敌人以战争屠杀的方式夺取了王位，没有任何区别?"

"皇上您以这样的方式，掌握了国家的权力，坐上了皇帝的位置，现在又想知道自己李家的运程。我们可以用推背预测的方法告诉您，即使您再卜算自己的运程，可是您在治理国家的过程中，别人都会因为害怕您，而躲避您的。这样就使您在臣子和百姓心中的信誉和地位，大打了折扣，治理国家的时候也会很辛苦。"

"所以即使您重新开始做人，但过程也会很艰难。"

袁天罡和李淳风在此用了极其隐晦的方式，在讥讽和挖苦李世民。

圣叹曰："此象主金兵南下，徽宗禅位。靖康元年十一月京师陷，明年四月，金以二帝及宗室妃嫔北去，立张邦昌为帝。卜世三六者，举其大数。宋自太祖至徽钦凡一百七十二年。"

金圣叹的批注，仅作参考，读者可用易学文化的六爻易术理论，自己来分析。

第六节　第二十二象：乙酉与礼［履］

谶曰：

天影当空，否极见泰。

凤凰森森，木菁大赖。

颂曰：

神京王气满东南，祸水汪洋把策干。

一木会支二八月，临行马色半平安。

礼 ［履］（主体现象）

▬▬▬▬▬▬ 兄弟戌土

▬▬▬▬▬▬ 子孙申金　　　世　　伏妻财子水

▬▬▬▬▬▬ 父母午火

▬▬　▬▬ 兄弟丑土

▬▬▬▬▬▬ 官鬼卯木　　　应

▬▬▬▬▬▬ 父母巳火

卦象： 月光的运行变化。

卦辞： （帛书）礼虎尾，不真人，亨。

　　　　　（通行本）履虎尾，不咥人，亨。

现象描述：月光壮丽的光泽在重复履行着自己的变化规律，就像老虎身上与尾巴上美丽的色彩斑纹，是一圈一圈有规律地在重复变化着一样。老虎身上长出火焰般美丽色彩斑纹的目的，主要是为了保护自己，不是为了吓唬人。就像人们利用热情洋溢般的礼节之目的，主要也是为了保护自己，而不是为了包装自己欺骗别人，其实这都是一样的道理和一样的规律。这样的景象是亨通的。

1 对谶的形象理解与逻辑分析

1.1 图像的形象理解

图中画着一匹马站在水面上，符合谶曰"天影当空"和"凤凤森森"之意，直读也符合礼［履］卦上键［乾］（天、马）下夺［兑］（月、泽）的形象。

1.2 卦意的逻辑分析

礼［履］卦的上卦为键［乾］（为天、为马），下夺为［兑］（为月、为泽）。

太岁申金会起六爻（天空位、结果位）兄弟（势能、损失）戌土与四爻（半天空位、旷野位、过程位）父母（自然、人类、江山、社稷、太平）午火（马、日）相合。

甲申旬中空午未，太岁酉金与五爻（天空位、核心位、转换位）子孙（生机、规律）申（驿马星、生起、申在夺［兑］宫为月）金和六爻（天空位、结果位）兄弟（势能、损失）戌土相会。

影字中有日月变化的易字结构，即"天影当空，否极见泰"之意。

从上面这一自然段可以看出，谶曰"天影当空"这句话里也包含着一个"曌"字。

注：影为古代马字的一种写法。

太岁酉金与五爻（天空位、核心位、王宫位、心理位、控制位、成功位、转换位）子孙（生机、后代、儿子）申（驿马星、生长、绳子、联系、干预）金生旺伏着的妻财（能量、女人）子（桃花、漂亮）水，并合成妻财（能量、女人）水局。

合成的妻财（能量、女人）水局生刑应（事物）二爻（地面位、心理位、成长位、转换位）官鬼（稠密、灾难、官员、冤案）卯木（植被），也冲克四爻（旷野位、田野位、社会位、过程位）父母（自然、百姓）午火和初爻（地表位、基层位、百姓位）巳（驿马星、生活）火。

即"凤凤淼淼，木菁大赖"之意。

注：1. 凤（fán），在这里是广大之意。

2. 木菁为将構字拆成了两部分，在此指稠密的植被。

从上面这一自然段可以看出，五爻子孙申金是伏神妻财子水的长生之位，说明这个伏着的妻财（能量、女人）子（桃花、漂亮）水，她的能量是非常大，能量也会很久远的。

袁李两位智者，借图画加谶，实际是在用比喻的方法，而且是非常谨慎、小心隐含地在向李世民述说：

"皇上，在日月时空的运转过程中，大自然中的万事万物都会有否［妇］卦描述的萧条时期，也会有奈［泰］卦描述的生旺时期，这是一个自然规律。"

"在人类历史的进化过程中，人类与大自然一样，都会有否［妇］卦描述的萧条时期，也会有奈［泰］卦描述的旺盛时期，它也有一个自然的规律。"

"比如您现在将大唐江山治理得就很成功，万物就具有勃勃的生机，百姓的生活也是安康太平的，正好是否极见泰时期。"

"可大自然一旦发生自然灾害，就是另一回事了。比如当大自然暴发了严重水灾的时候，就连赖以在沼泽湿地上生长的稠密植被，都会受到水灾侵害，那就更别说百姓的生活了。"

其实袁天罡和李淳风在此用了极其隐晦的方式，也在暗示李世民说：

"您的儿子与您的漂亮女人在宫中已经有了一些联系了，您可能还不知道吧，一旦将来您不在了，他（她）们就会出来苟合，沆瀣一气，干预朝政，制造冤案，天下汹汹，大量清除政敌。"

"到那时，极有可能会有一些大臣和百姓，像遭遇到水灾一样的要倒霉，国家和百姓这匹大马就像在湿地中的沼泽上行走一样，生存会很困难。"

2 对颂的形象理解与逻辑分析

2.1 图像的形象理解

图中画意颇符合颂"祸水汪洋把策干"诗句里的祸水汪洋，以及"临行马色半平安"诗句里马的意思，画意与颂里的意境却没有直接表达出来。

2.2 卦意的逻辑分析

太岁酉金会起五爻（核心位、京都位、君王位、控制位、转

换位）子孙（生机、后代、儿子）申（驿马星、成长、气贯）金
与初爻（地表位、基层位、百姓位）父母（目标、国家、江山、
权力、成功、太平、国策）巳（东南方、驿马星、充满）火相合。

即"神京王气满东南"之意。

伏神在卦中也是一个非常重要的参考要素。

伏着的妻财（能量、女人）子水出来在五爻（核心位、国家
位、君王位、控制位、转换位）子孙（生机、后代、儿子）申
（驿马星、成长、改变）金的长生之下冲克四爻（旷野位、田野
位、社会位、过程位）父母（国家、策略、制度）午火。

即"祸水汪洋把策干"之意。

八月西金临太岁西金旺会起五爻（天空位、核心位、君王位、
心理位、转换位）子孙（生机、后代、儿子、规律）申（驿马星、
生起）金生旺出来的妻财（能量、女人）子水去刑二爻（地面位、
转换位）官鬼（涝灾、官员）卯（二月）木（植被）。

即"一木会支二八月"之意。

太岁申金会起六爻（结果位、开始位）兄弟（势能）戌土与
四爻（旷野位、田野位、道路位、过程位）父母（自然、平安）
午火（马、日）半合成父母（平安）火局。

即"临行马色半平安"之意。

袁李两位智者，借图画加颂，实际也是在用比喻的方法，而
且是非常谨慎、小心隐含地在向李世民述说：

"皇上您为江山的壮丽和百姓的福利，所制定的强大战略已经
成为了国策。其实我们也担心，到大唐江山轮到您儿子来执政的

时候，由于一朝天子一个令，您现在所制定的这些为民治国的雄才大略，会不会被他（她）们给改变呢?"

"就像每年八月，洪水暴发后的湿地沼泽上，马在上面很难行走一样。到时候国家的运行和百姓的生存也极有可能会出现类似的情况。"

圣叹曰："此象康王南渡，建都临安。秦桧专权，遂成偏安之局。木荝，康王名構。一木会支二八月者，指秦桧也。木会为桧，春半秋半却成一秦字。"

金圣叹的批注，仅作参考，读者可用易学文化的六爻易术理论，自己来分析。

第七节　第二十三象：丙戌与中復［中孚］

讖曰：

似道非道，乾沉坤黯。

祥光宇内，一江断楫。

颂曰：

> 胡儿大张挞伐威，两柱擎天力不支。
>
> 如何兵火连天夜，犹自张灯作水嬉。

中復［中孚］（主体现象）

———————— 官鬼卯木

———————— 父母巳火　　　　　伏妻财子水

——　　—— 兄弟未土　　世

——　　—— 兄弟丑土　　　　　伏子孙申金

———————— 官鬼卯木

———————— 父母巳火　　应

卦象：夜空中漂浮着月光和众多的星光，沼泽湿地中飘浮
（漂浮）生活着的动物，以及风吹着湿地植被的景象。

卦辞：

（帛书）中復，豚鱼，吉，利涉大川，利贞。

（通行本）中孚，豚鱼，吉，利涉大川，利贞。

现象描述：月光和众多闪烁着的星光，在夜空中飘浮着发出
金属般光泽的景象，就像是阴暗的沼泽湿地中飘浮（漂浮）生活
着白鹤、鱼类、野猪等众多活泼的动物一样。风吹着湿地灌木和
芦苇的景象，就像是风把芦苇给按住俘获了一样，这个情景，又
像在沼泽湿地的芦苇灌木植被中能抓到小野猪和鱼类一样。好啊，
这是有利于有所大的作为，有利的征兆。

1 对讖的形象理解与逻辑分析

1.1 图像的形象理解

图中画了一个穿着龙袍的王者，正用自己的双臂把守着一个大门口在向外张望，动作又像正用自己的双臂在力撑这个门楼的过梁，还像正在硬撑这个门楼（或宫殿）的顶子。

画意并没有直接反映出讖曰之意，但直读画面上箅［巽］（手）下夺［兑］（口），倒符合中復［中孚］卦的形象。

1.2 卦意的逻辑分析

中復［中孚］卦的上卦为箅［巽］（为风、为木、为手、为长女），下卦为夺［兑］（为月、为泽、为口、为少女、为娱乐），中復［中孚］卦又是一个大的罗［离］卦形象。

太岁戌土在卦中为兄弟（势能、穷人、众多）爻，太岁戌土刑旺起世（我方）四爻（田野位、旷野位、过程位）兄弟（势能、穷人、众多）未土合二爻（地面位、边境位、关口位、转换位）官鬼（敌方）卯木和六爻（关外位、结果位）官鬼（敌方）卯木。

太岁兄弟（势能、穷人、众多）戌土合二爻（地面位、边境位、关口位、转换位）官鬼（敌方）卯木和六爻（关外位、结果位）官鬼（敌方）卯木成父母（自然、国家、百姓、法则、太平）火局。

即"似道非道"之意。

卦中的子孙（百姓、军队、生机）申（驿马星、驻扎、防御）金（武器、刀枪、戈戟、键［乾］为金）伏在三爻（旷野位、田野位、过程位）之下不上卦。

太岁兄弟戌（戌在键［乾］宫）土刑旺起世（我方）四爻（旷野位、田野位、过程位）兄弟（势能、穷人、众多）未（未在川［坤］宫）土，四爻兄弟未土又冲旺起三爻（旷野位、田野位、过程位）兄弟丑土，土越冲越刑越旺，就物极必反，土多金（键［乾］）就被埋。

即"乾沉坤黪"之意。

注：黪（jiǎn），为黑色的意思。

太岁戌土刑旺起世（我方）四爻（旷野位、田野位、过程位）兄弟（势能、穷人、众多）未土与初爻（地表位、基层位、百姓位）和五爻（核心位、国家位、君王位、心理位、控制位、转换位）的父母（军队、百姓）巳（蛇、绳子、驿马星、联合）火会成父母（目标、国家、军队、百姓、太平、佑护）火局。

太岁兄弟（势能、势力、穷人、众多）戌土合二爻（地面位、关口位、转换位）官鬼（军人、控制）卯木和六爻（关外位、结果位）官鬼（军人、控制）卯木成父母（目标、国家、百姓、太平、佑护）火（祥光）局。

即"祥光宇内"之意。

太岁戌土刑旺起四爻（旷野位、田野位、过程位）兄弟（势能、势力、众多）未土，四爻又冲旺起三爻（旷野位、田野位、过程位）兄弟丑土，四爻又会起五爻（核心位、国家位、君王位、心理位、控制位、转换位）父母（国家、目标、军队、百姓、佑护）巳（蛇、绳子、驿马星、联合）火。

伏神在卦中也是一个非常重要的参考要素。

伏着的子孙（军队、百姓、生计、规律）申（绳子、驿马星、联合、砍断、抵御）金（武器、刀枪、戈戟）与伏着的妻财（能量、经济）子水出来合成水局（1数、江）去刑二爻（地面位、边境位、关口位、转换位）和六爻（关外位、结果位）的官鬼（敌人）卯木（舟楫）。

即"一江断楫"之意。

袁李两位智者，借图画加谶，实际是在用比喻的方法，而且是非常谨慎、小心隐含地在向李世民述说：

"皇上，咱们采用在边境地区安置众多百姓，而没有动用太多军队的方法，想与匈奴胡人和平相处，这个想法看上去挺好。可对天生就具有抢杀和掠夺特性的匈奴胡人来说，这样的办法根本就行不通。"

"这样，咱们刚好就顺了他们之意，反而令他们更得意。可对于我们这样自强不息和厚德载物的民族来说，就像是太阳沉到大地之下，一片漆黑一样，反而没有了生机。"

"要想让我们大唐江山具有祥光普照似的太平盛世，您就必须得将国家军队与当地百姓联合起来，屯边戍兵，彻底形成一个能量强大的军事势力。并与胡人彻底划清边界，断绝随意来往。只有这样才能使边境地区的百姓与军队鼓起勇气，共同联合起来抵御外侵，才能使当地百姓摆脱不断受到被抢掠的贫困境地，才能使大唐的江山社稷安宁。"

2 对颂的形象理解与逻辑分析

2.1 图像的形象理解

图中画着的那个正用自己双臂力撑宫殿（或门楼）顶子之人的景象，符合颂曰诗句"两柱擎天力不支"之意，画意并没有直接反映出颂中其他诗句里的意思。

2.2 卦意的逻辑分析

太岁兄弟（势能、势力、众多）戌土合二爻（地面位、边境位、关口位、转换位）官鬼（敌人、侵略、灾难、战祸）卯木和六爻（关外位、结果位）官鬼（敌方、侵略、灾难、战祸）卯木成父母（军队、威风、声威）火局。

即"胡儿大张挞伐威"之意。

太岁兄弟戌（戌在键［乾］宫）土刑旺起世（我方）四爻（旷野位、田野位、社会位、臂膀位、过程位）兄弟（势能、势力、众多、损失）未土冲三爻（旷野位、田野位、社会位、手臂位、过程位）兄弟（势能、势力、众多、损失）丑土，土越冲越刑越旺，就物极必反，土多就晦五爻（核心位、国家位、君王位、心理位、控制位、转换位）父母（目标、国家、人民、太平）巳火。

　　　　　　　　　　　　　解读《推背图》（修订版）

即"两柱擎天力不支"之意。

太岁戌土刑旺起世（我方）四爻（旷野位、田野位、社会位、过程位）兄弟（势能、穷人、众多、损失）未土与初爻（地表位、基层位、百姓位）和五爻（核心位、国家位、君王位、心理位、控制位、转换位）的父母（军队、百姓）巳（驿马星、战斗）火会成父母（国家、百姓）火局。

太岁兄弟（势能、穷人、众多、损失）戌土合二爻（地面位、边境位、关口位、转换位）官鬼（灾难、兵祸）卯木和六爻（关外位、结果位）官鬼（灾难、兵祸）卯木成父母（国家、百姓）火（兵火）局。

即"如何兵火连天夜"之意。

太岁戌土刑旺起四爻（旷野位、田野位、社会位、臂膀位、过程位）兄弟（势能、穷人、众多、损失）未土又冲旺起三爻（旷野位、田野位、社会位、臂膀位、过程位）兄弟丑土又会合起五爻（核心位、国家位、君王位、心理位、控制位、转换位）父母（军队、百姓、太平）巳（驿马星、张灯、娱乐）火（灯火）。

伏神在卦中也是一个非常重要的参考要素。

伏着的子孙（军队、大臣）申（驿马星、嬉戏、娱乐）金与伏着的妻财（女人、能量、财富）子水出来合成妻财（能量、女人、财富）水局。

太岁戌土合动二爻（地面位、边境位、关口位、小王位、臣子位、嘴位、心理位、转换位）官鬼（欺骗、愚弄、腐败）卯木生五爻（核心位、君王位、心理位、转换位）父母（太平、国家）巳（驿马星、欺骗）火。

即"犹自张灯作水嬉"之意。

袁李两位智者，借图画加颂，实际也是在用比喻的方法，而且是非常谨慎、小心隐含地在向李世民述说：

"皇上，过去为何能让关外的匈奴胡人这么猖獗，给国家和百姓带来兵祸和灾难，而那些皇帝在保持自己的江山社稷太平安全时，往往又会感到力不从心。"

"这是因为朝中官员首先放松了警惕，致使边境地区的戒备也放松了。有些臣子官员们根本就没有紧张和危机感，将平时的能力和精力都放到了女人和物质的享受上去了，还为迎合讨好皇上的心理，为让皇上沉浸在愉悦之中，谎称天下太平，所有这些腐败的行为也是非常重要的原因。"

"皇上您要想制止类似情况的发生，就得自己首先要摆脱来自朝中和宫中的萎靡和腐败的习气，调动起国家的力量，军民联合共同做好随时抵御外来侵略的准备工作。只有这样才能保证全国人民，张灯结彩和欢乐愉快地生活。"

圣叹曰："此象主贾似道当权，汪立信、文天祥辈不能以独立支持宋室。襄樊危急，西子湖边似道犹张灯夜宴。宋室之亡其宜也。"

金圣叹的批注，仅作参考，读者可用易学文化的六爻易术理论，自己来分析。

第八节 第二十四象：丁亥与渐〔渐〕

谶曰：

> 山厓海边，不帝亦仙。
>
> 二九四八，于万斯年。

颂曰：

> 十一卜人小月终，回天无力道俱穷。
>
> 干戈四起疑无路，指点洪涛巨浪中。

渐〔渐〕（主体现象）

———————	官鬼卯木	应
———————	父母巳火	伏妻财子水
—— ——	兄弟未土	
———————	子孙申金	世
—— ——	父母午火	
—— ——	兄弟辰土	

卦象：大风渐渐停止下来的情景。

卦辞：（帛书）渐，女归，吉，利贞。

（通行本）渐，女归，吉，利贞。

现象描述：大风渐渐地停止了下来，就像是鸿雁的翅膀停止了扇动一样，这个符号还可以是表现鸿雁在渐渐地降落，又像是离家出走的女人回来了一样，这个景象好，是有利的征兆。

1 对谶的形象理解与逻辑分析

1.1 图像的形象理解

图中画着一轮红日正在从海面上冉冉升起，海面上还漂着一根圆木。画意符合谶"山厓海边"诗句里的意思，但没有直接表达出其余诗句的意思。

1.2 卦意的逻辑分析

渐［渐］卦的上卦为箅［巽］（为风、为灌木、为东南方），下卦为根［艮］（为山、为厓、为止、为东北方）。

根［艮］卦中的初爻（地表位、开始位）为兄弟（势能、帮助）辰土（为海岸、河岸、湖岸）。

即"山厓海边"之意。

太岁亥水冲动五爻（核心位、国家位、帝王位、心理位、控制位、转换位）父母（自然、目标、国家、政权、佑护、平安）巳（驿马星、升起、运转、祭祀）火（太阳）与三爻（半天空位、旷野位、田野位、过程位）子孙（生机、百姓、健康、规律）申

（驿马星、运转、申与神谐音）金相合。

即"不帝亦仙"之意。

四爻（旷野位、田野位、过程位）兄弟（势能、众多、损失）未（8数）土（大地）在川 [坤] 宫（2数），三爻（旷野位、田野位、过程位）子孙（生机、百姓、健康、规律）申（9数、驿马星、运行）金，六爻（结果位）官鬼（壮丽）卯（4数）木。

即"二九四八，于万斯年"之意。

"二九四八"这一句中二八在两边，九四在中间，表示大地上的万物，虽然是既有生机，也有死亡，但始终是非常的壮丽。

袁李两位智者，借图画加谶，实际是在用比喻的方法，而且是非常谨慎、小心隐含地在向李世民述说：

"皇上啊，在大自然的时光运行过程当中，太阳每天都从东海的海平面上升起，到西面的山崖处落下，无始无终。"

"太阳既像是大自然中的帝王一样，又像是一位长寿的神仙永远都活在大自然中。大自然中壮丽的山河大地，始终就是这样生机勃勃地在运行，已经有亿万斯年了。"

"皇上您应当像夏至这一天升起的太阳一样，给大家带来最长的光明。像太阳一样从渐 [渐] 之下卦的东北方逐渐地升到东南方，给大唐的江山社稷和黎民百姓带来勃勃的生机和阳光的普照。"

2 对颂的形象理解与逻辑分析

2.1 图像的形象理解

画意与颂"指点洪涛巨浪中"里的意思有一些符合，但没有直接表达出其余的诗句里的意思。

2.2　卦意的逻辑分析

初爻（地表位、开始位）兄弟（势能）辰（水库、大海）土和五爻（核心位、君王位、转换位）父母（大自然、江山、社稷）巳（驿马星、卜算、漂动）火都在箅［巽］（箅为卜算、为草木）宫中。

辰（5数）与巳（6数）之和为11数，卦中应（事物）六爻（结果位、终了位）官鬼（死亡、腐朽）卯木（草木）。

三爻（旷野位、田野位、手臂位、过程位）子孙（生机、规律）申（神谐音、驿马星、推背、卜算）金与五爻（核心位、心理位、背部、转换位）父母（国家、事业）巳（驿马星、预测、巳在箅［巽］宫为卜算）火相合，且箅［巽］宫的辰巳都与三爻（田野位、手臂位、过程位）子孙（臣子、生机）申（神谐音、驿马星、推背、卜算）金相合。

即"十一卜人小月终"之意。

子孙（生机、百姓、万物）申（驿马星、生长）金与六爻（天空位、终了位、结果位）官鬼（壮丽）卯木合成子孙（生机、百姓、万物）金局的过程中，太岁亥水生合六爻（天空位、终了位、结果位）官鬼卯木，太岁却害世（我们）三爻（田野位、道路位、过程位）子孙（生机、百姓、万物）申（驿马星、生长）金。

即"回天无力道俱穷"之意。

三爻（旷野位、田野位、道路位、过程位）子孙（生机、军队）申（驿马星、战争）金（武器、金戈）既与六爻（结果位）官鬼（灾难、战祸）卯木相合，也与五爻（核心位、心理位、转换位）父母（国家、百姓、太平）巳（驿马星、怀疑）火相合，即与从五爻下出来的妻财（能量、财富、祸源）子水相合，又与初爻（地表位、基层位、百姓位）兄弟（贫穷、损失）辰土相合，相合共有四处。

即"干戈四起疑无路"之意。

三爻（旷野位、田野位、道路位、手臂位、过程位）子孙（生机、军队、百姓、福气）申（驿马星、战争、停止、指点、发展）金与五爻（天空位、核心位、国家位、君王位、心理位、成功位、转换位）父母（自然、目标、国家、军队、百姓、太平、佑护）巳（太阳、驿马星、停止、升起、致富）火合成火热的液体火（父母爻、太平）金（子孙爻、生机）局。

三爻也与从五爻下出来的妻财（富裕、能量）子水合成妻财（富裕、能量）水局。

即"指点洪涛巨浪中"之意。

袁李两位智者，借图画加颂，实际也是在用比喻的方法，而且是非常谨慎、小心隐含地在向李世民述说：

"皇上，您现在要卜算您李家天下的命运了，我们臣子二人就用推背预测的方式告诉您。如果拿您李家的王位来跟大自然相比的话，李家的王位就显得太渺小了。在历史的长河中，您李家的王位就像是大自然中的一棵草木漂在大海上一样，随着日月时光的流逝，最终都要腐朽而变成其他的东西。"

"不管是谁，都无力扭转宇宙乾坤运转的自然法则和自然规律。"

"人们在大自然中生活的这段时光里，不断地挑起战争，兵戈四起。您有没有想过，这样打打杀杀，何时是头？人们美好的生活之路应该在哪里？"

"太阳每天都从东方的海平面上冉冉升起，哪怕是巨浪再大，也照升不误，然后就将阳光普照在大地，养育和温暖大自然的万物，这不是已经明确告诉我们了吗？"

"要想让国家和百姓充满生机，安康太平地生活，只有走和平和发展经济之路，才能使国家强盛，百姓安康，江山壮丽，才能到处显示出充满勃勃生机的巨大能量。"

"就像渐〔渐〕卦中所说的，大风（战争）总要停止后，万物才能平静的生长。"

圣叹曰："此象主帝昺迁崖山。元令张弘范来攻，宋将张世杰兵溃，陆秀夫负帝赴海，宋室以亡。"

金圣叹的批注，仅作参考，读者可用易学文化的六爻易术理论，自己来分析。

第六章 辰［震］宫八个卦中的太岁

第一节 第二十五象：戊子与辰［震］

谶曰：

> 北帝南臣，一兀自立。
>
> 斡难河水，燕巢补爇。

颂曰：

> 鼎足争雄事本奇，一狼二鼠判须臾。
>
> 北关锁钥虽牢固，子子孙孙五五宜。

辰［震］（主体变化）

━━　━━	妻财戌土	世
━━　━━	官鬼申金	
━━━━━	子孙午火	
━━　━━	妻财辰土	应
━━　━━	兄弟寅木	
━━━━━	父母子水	

卦象：地震发生时，地壳与地表面都在一起晃动。

卦辞：

（帛书）辰，亨，辰来朔朔，芺言亚亚，辰敬百里，不亡匕觞。

（通行本）震，亨，辰来虩虩，笑言亚亚，震惊百里，不丧匕鬯。

现象描述：地震来了，好，这是大地的亨通之象，大地在哆嗦、在颤抖，人们被吓得目瞪口呆地停止了言笑，但是地震的范围即使有上百里那么大，也不会把南北方向给震丢的。

1　对谶的形象理解与逻辑分析

1.1　图像的形象理解

图中画着一把大斧，斧柄被分为了十段，最下面的一节与斧头连着，画意与谶"一兀自立"的意思倒颇符合，画意中没有直接表达出谶曰其他诗句里的意思。

1.2　卦意的逻辑分析

辰［震］卦的上下卦都为辰［震］（为木、为震动）。

上（北）卦的辰［震］中有六爻（天空位、结果位）妻财（能量）戌（戌在键［乾］宫为头、为首领、为西北）土和五爻（天空位、核心位、帝王位、头位、心理位、控制位、转换位）官鬼（领导、控制）申金。

下（南）卦的辰［震］中有三爻（半天空位、旷野位、田野位、殿堂位、庭院位、手臂位、过程位）妻财（能量、财富）辰（辰在筭［巽］宫为顺从、为东南）土和二爻（地面位、诸侯位、小王位、臣子位、手位、腿位、转换位）兄弟寅木。

即"北帝南臣"之意。

太岁子水助初爻（地表位、开始位）父母（自然、目标、国家、军队、政权、百姓）子水与五爻（核心位、国家位、心理位、君王位、控制位、转换位）官鬼（君王、匪盗、灾难、兵祸）申（驿马星、自立、警惕、骚扰、占领）金和三爻（旷野位、田野位、社会位、过程位）妻财（能量、财富）辰土合成父母（目标、国家、军队、政权、百姓、成功）水局冲克二爻（地面位、边境位、关口位、手位、腿位、心理位、转换位）兄弟（势力）寅（驿马星、攻击）木与四爻（旷野位、田野位、社会位、过程位）子孙（军队、百姓、生机）午火和六爻（关外位、结果位）妻财（能量、财富）戌土合成的子孙（后代、军队、百姓、生机）火局。

即"一兀自立"之意。

注：兀为高而上平和高而自立之意。

太岁子水助初爻（地表位、基本位、基础位）父母（国家、政权、军队）子水（北方）与三爻（旷野位、田野位、过程位）

妻财（能量）辰土和五爻（核心位、国家位、心理位、君王位、转换位）官鬼（危险）申（驿马星、警惕、成长）金合成强大的父母（目标、国家、政权、军队）水局。

即"斡难河水"之意。

注：斡难河又称鄂伦河、鄂诺河或敖嫩河，是蒙古高原上著名的一条河流，也是蒙古族的发祥地。

五爻（核心位、国家位、帝王位、头位、心理位、控制位、转换位）官鬼（君王、警惕、灾难）申（驿马星、遏制、砍断［短］）金（兵戈、斧头）冲克二爻（地面位、边境位、关口位、心理位、手位、腿位、手柄位、成长位、转换位）兄弟（势力、众多、帮助）寅（驿马星、占领、燕国的分野为寅）木（粮草）。

五爻（核心位、国家位、帝王位、头位、心理位、控制位、转换位）官鬼（君王、警惕、灾难）申（驿马星、遏制、砍断［短］）金（兵戈、斧头）生合初爻（地表位、基本位、基础位）父母（国家、军队、政权、巢穴、目的）子水。

即"燕巢补黍"之意。

注：黍（shù、黍谐音），估计是军需粮草之意。

袁李两位智者，借图画加谶，实际是在用比喻的方法，而且是非常谨慎、小心隐含地在向李世民述说：

"皇上，自古以来，帝王都像北极星一样占据着高位，面南背北地处理着政务，臣子们也都顺从地站在皇帝的南面在听取政令。"

"而北方的匈奴胡人，他们却占据着北方高而上平的（蒙古）大草原，自立为王，他们的轻骑部队骁勇善战，速度又快，具有强大的优势，决不会甘居臣位的，他们会不断地骚扰我边境关口，进入我燕地制造摩擦，烧杀抢掠，兵戎相见，妄图占领我燕地，成为帮助他们军队进一步称霸中原的粮草供应地。"

"所以这是您要时刻警惕和注意的头等大事，就像要不停砍短（断）他们的斧柄一样，来遏制他们将手进一步伸长的目的，他们的侵略会对我们大唐的政治局势和社会安定造成巨大的冲击和震动。"

2 对颂的形象理解与逻辑分析

2.1 图像的形象理解

图中画着一把大斧，画意与颂"鼎足争雄事本奇"和"北关锁钥虽牢固"的意思倒挺符合。斧柄被分为了十段，与颂中"子子孙孙五五宜"诗句里的意思也有关联，画意没有直接表达出颂另外一句之意。

2.2 卦意的逻辑分析

辰［震］卦的上下卦都为辰［震］，是一个六冲卦。

即"鼎足争雄事本奇"之意。

太岁子（鼠）水（北方）助初爻（地表位）父母（目标、国家、政权、军队）子（鼠）水（北方）与五爻（核心位、国家位、心理位、判官位、控制位、转换位）官鬼（匪盗、虎狼、灾难、危险）申（驿马星、试探、判断）金合成父母（案件、事情）水局。

即"一狼二鼠判须臾"之意。

五爻（核心位、北关口位、心理位、转换位）官鬼（危险、灾难）申（驿马星、警惕、锁住）金（锁头）合下卦（敌方）辰〔震〕三爻（旷野位、田野位、过程位）妻财（能量）辰土（水库、河岸）和初爻（地表位、基本位、基础位）父母子水合成父母（江山、安全）水局。

即"北关锁钥虽牢固"之意。

太岁子水冲动四爻（旷野位、田野位、臂膀位、过程位）子孙（后代、百姓、军队、生机）午（7数）火与二爻（地面位、边境位、关口位、手位、转换位）兄弟（团结、联合、帮助）寅（3数、驿马星、抵御）木相合，午（7数）与寅（3数）之和为10数。

即"子子孙孙五五宜"之意。

袁李两位智者，借图画加颂，实际也是在用比喻的方法，而且是非常谨慎、小心隐含地在向李世民述说：

"皇上，自古以来，为争霸称雄而挑起战事，是大自然的客观规律，也没有什么可奇怪的。"

"但我们目前的敌人不是来自内部，而是来自北方匈奴胡人的军队，他们有时像偷偷摸摸的老鼠一样，有时又像恶狼一样，不断在试探我们的态度，这一点您可得判断清楚。"

"虽然在北方边境关口有我们的军民在把守，但是还应该在那里驻扎更多的百姓和军队，让他们紧密联合起来，形成国家强大的军事势力，这样才能保证我们大唐江山一代接一代的固若金汤，大唐社稷的黎民百姓能一代接一代的安康。"

"一旦北方匈奴军队大举攻入我大唐时，那么我国的政权和黎民的生活都将会遭受到像地震一样的颠覆和灾难。所以您的子子孙孙都应把北方匈奴军队作为防范的重点，决不能让他们的斧头把儿形成长柄，斧头一旦形成长柄，劈下来时就具有了十足的砍伐力量。"

圣叹曰："此象主元太祖称帝斡难河。太祖名铁木真，元代凡十主。斧，铁也；柄，木也；斧柄十段，即隐十主之意。"

金圣叹的批注，仅作参考，读者可用易学文化的六爻易术理论，自己来分析。

注：在中国的易文化中，戊子年对应辰［震］卦，在地球的大自然当中，像地震、战争、暴乱、对抗竞技等等一些非常近似和类似于辰［震］卦之卦象的重大震动事件和现象，都以形象思维和逻辑思维，非常有规律地被归类到了辰［震］卦中，并极有可能在自然和社会中发生。

第二节　第二十六象：己丑与馀［豫］

谶曰：

时无夜，年无米。

花不飞，贼四起。

颂曰：

鼎沸中原木木来，四方警报起边垓。

房中自有长生术，莫怪都城澈夜开。

馀［豫］（主体现象）

		妻财戌土
—	—	
—	—	官鬼申金
——		子孙午火　　　应
—	—	兄弟卯木
—	—	子孙巳火
—	—	妻财未土　　世　伏父母子水

卦象：惊蛰之雷。

卦辞：（帛书）馀，利建侯，行师。

　　　　（通行本）豫，利建侯，行师。

　　现象描述：惊蛰之时，天空中的雷电产生了巨大的能量，闪电的能量劈入大地，给大地带来了非常丰富的养分和肥料，巨大的雷声惊醒了沉睡了一个冬天的冬眠之物，唤醒了所有的蛰伏生物，万物复苏了。这样一种震慑、惊醒、警示的壮观景象，有利于颁布新建的各种法律、法规、制度和诏令，也有利于出兵行动去作战。

1 对谶的形象理解与逻辑分析

1.1 图像的形象理解

图中画着四个女人跟在一个和尚（或尼姑）的后面，画意并没有直接表达出谶里的意思。

1.2 卦意的逻辑分析

徐［豫］的上卦为辰［震］（为震动、为动荡、为木），下卦为川［坤］（为大地、为厚德、为女人）。

太岁丑土冲动初爻（地表位、基层位、百姓位）妻财（能量、食物）未土克害伏神父母（国家、百姓）子水，太岁丑土刑动六爻（结果位）妻财（能量、食物、米）戌土，财逢刑冲，则财来财去，则财（米）散。

即"时无夜，年无米"之意。

太岁丑土合住二爻（地面位、成长位、心理位、转换位）子孙（生机、百姓）巳（驿马星、惶惶、开花）火，太岁丑土也害四爻（旷野位、田野位、社会位、过程位）子孙（生机、百姓）午火（花朵）。

即"花不飞"之意。

太岁丑土刑动六爻（结果位）妻财（能量、食物、米、女人）戌（戌在键［乾］宫为圆、为光头、为和尚［尼姑］）土，土逢刑冲，则土越来越旺，土旺则晦火。

这样二爻（地面位、心理位、成长位、转换位）子孙（生机、百姓、后代）巳（驿马星、寄托）火和四爻（旷野位、田野位、社会位、身体位、胸中位、过程位）子孙（生机、百姓、后代）午火不但被晦，还会克五爻（核心位、国家位、君王位、心理位、控制位、转换位）官鬼（君王、管理、控制）申（驿马星、不相信）金。

也是"花不飞"之意。

太岁丑土为申金的墓地，生旺起五爻（国家位、核心位、心理位、转换位）官鬼（贼、匪、盗、灾难、兵祸）申（驿马星、混乱）金既与六爻（结果位）妻财（能量、财物、祸源）戌土相会，又与三爻（田野位、社会位、过程位）兄弟（势力、众多）卯木暗合，既与二爻（地面位、心理位、成长位、转换位）子孙（生机、百姓、后代）巳火相合，又与从初爻（地表位、基层位、基础位）下出来的妻财（能量、财物、祸源）未土相合。

即"贼四起"之意。

袁李两位智者，借图画加谶，实际是在用比喻的方法，而且是非常谨慎、小心隐含地在向李世民述说：

"皇上，导致国家动乱的最主要的原因，就是老百姓没有粮食吃，饥寒交迫必定会导致国家和百姓们人心惶惶，而没有生机。没有了生机就像植物不会开花一样。"

"这样，老百姓心理上的一线生机就会寄托于宗教，甚至出家去求生存，而不把希望寄托在您和您所治理的国家身上。而出家后的和尚（尼姑）安照佛理是不能结婚生育的，国家和人民要像植物不会开花一样，哪里又有生机呢？"

"如果饥寒交迫引发了强盗四起的内乱，境外敌人又乘机挑起战乱，那么国家就会更危险了。"

"就像本来在冬眠着的动植物，一下都被惊蛰之雷给击醒了一样，再也不会安静地继续蛰伏了，他们会蠢蠢欲动地出来，寻找新的出路。"

2　对颂的形象理解与逻辑分析

2.1　图像的形象理解

图中画着四个女人跟在一个和尚（或尼姑）的后面，画意并没有直接表达出颂里的意思。

2.2　卦意的逻辑分析

徐［豫］的上卦为辰［震］（为动荡、为木）太岁丑土生旺起五爻（核心位、国家位、君王位、心理位、中原位、转换位）官鬼（君王、控制、治理）申（驿马星、鼎沸、发展、改变）金与二爻（地面位、成长位、手位、心理位、转换位）子孙（生机、百姓、财源）巳（驿马星、种植）火合成水局生三爻（田野位、社会位、手臂位、过程位）兄弟（势能、势力、贫穷、众多）卯木（农作物）。

三爻兄弟（势能、势力、贫穷、众多）卯木（农作物）再生二爻（地面位、成长位、手位、心理位、转换位）子孙（生机、百姓、财源）巳火和四爻（田野位、社会位、身体位、过程位）子孙（生机、百姓、财源）午火。

即"鼎沸中原木木来"之意。

太岁丑土为申金的墓地，生旺起五爻（国家位、核心位、心理位、控制位、北关口位、转换位）官鬼（贼、匪、盗、灾难、兵祸、危险）申（驿马星、警惕）金既与六爻（境外位、结果位）妻财（能量、祸源）戌土（边垓）相会，又与三爻（旷野位、田野位、过程位）兄弟（势能、势力、贫穷、众多）卯木暗合，既与二爻（地面位、边关位、成长位、心理位、转换位）子孙（军队）巳火相合，又与从初爻（地表位、基层位、百姓位）下出来的父母（百姓）子水相合。

即"四方警报起边垓"之意。

太岁丑土冲动初爻（地表位、基层位、百姓位）妻财（能量）未土，伏着的父母（自然、策略、房子）子水出来与五爻（核心位、君王位、控制位、心理位、转换位）官鬼（管理、治理）申（驿马星、号召）金合成父母（自然、国策、房子）水局生三爻（田野位、社会位、过程位）兄弟（势能、势力、贫穷、众多）卯木（农作物）。

太岁丑土生旺起五爻（核心位、君王位、心理位、转换位）官鬼（君王、管理、治理）申（驿马星、号召、率领、发展、改变）金与二爻（地面位、成长位、嘴位、手位、心理位、转换位）子孙（生机、百姓、财源）巳（驿马星、种植）

火合成父母（自然、国策、房子）水局生三爻（田野位、社会位、手臂位、过程位）兄弟（势能、势力、贫穷、众多、帮助）卯木（农作物）。

三爻兄弟（势能、势力、贫穷、众多、帮助）卯木（农作物）再生二爻（地面位、房屋位、成长位、嘴位、手位、心理位、转换位）子孙（生机、百姓、财源）巳火和四爻（田野位、社会位、过程位）子孙（生机、百姓、财源）午火。

伏神在卦中也是一个非常重要的参考要素。

伏神父母（国家、政策、百姓、佑护、平安）子水被五爻（核心位、君王位、控制位、心理位、转换位）官鬼（管理、治理、壮丽、强大）申金长生。

而五爻（核心位、君王位、控制位、心理位、转换位）官鬼（管理、治理）申金又被二爻（地面位、成长位、心理位、转换位）子孙（生机、百姓、财源）巳火长生，即国家长生的源头还是在老百姓的生机上。

也即"房中自有长生术"之意。

太岁丑土生旺起五爻（核心位、国家位、君王位、心理位、都城位、控制位、转换位）官鬼（君王、管理、治理）申（驿马星、怪罪）金与二爻（地面位、关口位、嘴位、手位、心理位、成长位、转换位）子孙（生机、百姓、财源、规律）巳（驿马星、打开）火（光亮）合成父母（自然、国策、百姓、太平）水局（清澈、夜里）。

即"莫怪都城澈夜开"之意。

袁李两位智者，借图画加颂，实际也是在用比喻的方法，而且是非常谨慎、小心隐含地在向李世民述说：

　　"皇上，要想避免国家发生动乱，唯一的一点就是要把大力发展农业经济，以此定为最基本的国策，大力号召和鼓励中原大地上的广大百姓，积极地种植农作物。"

　　"这样既能让大家都吃饱肚子，还能有财源和积蓄，国家和百姓不是就摆脱贫困的局面了吗？"

　　"到那时，即使边垓有再多危机和警报，我们也会有足够强大的国防力量去抵御外侵。"

　　"皇上，国家主权的强大和壮丽山河的稳定，最重要的因素还在于全国老百姓的生活是否安康，是否富裕。"

　　"国民的经济能力提高了，国家的整体力量就会提高，国家就会强大，军队实力也会不断增强。到那时，我们就是将国门彻底打开，国家也会非常安全，谁也不敢来骚扰我们的国家，骚扰我们的百姓。"

　　"从馀［豫］卦的上下结构上，就可以直接读出，国家的实力（辰［震］）建立在全国广大老百姓（川［坤］）的身上。"

　　圣叹曰："此象主顺帝惑西僧房中运气之术，溺于娱乐，以致刘福通、徐寿辉、方国珍、明玉珍、张士诚、陈友谅等狼顾鸱张，乘机而起；宦官朴不花壅不上闻，至徐达、常遇春直入京师，都城夜开，毫无警备。有元一代竟丧于淫僧之手，不亦哀哉！刘福通立韩林儿为帝，故曰木木来。"

　　金圣叹的批注，仅作参考，读者可用易学文化的六爻易术理论，自己来分析。

注：在中国的易文化中，己丑年对应馀［豫］卦，在地球的大自然当中，像打雷、危机、震慑、暴乱、对抗等等一些非常近似和类似于馀［豫］卦之卦象的重大震动事件和现象，都以形象的思维和逻辑的思维被非常有规律地归类到了馀［豫］卦中，并极有可能会在自然和社会中发生。

第三节　第二十七象：庚寅与解［解］

谶曰：

> 惟日与月，下民之极。
>
> 应运而兴，其色曰赤。

颂曰：

> 枝枝叶叶现金光，晃晃朗朗照四方。
>
> 江东岸上光明起，谈空说偈有真王。

解［解］（主体现象）

```
━━  ━━  妻财戌土
━━  ━━  官鬼申金      应
━━━━━━  子孙午火
━━  ━━  子孙午火
━━━━━━  妻财辰土      世
━━━━━━  兄弟寅木          伏父母子水
```

卦象：干旱季节的及时雨。

卦辞：

（帛书）解，利西南，无所往，其来復，吉有攸往，宿，吉。

（通行本）解，利西南，无所往，其来复，吉有攸往，夙，吉。

现象描述：炎热干旱的六、七月份，到来的及时雨解除了旷野土地的干涸状态，及时雨在此时的到来真是太好了，就像是到西南方的山地都会有利于实现自己的夙愿，有所作为和有所收获的征兆，真好。

1　对谶的形象理解与逻辑分析

1.1　图像的形象理解

图中画着在草地上生长着一棵大树，树上挂着一把拐尺，在大树的左右上空各有一个圆，分别是日与月。

画意符合谶"惟日与月"之意，画意没有直接表示出谶曰其他诗句里的意思。

1.2 卦意的逻辑分析

解［解］卦的上卦为辰［震］（为东方、为树木、为震动），下卦为习赣［坎］（为水、为北方）。

太岁寅木助起初爻（地表位、基层位、百姓位）兄弟（势能、贫穷、众多）寅木合动三四爻（半天空位、旷野位、田野位、社会位、过程位）的子孙（生机、百姓）午火（日、光），也冲动五爻（天空位、核心位、国家位、君王位、控制位、心理位、成功位、转换位）官鬼（壮丽、君王、管理、治理）申（申在夺［兑］宫为月、马星、照耀）金。

即"惟日与月"之意。

被合动的三四爻（半天空位、旷野位、田野位、社会位、道路位、过程位）子孙（生机、百姓、兴旺、规律）午火（日、光、红色）反冲从初爻（地表位、基层位、百姓位）下出来的父母（国家、百姓、太平）子水。

被冲动的五爻（核心位、国家位、君王位、心理位、控制位、成功位、转换位）官鬼（君王、壮丽、繁荣、治理）申（驿马星、关心、体贴、营造）金下来与二爻（地面位、成长位、心理位、转换位）妻财（能量、富裕、经济）辰土和从初爻（地表位、基层位、百姓位）下出来的父母（国家、政治、百姓、太平）子水合成父母水局。

即"下民之极"和"应运而兴，其色曰赤"之意。

袁李两位智者，借图画加谶，实际是在用比喻的方法，而且是非常谨慎、小心隐含地在向李世民述说：

"皇上，要想治理好一个国家，就要像大自然中的日月一样，普照万物，积极体贴和关心最下层贫苦百姓的生活。从国家政治和经济的体制上给百姓营造出一个既太平又充满生机的大环境。"

"您的江山社稷和黎民百姓如果能在这种宽松的政治和经济体制下生活，就像干渴的植被树木遇到了及时雨一样，会呈现出无比兴旺的勃勃生机，走向繁荣，走向富裕。大唐的江山社稷就会呈现出一个充满生气的新世界。"

注：拐尺为工匠们营造建筑或其他器物的工具，在图中即表示营造氛围之意。

2　对颂的形象理解与逻辑分析

2.1　图像的形象理解

图中画着在草地上生长着一棵大树，在大树的左右上空各有一个圆，分别是日与月。

画意符合颂"枝枝叶叶现金光，晃晃朗朗照四方"和"江东岸上光明起"之意，没有直接表示出颂最后一句的意思。

2.2　卦意的逻辑分析

太岁寅木助起初爻（地表位、开始位）兄弟（势能、众多）寅（驿马星、显现）木（树枝叶）合动三四爻（半天空位、旷野位、田野位、社会位、过程位）的子孙（生机、百姓）午火（日、光），也冲动五爻（天空位、核心位、国家位、君王位、控制位、转换位）官鬼（壮丽、妖娆、繁荣、君王、治理）申（驿马星、显现）金。

即"枝枝叶叶现金光"之意。

五爻（天空位、核心位、国家位、君王位、控制位、成功位、转换位）官鬼（壮丽、妖娆、繁荣、君王、管理、治理）申（驿马星、照耀）金既与六爻（境外位、结果位）妻财（富裕、经济）戌土相会，又与二爻（地面位、成长位、心理位、转换位）妻财（能量、富裕、经济）辰土相合，既与初爻（地表位、基层位、百姓位）兄弟（势能、众多、邻邦、朋友）寅木相冲，又与从初爻下出来的父母（自然、江山、社稷、政治、体制、百姓）子水相合，都分别发生了四项关系。

四爻（半天空位、旷野位、田野位、社会位、过程位）子孙（生机、百姓、财源）午火既与六爻（境外位、结果位）妻财能量、富裕、经济）戌土相合，又与三爻（半天空位、旷野位、田野位、社会位、过程位）子孙午火比和，既与初爻兄弟（邻邦、朋友）寅（驿马星、赶来）木相合，又与从初爻下出来的父母子水相冲，都分别发生了四项关系。

即"晃晃朗朗照四方"之意。

太岁寅木助起初爻（地表位、开始位）兄弟（势能、众多）寅（驿马星、显现）木（树枝叶）与二爻（地面位、成长位、心理位、转换位）妻财（能量、富裕、经济）辰土（水库、江岸、海岸）会成兄弟（势能、帮助）木局生三四爻（半天空位、旷野位、田野位、社会位、过程位）的子孙（生机、百姓）午火（日、光明）。

即"江东岸上光明起"之意。

被冲动的五爻（核心位、国家位、君王位、心理位、成功位、控制位、转换位）官鬼（君王、壮丽、治理）申（驿马星、关心、体贴、崇敬、祭拜）金下来与二爻（地面位、嘴位、心理位、转换位）妻财（富裕、能量）辰土和从初爻（地表位、基层位、百姓位）下出来的父母（国家、政治、体制、百姓、太平、文件、偈）子水合成父母水局克三四爻（半天空位、旷野位、田野位、社会位、过程位）的子孙（生机、百姓、财源、规律）午（日、空亡）火（光），甲申旬中午未空。

即"谈空说偈有真王"之意。

袁李两位智者，借图画加颂，实际也是在用比喻的方法，而且是非常谨慎、小心隐含地在向李世民述说：

"皇上，如果大唐能在您营造的一个宽松的政治和经济体制下运行，我们壮丽的山河大地，我们的政治势力和经济实力，到处都会呈现出'枝枝叶叶现金光'的景象。"

"您和您所营造的体制就会像日月'晃晃朗朗照四方'一样的照到世界各地，影响到世界各地，就会吸引来众多的邻邦朋友。"

"这样，大唐黎民的生活就像'江东岸上光明起'一样，会发生翻天覆地的变化。"

"到那时，在大唐繁荣强盛中富裕起来的人民，就会把您来当作谈空说偈的真王，去崇敬，去祭拜。"

圣叹曰："此象主明太祖登极。太祖曾为皇觉寺僧。洪武一代海内熙洽，治臻太平。"

金圣叹的批注，仅作参考，读者可用易学文化的六爻易术理论，自己来分析。

第四节　第二十八象：辛卯与恒［恒］

谶曰：

> 草头火脚，宫阙灰飞。
>
> 家中有鸟，郊外有尼。

颂曰：

> 羽满高飞日，争妍有李花。
>
> 真龙游四海，方外是吾家。

恒［恒］（主体现象）

—— ——	妻财戌土	应
—— ——	官鬼申金	
——————	子孙午火	
——————	官鬼酉金	世
——————	父母亥水	伏兄弟寅木
—— ——	妻财丑土	

卦象：防风墙一样的茂密林带。

卦辞：（帛书）恒，亨，无咎，利贞，利有攸往。

（通行本）恒，亨，无咎，利贞，利有攸往。

现象描述：茂密的林带起到了防风保护的作用，就像是住宅、城池、国家有院墙、垣墙、城墙在围着一样，里面充满了生机、亨通，没有任何坏处，是有利的征兆，有利于去有所作为。

1 对谶的形象理解与逻辑分析

1.1 图像的形象理解

图中画着一个城楼的大门在紧闭着，楼顶周围向天空升腾着壮丽的火焰，但楼顶前方却没有一点火焰，所以城楼不像是着火了，而很可能是在表示另一层意思。

画意与谶"草头火脚，宫阙灰飞"之意颇符合，画中并没有表示出谶另外两句诗句的意思，不过画中的城墙与恒［恒］卦之卦辞里的意思倒挺符合。

1.2 卦意的逻辑分析

恒［恒卦的上卦为辰［震］（为东方、为震动、为树木），下卦为箅［巽］（为东南方、为风、为草木）。

太岁（源头）卯木（草木）与六爻（头部位、天空位、结果位）妻财（能量、富裕）戌土合成子孙（生机、百姓、财源）火局，太岁卯木生旺四爻（田野位、社会位、过程位）子孙（生机、财源、健康、百姓）午火生害初爻（地表位、脚位、基础位、百姓位）妻财（能量、富裕）丑土。

即"草头火脚"之意。

太岁卯木与二爻（地面位、房屋位、门口位、手位、心理位、成长位、转换位）父母（房子、宫阙、安全）亥（驿马星、建设）水及伏神兄弟（势能、团结、凝聚）寅（驿马星、埋头、建设）木会成兄弟（势能、团结、凝聚）木局生旺四爻（旷野位、田野位、社会位、过程位）子孙（生机、财源、健康、发展）午火克五爻（核心位、国家位、宫廷位、心理位、君王位、转换位）官鬼（壮丽、治理）申（驿马星、建设、发展）金与六爻（结果位）妻财戌土（灰烬）合成子孙火局（飞舞）。

太岁卯木也暗合五爻（核心位、国家位、宫廷位、心理位、君王位、转换位）官鬼（壮丽、治理）申（驿马星、建设）金成官鬼（壮丽、雄壮、妖娆）金局。

即"宫阙灰飞"之意。

太岁卯木合动二爻（地面位、手位、翅膀位、房屋位、成长位、心理位、转换位）父母（家庭、房子、安全、庇佑）亥（驿马星、住着）水与四爻（半天空位、旷野位、庭院位、过程位）子孙（动物、生机）午火（鸟）暗合。

即"家中有鸟"之意。

太岁卯木合六爻（郊外位、结果位）妻财（能量、女人、富裕）戌（戌在键［乾］宫为圆、为光头［和尚、尼姑］、为自强不息）土成子孙（生机、百姓、财源、健康、规律）火局。

太岁卯木合六爻（郊外位、结果位）妻财（能量、女人、富裕）戌（戌在键［乾］宫为圆、为光头［和尚、尼姑］、为自强不息）土并会来五爻（核心位、国家位、君王位、心理位、成功位、控制位、转换位）官鬼（壮丽、管理、治理）申（驿马星、展现）金，以及合来从二爻（地面位、边境位、腿位、心理位、成长位、转换位）下出来的兄弟（邻邦、朋友）寅（驿马星、吸引、赶来）木。

即"郊外有尼"之意。

袁李两位智者，借图画加谶，实际是在用比喻的方法，而且是非常谨慎、小心隐含地在向李世民述说：

"皇上，在国家创造一个政治和经济的宽松环境，不管对国家还是对人民都是极其重要的大事。我们可以关起国门，不用去掺和外面乱七八糟的事情，一心一意地团结起来谋发展，踏踏实实地埋起头来搞建设。"

"在全社会努力营造一个既太平又充满生机的发展大环境，把百姓们的积极性充分地调动起来，就像住在自家的燕子一样充满自强不息的勃勃生机。"

"对内像自强不息的太阳那样，在发展经济的同时，对外也要宅心仁厚，充分展现出中国文化中像黄土地一样的厚德。就像温和的佛教文化以慈悲为怀，吸引了众多信徒和善男善女一样，来吸引世界各地的人们。"

2 对颂的形象理解与逻辑分析

2.1 图像的形象理解

图中画着一个城楼的大门紧闭着，楼顶周围向天空升腾着壮丽的火焰，画意与颂"羽满高飞日"之意倒颇符合，画意并没有表示出颂曰其他诗句里的意思，不过画意中的城墙与恒［恒］卦之卦辞里的意思倒挺符合。

2.2 卦意的逻辑分析

太岁卯木（羽毛、草木、花朵）合动二爻（地面位、成长位、手位、翅膀位、心理位、转换位）父母（自然、国家、文化、衣服、庇佑）亥（驿马星、生长）水，伏着的兄弟（众多、邻邦）寅（驿马星、生长、争艳）木（树木、李树、羽毛）出来与四爻（田野位、社会位、过程位）子孙（生机、健康、动物、百姓）午火（鸟、花朵、飞舞、跳动）和六爻（天空位、结果位）妻财（能量、经济）戌土合成子孙（生机、健康、动物、百姓）火局

（鸟、花朵、飞舞、跳动）。

即"羽满高飞日，争妍有李花"之意。

太岁卯木合动二爻（地面位、成长位、手位、翅膀位、心理位、转换位）父母（国家、文化、家庭、房子、安全、庇佑）亥（驿马星、游动）水，从二爻（地面位、成长位、手位、翅膀位、心理位、转换位）父母（自然、江山、社稷、文化）亥（马星、游动）水（大海）下出来的兄弟（邻邦、朋友）寅（驿马星、普及、宣传、寅在辰［震］宫为龙）木既与四爻子孙（生机、财源、百姓、健康）午火相合，也与六爻（结果位）妻财（能量、富裕、经济）戌土相合，既与二爻（地面位、手位、翅膀位、转换位）父母（自然、江山、社稷）亥（驿马星、游动）水（大海）相合，也与五爻（核心位、国家位、君王位、控制位、转换位）官鬼申金相冲，都分别发生了四项关系。

即"真龙游四海"之意。

太岁卯木与二爻（地面位、边境位、关口位、腿位、心理位、转换位）父母（国家、文化、家庭、成功）亥（驿马星、普及）水及伏神兄弟（邻邦、朋友）寅（驿马星、结交、归顺、臣服）木会成兄弟（朋友）木局。

木局再与四爻（田野位、社会位、过程位）子孙（生机、财源、健康、百姓）午火和六爻（结果位）妻财（能量、财富、经济）戌（戌在键［乾］宫为圆满、为自强不息）土（厚德）相合成子孙（臣服、生机、百姓、规律）火局。

太岁卯木冲动世（我方、我）三爻（田野位、社会位、过程位）官鬼（壮丽、治理）酉金与初爻（开始位、地表位、基层位、百姓位）妻财（能量、富裕、经济）丑土相合，与六爻（结果位）妻财（能量、富裕、经济）戌土相合。

即"方外是吾家"之意。

袁李两位智者，借图画加颂，实际也是在用比喻的方法，而且是非常谨慎、小心隐含地在向李世民述说：

"皇上，到我们的国力发展到最强盛的时候，就像小鸟的羽毛丰满了的时候，不是就可以天高任鸟飞了吗？"

"到了那个时候，在全世界——普天之下的所有国家中，我们大唐李家壮丽的河山不是就可以出类拔萃地争奇斗艳了吗？"

"到了那个时候，我们大唐的经济建设和发展，就像我们雄伟壮丽的城楼建筑一样，会散发出火焰一样的光芒，照亮天空。再加上我们博大的厚德文化，所有的邻邦之国都会去宣传大唐的丰功伟绩和成功之道，并会争先恐后地来与我们结交。"

"这样，皇上您就可以成为一个真龙天子了。那时，普天之下，四海之外，哪里还有我们中国龙的乾坤文化所不能到达的地方呢？"

"皇上，所以我们只有努力发展经济，提高国力这一条出路，才能像恒〔恒〕卦所说的形成一道坚固的城墙，来有力地保护我们自己。"

圣叹曰："此象主燕主起兵，李景隆迎燕兵入都，宫中大火，建文祝发出亡。"

金圣叹的批注，仅作参考，读者可用易学文化的六爻易术理论，自己来分析。

第五节 第二十九象：壬辰与登［升］

谶曰：

> 枝发厥荣，为国之栋。
>
> 皥皥熙熙，康乐利众。

颂曰：

> 一枝向北一枝东，又有南枝种亦同。
>
> 宇内同歌贤母德，真有三代之遗风。

登［升］（主体现象）

—— ——	官鬼酉金		
—— ——	父母亥水		
—— ——	妻财丑土	世	伏子孙午火
————	官鬼酉金		
————	父母亥水		伏兄弟寅木
—— ——	妻财丑土	应	

卦象：大量锥窝气流的聚集形成了升腾的龙卷风。

卦辞：（帛书）登，元亨，利见大人，勿血，南征吉。

（通行本）升，元亨，利见大人，勿恤，南征吉。

现象描述：大量的锥窝气流聚集在一起而形成了强大的龙卷风，这个向上升腾的景象，一开始就亨通，可以去毛遂自荐，不要担心，向南边征讨，也是好的征兆。

1 对谶的形象理解与逻辑分析

1.1 图像的形象理解

图中画着草地上生长着三棵大树，画意符合谶"枝发厥荣，为国之栋"之意，画意没有直接表示出谶另两句的意思。

1.2 卦意的逻辑分析

登［升］卦的上卦为川［坤］（为大地、为厚德、为母亲、为慈悲），下卦为筭［巽］（为草木［树木］、为风、为传颂、为长女、为繁荣、为顺从）。

太岁辰土助起应（事物）初爻（地表位、基础位）妻财（能量、富裕、经济）丑土与二爻（地面位、成长位、手位、心理位、转换位）父母（国家、百姓、文化、知识）亥（驿马星、读书、学习、辅助）水会成水局。

伏神在卦中也是一个非常重要的参考要素。

会成的水局生从二爻下出来的兄弟（势能、帮助、厥荣、众多）寅（驿马星、扶助）木（树枝）。

太岁辰土会助二爻（地面位、成长位、手位、嘴位、心理位、转换位）兄弟（势能、帮助）寅（驿马星、读书、学习、扶助）木（栋梁）与五爻（核心位、国家位、君王位、心理位、成功位、控制位、转换位）父母（国家、百姓、文化、知识）亥（驿马星、学习、辅助）水合成兄弟（势能、帮助、团结）木（栋梁）局，且五爻父母亥水为二爻兄弟寅木的长生之地。

即"枝发厥荣，为国之栋"之意。

卦中太岁辰土助起应（事物）初爻（地表位、基层位、百姓位）妻财（富裕、经济、能量）丑土与二爻（地面位、成长位、嘴位、嘴位、腿位、心理位、转换位）父母（国家、文化、知识、素质、百姓、人民、太平、保障）亥（驿马星、读书、学习、熙熙攘攘、流动）水会成父母（国家、百姓、文化、知识、人民、太平、保障）水局。

太岁辰土助起世（我们）三爻（田野位、社会位、道路位、过程位）妻财（富裕、经济、能量）丑土与五爻（核心位、国家位、心理位、成功位、转换位）父母（国家、百姓、文化、知识、人民、太平）亥（驿马星、尊重、熙熙攘攘、流动）水会成父母水局。

两个水局都生从二爻（地面位、成长位、嘴位、嘴位、腿位、心理位、转换位）下出来的兄弟（势能、众多、帮助、人力资源）寅（驿马星、读书、学习、流动）木，兄弟寅木与从四爻（社会位、街道位、过程位）下出来的子孙（生机、健康、百姓、群众）午火（欢乐、热烈、热闹）也合成子孙火局。

即"皞皞熙熙，康乐利众"之意。

袁李两位智者，借图画加谶，实际是在用比喻的方法，而且是非常谨慎、小心隐含地在向李世民述说：

"我们在经济发展的同时，还要注重对百姓的素质教育和科学文化教育，大力培养和提升大唐百姓的知识水平和科学技术能力，要形成一个努力学习的氛围，把我们的子孙后代从一棵棵小树都培养成茁壮的栋梁，这样就可以为我们大唐未来的发展，提供更多可用的栋梁之才。"

"这样，一旦形成一个尊重文化知识，尊重科学技术的学习氛围，就能为我们国家造就更多的人才，对促进经济发展和提升国力，提供了一个人力资源的充分保障，同时也形成了一个良性健康的发展大环境。"

"皇上啊，这样的环境一旦形成，我们的国力就会像登［升］卦描述的龙卷风一样，会迅速提升。"

2 对颂的形象理解与逻辑分析

2.1 图像的形象理解

图中画着草地上生长着三棵大树，画意符合颂"一枝向北一枝东，又有南枝和亦同"和"真有三代之遗风"之意，画意没有直接表示出颂曰另一句里的意思。

2.2 卦意的逻辑分析

卦中太岁辰土助起下（南）卦应（事物）初爻（地表位、基层位、基本位）妻财（能量、富裕、经济）丑土与二爻（地面位、成长位、嘴位、手位、腿位、心理位、转换位）父母（国家、文化、知识、素质、百姓、人民、太平、保障）亥（驿马星、读书、学习、辅助）水会成父母水局。

太岁辰土助起下（北）卦的世（我们）三爻（社会位、过程位）的妻财（能量、富裕、经济）丑土与五爻（核心位、国家位、君王位、心理位、控制位、成功位、转换位）父母（声望、影响力）亥（驿马星、传颂、展开、工作）水会成父母（影响力、名声）水局。

两个水局都生从二爻（地面位、成长位、心理位、手位、转换位）下出来的兄弟（势能、团结、亲和力）寅（驿马星、团结）木（树枝）。

且父母（国家、文化、知识、素质、百姓、人民、太平、保障）亥水为兄弟（势能、团结、亲和力）寅木的长生之地，寅亥合成木（东、树枝）局。

兄弟寅木与从四爻（社会位、过程位）下出来的子孙（生机、发展、健康、百姓）午火（欢乐、热闹）也合成子孙（果实、种子）火局。

即"一枝向北一枝东，又有南枝种亦同"之意。

卦中太岁辰土助起应（事物）初爻（地表位、基层位、百姓位）妻财（富裕、经济、能量）丑土与二爻（地面位、嘴位、腿位、成长位、心理位、转换位）父母（国家、百姓、名声、文化、知识、太平）亥（驿马星、学习、读书、熙熙攘攘、流动、歌唱、阴支、亥在键［乾］宫为宇、为天）水会成父母（国家、百姓、人民、太平、母亲）水局。

太岁辰土助起世（我们）三爻（社会位、道路位、过程位）妻财（富裕、经济、能量）丑土与五爻（核心位、国家位、君王位、心理位、成功位、转换位）父母（国家、知识、文化、人民、太平、母亲）亥（驿马星、读书、学习、熙熙攘攘、流动、歌唱、阴支）水会成父母水局。

两个水局都生从二爻（地面位、嘴位、腿位、成长位、心理位、转换位）下出来的兄弟（势能、众多、亲和力）寅（驿马星、团结、流动、歌唱、3 数）木。

兄弟寅木与从四爻（社会位、街道位、过程位）下出来的子孙（生机、健康、发展、百姓、群众）午火（欢乐、热烈、热闹）也合成子孙火局。

登［升］卦由川［坤］　（地球、厚德、母亲）和箅［巽］（风、传颂）组成。

即"宇内同歌贤母德，真有三代之遗风"之意。

袁李两位智者，借图画加颂，实际也是在用比喻的方法，而且是非常谨慎、小心隐含地在向李世民述说：

"皇上，只要我们紧紧围绕着：

1. 百姓的生活和经济的持续发展；

2. 加强对百姓的素质教育、文化知识和科学技术的培养；

3. 增强民族的凝聚力，使全国百姓形成一个紧密团结的集体。"

"做好以上这三个方面工作，那么我们大唐的国力一定就能很快提升起来，到那时我们大唐所具有的亲和力和影响力就形成了一个非常大的能量。"

"这个能量就像是一种势力和实力，就像是完全伸展开的树枝一样繁茂，能够遮住更大的阴凉。只要皇上您紧紧地抓住这三个主要方面，不用多久就在许多国家和地区，都能听到称颂大唐之厚德的声音，您也会收获这样到处随风传颂的三代美誉。"

"皇上，您一旦这样去做，您的名声也会像登［升］卦中的龙卷风一样，迅速攀升。"

圣叹曰："此主宣宗时张太后用杨士奇、杨溥、杨荣，三人能使天下乂安，希风三代，此一治也。时人称士奇为西杨，溥为南杨，荣为东杨。"

金圣叹的批注，仅作参考，读者可用易学文化的六爻易术理论，自己来分析。

第六节　第三十象：癸巳与井［井］

谶曰：

> 半圭半林，合则生变。
>
> 石亦有灵，生荣死贱。

颂曰：

> 缺一不成也占先，六龙亲御到胡边。
>
> 天心复见人心顺，相克相生马不前。

井［井］（主体现象）

```
━━  ━━  父母子水
━━━━━━  妻财戌土        世
━━  ━━  官鬼申金              伏子孙午火
━━━━━━  官鬼酉金
━━  ━━  父母亥水        应    伏兄弟寅木
━━━━━━  妻财丑土
```

卦象：龙卷风卷水而上的情景

卦辞：（帛书）井，苣邑不苣井，无亡无得，往来井井，

歇至亦未汲井，累其刑垎，凶。

（通行本）井，改邑不改井，无丧无得，往来井井，

汔至亦未繘井，羸其瓶，凶。

现象描述：龙卷风卷着水向上升的过程中，所盘旋的直径渐渐地在扩大，井里的水位也随着地下水位的变化而变化。那么井的位置也应当像龙卷风一样随着城镇的扩大而改变。如果城镇扩大了，

基础设施的井却没有跟着改变，虽然没有失去什么，可也没有得到什么。当人们在旧井打水，把井水都快用干了也没有掏过井，结果从井里提水的时候，井底却碰坏了提水的陶罐瓶，这就是凶的征兆了。

1 对谶的形象理解与逻辑分析

1.1 图像的形象理解

图中画着一只老虎，虎头上有王字条纹，在老虎旁边还有一块棱角分明的大顽石，画意符合谶"半圭半林"和"石亦有灵"之意，画意没有直接表示出谶另两句里的意思。

1.2 卦意的逻辑分析

井［井］卦的上卦为习赣［坎］（为水、为北方），下卦为箅［巽］（为草木、为风、为东南方）。

太岁巳火冲动二爻（地面位、边境位、关口位、腿位、手位、成长位、转换位）父母（自然、国家、政权、军队、部落、人口）亥（驿马星、行动）水。

伏神在卦中也是一个非常重要的参考要素。

伏着的兄弟（势力、众多、团结、联合）寅（虎、驿马星、行动）木（林木、森林、草原）出来与五爻（核心位、国家位、王位、心理位、成功位、控制位、转换位）妻财（能量）戌土半合成子孙（动物、军队、生机）火局。

伏着的兄弟（势力、众多、团结、联合）寅（虎、驿马星、行动）木（林木、森林、草原）出来与二爻（地面位、边境位、关口位、腿位、手位、心理位、成长位、转换位）父母（自然、国家、政权、军队、部落、人口）亥（驿马星、行动）水合成兄弟（势能、势力、联合）木局。

即"半圭半林，合则生变"之意。

五爻（核心位、国家位、心理位、心灵位、脸面位、控制位、转换位）妻财（能量、财富）戌（戌中戊土为石头）土，土既能会官鬼（雄壮、野心、灾难）申酉金，土也能被兄弟（势力、贫穷、亏损、低贱）寅（驿马星、征战）木所克合，还能与兄弟（势力、联合）寅（驿马星、征战）木合成子孙（生机、奴仆、军队、财源）木局。

即"石亦有灵，生荣死贱"之意。

袁李两位智者，借图画加谶，实际是在用比喻的方法，而且是非常谨慎、小心隐含地在向李世民述说：

"皇上，在北方广袤的大草原和原始森林里，居住着很多匈奴胡人，他们这些游牧狩猎的民族，身体异常的彪悍强壮，势力范围也很大。"

"一旦这些游牧狩猎民族的部落联合起来，就会形成一个强大的国家政权和军队，这样的势力凝聚在一起，所具有的能量，就如同是猛虎加顽石，非常的勇猛。"

"那些游牧民族虽说像顽石一样，但他们的心理［心灵］与我们一样，也是非常的精明。虽然到处征战是十分危险的事，但能够扩大自己部落的势力范围，也是非常荣耀的事了。危险与成功是并存的，因此他们也在尽量地避免被别人所灭，否则他们就会被奴役，这对他们来讲，也同样会感到非常卑微和非常低贱。"

"所以，他们在不断制造战争灾难的同时，也在千方百计地想要夺取胜利和成功，其目的就是为了不断扩大自己主权的势力范围。"

2 对颂的形象理解与逻辑分析

2.1 图像的形象理解

图中画意没有直接表示出颂诗句里的意思。

2.2 卦意的逻辑分析

太岁巳（蛇、小龙、6 数）火冲动二爻（地面位、边境位、关口位、手位、心理位、成长位、转换位）父母（国家、民族、军队、主权）亥（驿马星、统帅）水与六爻（关外位、结果位）父母（国家、民族、军队、主权）子水相会。

伏神在卦中也是一个非常重要的参考要素。

伏着的兄弟（势能、势力、众多）寅（寅在辰［震］宫也为龙、驿马星、行动、震动）木出来与父母（国家、军队、主权）亥（驿马星、行动、统帅）水合成兄弟木局。

亥（猪）在 12 个地支（属相）中排在最后一位，不是最先的第 1 位，子（鼠）才是第 1 位，但在井［井］卦所有的六个爻中，二爻（地面位、边境位、关口位、手位、心理位、成长位、转换位）父母（国家、军队、主权）亥水是最先被太岁（皇上）冲动的。

即"缺一不成也占先，六龙亲御到胡边"之意。

太岁巳火冲动二爻（地面位、边境位、关口位、手位、心理位、成长位、转换位）父母（自然、百姓、军队）亥（驿马星、看见）水与六爻（天空位、结果位）父母（自然、百姓）子水相会。

太岁也合动四爻（旷野位、田野位、社会位、过程位）官鬼（雄壮、征伐）申金，伏着的兄弟（势能、势力、众多）寅（驿马星、看见）木和子孙（百姓、人们、生机）午火出来与五爻（核心位、国家位、天心位、君王位、心理位、控制位、转换位）妻财（能量）戌土半合成子孙（百姓、生机、军队）火局。

兄弟（势能、势力、众多）寅（驿马星、行动）木与二爻（地面位、边境位、关口位、成长位、心理位、转换位）父母（百姓、军队）亥（驿马星、看见）水合成兄弟（势能、势力、众多、团结）木局，筹〔巽〕为顺。

即"天心复见人心顺"之意。

子孙（动物、军队、百姓、生机）午火（马）与二爻（地面位、边境位、关口位、腿位、手位、心理位、转换位）父母（国家、主权）亥（驿马星、绊住、前进、后退）水暗合成（势能、势力、众多、团结）木局木局和妻财（能量）土局。

父母（国家、主权）亥水生兄弟（势能、团结、凝聚力）木局，木局又生子孙（动物、军队、百姓、生机）午火，妻财（财富）土局既克父母（国家、主权）亥水，也晦子孙（动物、军队、百姓、生机）午火。

即"相克相生马不前"之意。

袁李两位智者，借图画加颂，实际也是在用比喻的方法，而且是非常谨慎、小心隐含地在向李世民述说：

"皇上，与不同的国家民族相处，不管到了什么时候，对于您来说，国家和民族的主权利益，永远是第一位的，永远是至高无上的。"

"我们可以缺少其他的东西，也可以没有其他的东西，但是绝对不能没有国家与民族，领土与完整的主权。"

"皇上，在您天子的心目中如果坚定地确立了这样的目标，那么您在百姓的心中，就是最伟大的君王，老百姓就会顺从您的。"

"不管我们多么艰难困苦，不管我们损失多少兄弟朋友，也不管我们损失多少物质财富，即使我们的生活和处境像井［井］卦所说的那样艰难，但为了国家的主权和领土的完整，我们决不让一步，也决不后退一步。这样，匈奴胡人的骑兵战马就别想前进一步。"

圣叹曰："此象主张太后崩，权归王振，致有也先之患。其后上皇复辟，石亨自诩首功，卒以恣横伏诛。"

金圣叹的批注，仅作参考，读者可用易学文化的六爻易术理论，自己来分析。

第七节 第三十一象：甲午与泰过［大过］

谶曰：

当涂遗孽，秽乱宫阙。

一男一女，断送人国。

颂曰：

忠臣贤士尽沈沦，天启其衷乱更纷。

纵有胸怀能坦白，乾坤不属旧明君。

泰过［大过］（主体现象）

```
━━  ━━  妻财未土
━━━━━━  官鬼酉金
━━━━━━  父母亥水    世    伏子孙午火
━━━━━━  官鬼酉金
━━━━━━  父母亥水          伏兄弟寅木
━━  ━━  妻财丑土    应
```

卦象：春天夜晚的狂风。

卦辞：（帛书）泰过，栋聋，利有攸往，亨。

（通行本）大过，栋桡，利有攸往，亨。

现象描述：春天夜晚的狂风刮得太猛烈了，把已经成长为栋梁的大树都刮弯了，这个现象有利于有所作为，亨通之象。

1 对谶的形象理解与逻辑分析

1.1 图像的形象理解

图中画着一位年轻的富裕女子，正低着头像是很害怕的样子，在她身后的地上散落着一束农作物，旁边一位既像是一个穷凶极恶之人，正在摩拳擦掌地面对着该女子，又像是一个没穿衣裳的乞丐，正在伸手向女子讨要粮食或食物。

画意颇符合谶"当途遗孽，秽乱宫阙"和"一男一女"诗句里的意思，画意并没有直接表达出谶最后一句诗句里的意思，但画中的年青女子和地上的庄稼，倒挺符合泰过［大过］卦直读成上夺［兑］（小女）和下算［巽］（草木、农作物）的意境。

1.2 卦意的逻辑分析

泰过［大过］卦的上卦为夺［兑］（为月、为泽、为小女），下卦为算［巽］（为风、为长女、为草木、为农作物）。

卦中的三爻（田野位、社会位、庭院位、殿堂位、道路位、途中位、手臂位、过程位）官鬼（孽障、灾难、奸臣）酉金相助五爻（核心位、国家位、君王位、宫廷位、心理位、控制位、转换位）官鬼（灾难、昏君、蛊惑、危险）酉金，并比和。

即"当塗遗孽，秽乱宫阙"之意。

注：塗实为途，塗乃途之谐音。

太岁午火暗合动二爻（地面位、成长位、手位、心理位、转换位）和四爻（田野位、社会位、庭院位、殿堂位、道路位、途中位、手臂位、过程位）的父母（国家、目的、政权）亥水。

伏神在卦中也是一个非常重要的参考要素。

伏着的子孙（生机）午火出来与二爻（地面位、成长位、手位、心理位、转换位）和四爻（田野位、社会位、庭院位、殿堂位、道路位、途中位、手臂位、过程位）的父母（国家、江山、社稷）亥（驿马星、断送）水暗合成兄弟（一男、势力、帮派、损失）木局和妻财（一女、经济、贪污、腐败、祸源）土局。

兄弟（损失、势力、帮派、一男）木局耗泄父母（国家、江山、社稷、政治、安定）亥（驿马星、断送）水。

妻财（经济、贪污、腐败、女人、祸源）土局克父母（国家、江山、社稷）亥（驿马星、断送）水。

即"一男一女，断送人国"之意。

袁李两位智者，借图画加谶，实际是在用比喻的方法，而且是非常谨慎、小心隐含地在向李世民述说：

"皇上，如果在一个国家的宫廷当中，有奸臣当道，蛊惑君王，在各级官吏当中立山头、拉帮派来建立自己的势力范围，那将是非常危险的。这样的派系争斗就会影响国家的政治安定，扰乱国家和社会经济的正常秩序。"

"这种拉帮结派的行为以及所形成的势力，会使政治上各个势力的相互竞争演变为斗争，权力的欲望也很容易造成经济生活中的贪污腐败。说穿了，这既是一种国家政治生命（生机）的腐败，也是一种国家经济生命（生机）的腐败。"

"这样的结果，就会断送黎民百姓对生活的希望，就会最终断送这个国家的江山社稷。"

2　对颂的形象理解与逻辑分析

2.1　图像的形象理解

画意并没有直接表达出颂诗句里的意思。

2.2　卦意的逻辑分析

卦中的子孙（臣子、贤士、生机）午火（火主心、为红、红心、忠心）伏在四爻（社会位、殿堂位、臂膀位、过程位）的父母（国家、江山、社稷、正气）亥（驿马星、沉沦）水之下，并被伏神父母（权利）亥水所克合。

即"忠臣贤士尽沈沦"之意。

太岁（天）午火与六爻（天空位、结果位）妻财（能量、经济、富裕、财富、祸源）未土合成妻财（能量、经济、财富、祸源）土局克二爻（地面位、成长位、心理位、转换位）和四爻

（社会位、殿堂位、过程位）的父母（国家、政权、江山、社稷）亥（驿马星、发展）水。

太岁（天）午火暗合二爻（地面位、门口位、心理位、成长位、转换位）父母（国家、政权、江山、社稷）亥（驿马星、发展）水成兄弟（众多、劫财、损失、浪费）木局和妻财（女人、腐败、祸源）土局。

即"天启其衷乱更纷"之意。

太岁午火暗合动四爻（社会位、胸怀位、过程位）的父母（自然、国家、政权、百姓）亥（驿马星、坦荡）水相助二爻（地面位、嘴位、心理位、转换位）父母（自然、坦荡）亥（驿马星、说明、坦白）水。

即"纵有胸怀能坦白"之意。

太岁（当今皇帝）午火合动的六爻（天空位、结果位）妻财（能量、经济、富裕）未（未在川［坤］宫）土最先克到世（自己）四爻（庭院位、过程位）父母（小家、目的、私欲）亥（驿马星、自私、亥在键［乾］宫）水，而后才克到二爻（地面位、成长位、心理位、转换位）父母（国家、江山、社稷）亥（驿马星、致富、亥在键［乾］宫）水。

即"乾坤不属旧明君"之意。

袁李两位智者，借图画加颂，实际也是在用比喻的方法，而且是非常谨慎、小心隐含地在向李世民述说：

"皇上，一个国家一旦有了各种腐败势力的生存，那么那些坦坦荡荡、一心为国、一心为公、一心为民的贤良忠臣和人士就会受到排挤和打击，导致这个国家失掉正气，整个江山社稷和黎民百姓就没有生机。"

"皇上，大自然的客观规律以及那些最先努力发展经济的先圣和先王们，他们的初衷当时就是为了使天下的老百姓富裕起来，使百姓的生活安定，让他们能过上好日子，让天下的老百姓都对生活充满朝气和希望，让整个江山社稷都具有蓬勃的生机，焕发出壮丽的色彩。"

"可是有一些人却在打着先圣的旗号，在国家富裕起来的同时，相互纠结形成各种腐败的势力，贪污浪费，勾心斗角，这样的目的和行为与先圣的初衷是完全背道而驰的。"

"一个国家一旦有了这样各种结党营私腐败势力的生存，纵然有再多忠臣贤士进谏呼吁，又有什么用呢？"

"皇上，没有国家哪里会有宫中的小家，没有天下的黎民苍生哪里会有君王，所以只有黎民百姓才是君王真正的衣食父母。"

"正因为古代的那些先圣和先贤，从大自然的运行法则中，找出了这些客观的规律，所以他们对这些道理就认识得非常清楚，他们才会明确把百姓的生活放到了第一位去考虑。"

"如果君王是一个自私自利的人，首先会将取之于民的税收用到个人目的和私欲上去，这样的君王首先就会考虑到自己的小家利益，而后才会想起天下的苍生和穷苦的百姓。"

"皇上，一旦出现这样的情况，那么普天之下黎民百姓的生活就会出现危机的局面，国家的江山社稷也就将会被断送。"

"就像直读泰过［大过］卦，凡事不要做得太过了。"

袁天罡和李淳风在此以暗喻的方式提醒君王李世民：

"要时刻保持清醒的头脑，防止被一些官宦所蛊惑，防止一些大臣、诸侯、官吏结党营私出现腐败的局面。"

圣叹曰："此象主天启七年间妖氛漫天，元气受伤。一男一女，指魏忠贤与客氏而言。客氏，僖宗乳母，称奉圣夫人。"

金圣叹的批注，仅作参考，读者可用易学文化的六爻易术理论，自己来分析。

第八节　第三十二象：乙未与隋［随］

谶曰：

> 马迹北阙，犬嗷西方。
>
> 八九数尽，日月无光。

颂曰：

> 杨花落尽李花残，五色旗分自北来。
>
> 太息金陵王气尽，一枝春色占长安。

隋［随］（主体现象）

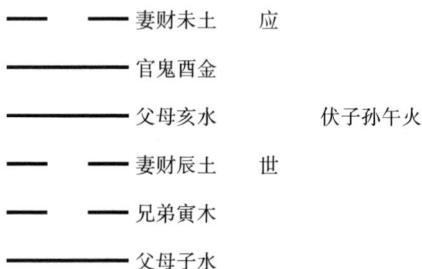

```
———  ———  妻财未土      应
———————  官鬼酉金
———————  父母亥水              伏子孙午火
———  ———  妻财辰土      世
———  ———  兄弟寅木
———————  父母子水
```

卦象：闪电的亮光和雷的响声是前后相随的。

卦辞：（帛书）隋，元亨，利贞，无咎。

（通行本）随，元亨，利贞，无咎。

现象描述：闪电的亮光与雷的响声是前后相随的。这样的情景，就像男人在追求女子时，以及丈夫在管理、呵斥小妾，让她听话时的情景一样。这样的情景开始就好，是亨通有利的征兆，不会错。

1　对谶的形象理解与逻辑分析

1.1　图像的形象理解

图中画着在一堵墙的大门里，站着一匹两眼长在正前方的马，正在注视着前方，马没有拴起来，有随时能冲出来的意思。

画意颇符合谶"马迹北阙"之意，画意并没有直接表达出谶另外诗句里的意思，但画中大门里站着一匹马也挺符合直读隋［随］卦上夺［兑］（关口、大门、嘴）下辰［震］（骏马、战马、震动、战斗）的意境。

1.2 卦意的逻辑分析

隋［随］卦的上卦为夺［兑］（为关口、为大门、为嘴），下辰为［震］（为骏马、为战马、为震动、战斗）。

卦中四爻（旷野位、田野位、过程位）父母（自然、国家、政权、宫阙、房子）亥（驿马星、准备）水（北方）下伏着子孙（动物、军队、生机）午火（马）。

即"马迹北阙"之意。

太岁未土助起应（事物）六爻（关外位、结果位）妻财（能量、祸源）未土合动四爻（旷野位、田野位、过程位）父母（自然、国家、政权）亥（驿马星、准备）水。

伏神在卦中也是一个非常重要的参考要素。

伏着的子孙（动物、军队、生机）午火出来与二爻（地面位、边境位、关口位、心理位、嘴位、成长位、转换位）兄弟（势力）寅（驿马星、嗷吠）木合成子孙（动物、军队、生机）火局克五爻（核心位、国家位、君王位、控制位、转换位）官鬼（控制、灾难、危险）酉金（西方）。

寅午戌三合火局，虽然卦中无戌（犬）支，但寅午戌三合火局里有戌（犬）支，作者在此恰恰就用这个没有上卦的狗来比喻凶恶的北方匈奴胡人正在等待时机，而且在寅（虎）午（马）戌（狗）中，也只有戌（狗）害酉（西方）。

即"犬嗷西方"之意。

四爻（旷野位、田野位、过程位）父母（自然、国家、政权、百姓）亥水合克伏着的子孙（生机、百姓、健康）午火（日、光芒）。

五爻（核心位、国家位、君王位、控制位、转换位）官鬼（危险、灾难、死亡）酉（10 数、酉在夺［兑］宫为月）金。

八九数尽就是指 8、9 之后的 10 数，即"八九数尽，日月无光"之意。

袁李两位智者，借图画加谶，实际是在用比喻的方法，而且是非常谨慎、小心隐含地在向李世民述说：

"皇上，北方匈奴政权一直在暗中招兵买马，扩充军备，积蓄着自己的实力，目的就是在等待着时机。"

"他们一直都在紧盯着边关以内我们的国土，时刻威胁着我大唐的江山。一旦我们大唐的国力出现了任何衰退腐朽的迹象，那么北方匈奴国家就会牢牢抓住时机，进攻我大唐。"

"到那个时候，他们给我们国家和黎民所带来的战争灾难，就会像日月无光一样。所以从现在的种种迹象和隋［随］卦就可以看出，我们将来的危险一定会来自北方的匈奴政权。"

2　对颂的形象理解与逻辑分析

2.1　图像的形象理解

画意并没有直接表达出颂诗句里的意思。

2.2　卦意的逻辑分析

四爻（旷野位、田野位、过程位）父母（自然、国家、政权）

亥水合克伏着的子孙（生机、规律、秩序）午火（花朵、杨花）。

四爻（旷野位、田野位、过程位）父母（自然、国家、政权）亥水耗泄五爻（核心位、国家位、君王位、控制位、转换位）官鬼（危险、灾难、死亡）酉金（李花）。

即"杨花落尽李花残"之意。

太岁未土助起三爻（旷野位、田野位、过程位）妻财（能量、实力）辰（5数）土会二爻（地面位、成长位、手位、腿位、转换位）兄弟（势能、众多、团结）寅（驿马星、举着、进攻）木成木局。

木局生从四爻（旷野位、田野位、道路位、臂膀位、过程位）父母（自然、国家、政权）亥（驿马星、出发、进攻）水（北方）下出来的子孙（军队、生机）午火（旗帜）。

即"五色旗分自北来"之意。

太岁未土助起三爻（社会位、殿堂位、鼻子位、身体位、过程位）妻财（能量、祸源）辰土（酉金之墓地、金陵）与五爻（核心位、国家位、君王位、控制位、转换位）官鬼（灾难、死亡、灭亡）酉金合成官鬼（灾难、死亡）金局。

即"太息金陵王气尽"之意。

太岁未土助起三爻（社会位、殿堂位、鼻子位、身体位、过程位）妻财（能量、实力）辰（季春）土。

由三爻（旷野位、田野位、社会位、手臂位、过程位）妻财（能量、实力）辰土拉着二爻（地面位、边境位、关口位、手位、腿位、成长位、转换位）兄弟（势力、众多）寅（驿马星、占领、初春）木相会到五爻（核心位、国家位、中心位、首都位、长安位、转换位）官鬼（灾难、占领、灭亡）酉金。

即"一枝春色占长安"之意。

袁李两位智者，借图画加颂曰，实际也是在用比喻的方法，而且是非常谨慎、小心隐含地在向李世民述说：

"皇上，杨花落尽李花残是大自然的客观规律，不管到了什么时候，将来能夺取我们大唐李家天下的，一定会是北方匈奴政权的军队。"

"将来真到了那个时候，不管是谁能攻占我们长安，夺取掌握我们的政权，那么他们的政权和军队的能量，一定会比我们大唐之政权军队的实力要强，要更有朝气。否则他们就没有实力能攻占我们的长安，能夺取我们大唐的天下。"

圣叹曰："此象主李闯、张献忠扰乱中原，崇祯投缳梅山，福王偏安不久，明祀遂亡。颂末句似指胡后，大有深意。"

金圣叹的批注，仅作参考，读者可用易学文化的六爻易术理论，自己来分析。

第七章　箅［巽］宫八个卦中的太岁

第一节　第三十三象：丙申与箅［巽］

讖曰：

> 黄河水清，气顺则治。
>
> 主客不分，地支无子。

颂曰：

> 天长白瀑来，胡人气不衰。
>
> 藩篱多撤去，稚子半可哀。

筭［巽］（主体现象）

```
━━━━━━━━  兄弟卯木      世
━━━━━━━━  子孙巳火
━━━  ━━━  妻财未土
━━━━━━━━  官鬼酉金      应
━━━━━━━━  父母亥水
━━━  ━━━  妻财丑土
```

卦象：大风的运动就像是蛇在行走和它舌头的运动一样。

卦辞：（帛书）筭，小亨，利有攸往，利见大人。

（通行本）巽，小亨，利有攸往，利见大人。

现象描述：大风运动的速度非常迅猛，就像蛇和它的舌头在运动一样。这样的情景，就像是做小事时速战速决而亨通的情景一样，既有利于去做事，也有利于毛遂自荐。

1 对谶的形象理解与逻辑分析

1.1 图像的形象理解

图中画着在一条大船中坐着许多人，可船在没有人划桨的情况下却还能在水面上迎着风行使，船上插着的八面旗帜也在迎风飘扬。

画意颇符合谶"黄河水清"和"气顺则治"之意，画意并没有直接表达出谶其他诗句里的意思。但画中的这条大船在迎风行使，也倒符合直读筭［巽］卦上下都为筭［巽］（为蛇、为风、为船、为飞舞、为飘扬）的意境。

1.2 卦意的逻辑分析

筭［巽］为六冲卦，上下都为筭［巽］（为蛇、为风、为船、为飞舞、为飘扬）。

太岁申金合五爻（核心位、国家位、君王位、心理位、控制位、成功位、转换位）子孙（生机、百姓、文化法则、文化秩序、文化规律）巳（驿马星、生长）火成父母（国家、百姓、文化、太平、成功）水局（黄河、母亲河）助二爻（地面位、成长位、嘴位、心理位、手位、腿位、转换位）父母（国家、百姓、文化、太平、成功）亥（驿马星、流淌、行使、治理、通畅、尊重）水。

太岁申金合动五爻（核心位、国家位、君王位、心理位、控制位、成功位、转换位）子孙（生机、百姓、法则、规律、秩序）巳（驿马星、治理）火与三爻（田野位、社会位、手臂位、过程）官鬼（管理、治理、约束、控制）酉金（白色）合成官鬼（管理、治理、约束、控制）金局（白色、清）生二爻（地面位、成长位、心理位、嘴位、腿位、转换位）父母（国家、百姓、文化、太平、成功）亥（驿马星、流淌、行使、治理、通畅、尊重）水，筭［巽］卦上下都为筭［巽］（为风、为气、为顺）。

即"黄河水清，气顺则治"之意。

筭［巽］为六冲卦，上（为北方、为内卦、为主）下（为南方、为外卦、为客）都为筭［巽］（为风、为船、为飞舞、为飘扬），卦中无父母（国家、百姓、文化、政权、军队）子水（北方文化）。

即"主客不分，地支无子"之意。

袁李两位智者，借图画加谶，实际是在用比喻的方法，而且是非常谨慎、小心隐含地在向李世民述说：

"皇上，在将来，一旦北方的匈奴政权控制了我们汉人的天下，在顶风行船的环境下，还能够成功地将我们汉人治理的话，那只能是尊重了我们母亲河——黄河流域的优秀文化，也一定是用这个统一文化共识作为纽带，那样对我们汉人来说，气自然就会慢慢顺畅了，也自然就好治理了。"

"到那时，北方的百姓与南方的百姓都共同生活在一个国家里，时间一长，南北文化便会慢慢地统一融为了一体，百姓们的生活自然也就慢慢地安定了，也就其乐融融了。"

"到那时，哪里还分什么我们是主人，他们是客人了。在百姓的心目当中，北方匈奴之国也就慢慢地没有了，也就慢慢地消失了。"

"这就是中国龙文化在巽［巽］卦"巳火"为"心顺"之意的具体表现。"

2 对颂的形象理解与逻辑分析

2.1 图像的形象理解

画意并没有直接表达出颂诗句里的意思。

2.2 卦意的逻辑分析

太岁申金合动五爻（核心位、国家位、天位、高位、王位、心理位、控制位、成功位、转换位）子孙（生机、百姓、文化法则、文化秩序、文化规律、聪明智慧）巳（驿马星、生长）火与三爻（田野位、社会位、手臂位、过程位）官鬼（野蛮、彪悍、管理、治理、约束、控制）酉金（白色、金戈、砍刀）和初爻（地表位、基层位、百姓位）妻财（能量）丑土合成官鬼（管理、治理、约束、控制）金局（白色、金戈、砍刀）生旺二爻（地面位、嘴位、心理位、成长位、转换位）父母（国家、百姓、文化、教育、太平、成功）亥（驿马星、流淌、行使、治理、通畅、尊重、亥在键［乾］宫为天、为头脑）水在筭［巽］（为风、为气、为顺）卦。

即"天长白瀑来，胡人气不衰"之意。

太岁申金合动六爻（关外位、结果位）兄弟（势能、帮助、朋友、众多）卯木（篱笆）与二爻（地面位、边境位、关口位、心理位、手位、腿位、篱笆位、成长位、转换位）父母（国家、百姓、文化、教育、太平、成功）亥（驿马星、撤离）水合成兄弟（势能、帮助、朋友、众多）木局。

即"藩篱多撤去"之意。

太岁申金合动五爻（核心位、国家位、君王位、心理位、成功位、控制位、转换位）子孙（生机、百姓、文化法则、文化秩序、文化规律）巳（驿马星、生长）火既与三爻（田野位、社会位、手臂位、过程位）官鬼（管理、治理、约束、控制、灾难、冲突、涣散）酉金（金戈）和初爻（地表位、基层位、百姓位）妻财（能量）丑土合成官鬼（管理、治理、约束、控制、冲突、灾难）金局（金戈、刀剑）克世（我们）六爻（高而无位）兄弟（势力、损失、不团结）卯木。

太岁申金合动五爻（核心位、国家位、君王位、心理位、成功位、控制位、转换位）子孙（生机、百姓、文化法则、文化秩序、文化规律）巳（驿马星、生长）火也冲开二爻（地面位、关口位、成长位、心理位、转换位）父母（国家、政权、百姓、文化、太平、成功）亥（驿马星、国策、体制、亥在键［乾］宫为自强不息）水不与四爻（田野位、社会位、道路位、过程位）妻财（能量、利益、富裕、食物）未（未在川［坤］宫为厚德载物）土相合。

五爻（核心位、国家位、君王位、心理位、成功位、控制位、转换位）却在争会四爻（田野位、社会位、道路位、过程位）妻财（能量、财富）未土。

即"稚子半可哀"之意。

袁李两位智者，借图画加颂，实际也是在用比喻的方法，而且是非常谨慎、小心隐含地在向李世民述说：

"皇上，将来匈奴胡人的军队一旦手持砍刀和金戈，从遥远的天边北方像瀑布一样地铺天盖地而来，占领我们汉人的天下。如果他们掌握了政权，将我们汉人治理得服服帖帖，原因就一定是他们并不只具有彪悍和野蛮的特点，他们的头脑也是非常聪明智慧的，他们也一定是利用了博大精深的中国龙文化，感动了华夏后人，从而统治了我们华夏后人，如果是那样，那就足能说明他们的气数也是很旺盛的。"

"到时候，他们一旦让老百姓感到和接受的管理和教育，都是我们炎黄子孙的龙文化，那么原本在老百姓心里像篱笆一样的戒备心理，也就会自动消除了。"

"皇上，将来不论是哪一个汉人的皇帝在执政，如果他在治理自己江山社稷的时候，一旦将老百姓的利益与国家政权和体制给对立了起来，那么老百姓的心里就不会信任那些个官府，就不会信任这个国家，就不会信任那个皇帝，就必然会激发矛盾和导致冲突，人心就会涣散，那不是恰好就给北方匈奴胡人的军队提供了一个难得的机会了吗？"

"这样的汉人皇帝，充其量也只像是一个稚嫩半大的孩子，而没有学到中国文化中自强不息和厚德载物的精髓，那样的皇帝能不将自己的江山和社稷拱手让给别人吗？这样的皇帝也实在是可悲和可哀。"

"这就是匈奴胡人能将我们中国龙文化中的箅［巽］卦，"巳火"为"心顺"的精髓，具体地应用到治理我们汉人的实践中去的原因了。"

圣叹曰："此象乃满清入关之征。反客为主，殆亦气数使然，非人力所能挽回欤。辽金而后，胡人两主中原，璜璜汉族对之得毋有愧？"

金圣叹的批注，仅作参考，读者可用易学文化的六爻易术理论，自己来分析。

第二节　第三十四象：丁酉与少蓺［小畜］

谶曰：

> 头有发，衣怕白。
>
> 太平时，王杀王。

颂曰：

> 太平又见血花飞，五色章成裹外衣。
>
> 洪水滔天苗不秀，中原曾见梦全非。

少蓺［小畜］（主体现象）

———————	兄弟卯木	
———————	子孙巳火	
——　　——	妻财未土	应
———————	妻财辰土	伏官鬼酉金
———————	兄弟寅木	
———————	父母子水	世

卦象：积雨云的积聚形成过程。

卦辞：（帛书）少菽，亨，密云不雨，自我西茭。

（通行本）小畜，亨，密云不雨，自我西郊。

现象描述：微风带着积雨云正在向一起积聚，这样的景象好啊，积雨云在积聚的过程中不会下雨，只是从我所在城池的西边方向的郊外上空，慢慢地积聚了过来。就像能量的积聚需要一个过程一样。

1　对谶的形象理解与逻辑分析

1.1　图像的形象理解

图中上方画的是在一片水洼之中生长的茂密的芦苇丛，图下方则是在水洼岸边堆着几具尸骨，画意符合谶曰"王杀王"之意。

画意并没有直接表达出谶其他诗句里的意思，但画中芦苇丛在上，干尸骨在下的画意，却符合直读少菽［小畜］卦上为筭［巽］（为草木）下为键［乾］（为干）的意境。

1.2　卦意的逻辑分析

少菽［小畜］卦的上卦为筭［巽］（为草木、为风、为顺），下卦为键［乾］（为干、为天、为王者）。

太岁酉金合动三爻（身体位、过程位）妻财（能量、营养、食物）辰土（湿土）会六爻（头顶位、头发位）兄弟（势能、众多、损失）卯木（草木、农作物、头发）和二爻（地面位、头皮位、生长位、转换位）兄弟（势能、众多、损失）寅（驿马星、生长）木成兄弟（众多）木局（头发）。

即"头有发"之意。

太岁（皇上）酉金合动三爻（田野位、社会位、肚子位、手臂位、过程位）妻财（能量、食物）辰土（水库、水洼、岸上）。

伏神在卦中也是一个非常重要的参考要素。

伏着的官鬼（灾害、灾难、战乱、屠杀、死亡）酉金（刀枪、戟戈）出来冲六爻（结果位）兄弟（势力、损失、竞争、不团结）卯木。

伏神出来克二爻（地面位、成长位、小王位、诸侯位、臣子位、嘴位、手位、腿位、心理位、转换位）兄弟（势力、损失、竞争、不团结）寅（驿马星、煽动、冲撞、竞争）木。

伏神出来也与五爻（核心位、国家位、君王位、心理位、控制位、转换位）子孙（生机、后代、军队）巳（驿马星、竞争）火合成官鬼（灾难、战乱、屠杀、死亡）金（白色）局。

伏神出来还生旺初爻（地表位、开始位、基层位、百姓位）父母（自然、国家、百姓、军队、政权、目的、衣服）子水去刑六爻（结果位）兄弟（势能、损失、竞争、不团结）卯木，克五爻（核心位、国家位、君王位、心理位、控制位、转换位）子孙（生机、生命、后代、军队）巳火。

即"衣怕白"之意。

太岁酉金合动三爻（旷野位、田野位、战场位、社会位、身体位、手臂位、过程位）妻财（能量、祸源）辰土与初爻（地表位、基层位、百姓位）父母（国家、百姓、太平）子水合成父母（太平）水局。

合成的父母（太平）水局生旺二爻（地面位、成长位、小王位、诸侯位、手位、心理位、转换位）兄弟（势力、损失、不团结）寅（驿马星、竞争、屠杀）木与五爻（核心位、国家位、君王位、心理位、控制位、转换位）子孙（生机、生命、后代）巳（驿马星、争夺）火相刑。

即"太平时，王杀王"之意。

袁李两位智者，借图画加谶，实际是在用比喻的方法，而且是非常谨慎、隐晦地在向李世民述说：

"皇上，人的头发生长的好坏，完全取决于身体对食物营养的摄取，大自然中的植被和农作物也一样，完全依赖于自然环境在生长。"

"国家在太平时期，最怕遇到自然灾害。一旦遇到特大自然灾害，农作物的收成就会出现危机，皇上和国家就得想尽一切办法帮助百姓抗灾，共同度过自然灾害所造成的灾难，否则会民不聊生，怨声载道。"

"更可怕的是在这种危机的时刻，君王的弟兄们或是各路诸侯很可能会因对君主不满，而与地方割据势力联系起来，以争权夺利为目的，利用大自然的灾害，煽动起不明真相的老百姓，从而发动叛乱。这样就会直接威胁到君王的政权，百姓的生机以及国家的太平。"

"皇上，少薮［小畜］卦中说得就很明白，能量是慢慢地积聚形成的，您可得密切注意各种自然灾害和各地的诸侯势力。"

2 对颂的形象理解与逻辑分析

2.1 图像的形象理解

画意符合颂"太平又见血花飞"和"洪水滔天苗不秀"之意，画意并没有直接表达出颂其他诗句里的意思。

2.2 卦意的逻辑分析

太岁酉金合动三爻（旷野位、田野位、战场位、社会位、身体位、手臂位、过程位）妻财（能量）辰（5数）土与初爻（地表位、基层位、百姓位）父母（国家、百姓、太平、衣服、章程、檄文、目的、正义）子水合成父母水局。

合成的父母水局生旺二爻（地面位、成长位、小王位、诸侯位、手位、心理位、嘴位、转换位）兄弟（势力、损失、凝聚、团结）寅（驿马星、裹着、竞争、口号、打着、征讨）木刑五爻（核心位、国家位、君王位、心理位、控制位、转换位）子孙（生机、后代、军队、百姓）巳（驿马星、争位）火（红色、血花、旗帜）。

即"太平又见血花飞，五色章成裹外衣"之意。

注：章成实为章程，成乃程之谐音。

太岁酉金合动三爻（旷野位、田野位、手臂位、过程位）妻财（能量）辰土与初爻（地表位、基层位、百姓位）父母（自然、国家、百姓）子水合成父母（自然、军队、政权）水局刑六爻（结果位）兄弟（势力、损失、散沙）卯木（禾苗）。

合成的父母（自然、军队、政权）水局克五爻（核心位、国家位、中原位、君王位、心理位、控制位、转换位）子孙（百姓、军队、后代、生机）巳（驿马星、做梦）火。

被生旺的二爻（地面位、成长位、诸侯位、小王位、手位、心理位、转换位）兄弟（势力、损失、团结、散沙）寅（驿马星、争位、屠杀）木又刑五爻（核心位、国家位、君王位、心理位、控制位、转换位）子孙（生机、后代、军队、百姓）巳（驿马星、做梦）火。

即"洪水滔天苗不秀，中原曾见梦全非"之意。

袁李两位智者，借图画加颂，实际也是在用比喻的方法，而且是非常谨慎、小心隐晦地在向李世民述说：

"皇上，如果他们在国家内部发动叛乱，目的就很明确了，他们一定会名正言顺地先打出一个表面非常正义的口号和旗帜，发布一个讨伐昏君的正义檄文和章程，以隐藏他们丑陋的目的，来蒙蔽天下不明真相的百姓。"

"类似大面积洪水那样的自然灾害，再加上那些居心叵测之人所挑起的战乱，很容易就会使我们的中原大地陷入失却凝聚力，一盘散沙的局面。那样，广大百姓就会再一次陷入到过去曾经多次发生过的像噩梦一样的生活。"

"皇上，所以不论是哪一个君主执政，都要把老百姓的生活放到第一位。除了要具备应对和抗击洪水那样的自然灾害等突发事件的能力，还要像小蓄［小畜］卦所说的，密切注意自己的弟兄或是地方诸侯势力的膨胀，一旦各种不利的因素都积聚到了一起，都将是一个噩梦一样的后果。”

圣叹曰：“证已往之事易，推未来之事难；然既证已往，不得不推及将来。吾但愿自此以后，吾所谓平治者幸而中，吾所谓不平治者幸而不中；而吾或可告无罪矣。此象疑遭水灾，或兵戎与天灾共见，此一乱也。”

金圣叹的批注，仅作参考，读者可用易学文化的六爻易术理论，自己来分析。

第三节　第三十五象：戊戌与家人［家人］

谶曰：

> 西方有人，足踏神京。
>
> 帝出不还，三台扶倾。

颂曰：

> 黑云黯黯自西来，帝子临河筑金台。
>
> 南有兵戎北有火，中兴曾见有奇才。

家人［家人］（主体现象）

———————— 兄弟卯木

———————— 子孙巳火　　　应

——　—— 妻财未土

———————— 父母亥水　　　　　伏官鬼酉金

——　—— 妻财丑土　　　世

———————— 兄弟卯木

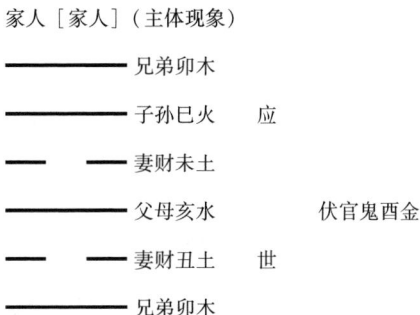

卦象：旺燃着的柴火，灌木荆棘丛形成的自然篱笆和栅栏
　　　　里面生活着的动物。

卦辞：（帛书）家人，利女贞。

　　　　（通行本）家人，利女贞。

现象描述：旺燃着的柴火，既像女人在烧火做饭的情景一样，
又像模仿灌木荆棘林带而修建的栅栏、院墙，有利于一家人的生
活一样。这样的情景，特别有利于自己家中的女人，是热闹、安
全、有利的征兆。

1　对谶的形象理解与逻辑分析

1.1　图像的形象理解

图中画着三位扛着弓正要进城的人，画中的三人符合谶曰
"三台扶倾"之意，画意并没有直接表达出谶曰其他诗句里的意
思，画中的城墙、三人也符合家人［家人］卦上巽［巽］（院墙、
城墙）下罗［离］（3 数）的直读形象。

1.2　卦意的逻辑分析

家人［家人］卦的上卦为巽［巽］（为风、为墙），下卦为罗［离］（为日、为火）。

太岁戌土（太极、大自然的运动法则与规律）旺刑起二爻（地面位、成长位、腿位、心理位、转换位）妻财（能量、财富）丑土和四爻（旷野位、社会位、过程位）妻财（能量、财富）未土，分别会合动三爻（旷野位、社会位、过程位）父母（自然、国家、社会、人们、军队）亥（驿马星、运行、发展、踏步）水。

伏神在卦中也是一个非常重要的参考要素。

伏着的官鬼（灾难、匪盗、战祸）酉金（西方）出来与二爻（地面位、边境位、关口位、腿位、转换位）妻财（能量、财富）丑（丑为金之墓地、能生旺酉金）土合成官鬼（灾难、匪盗、战祸）金局。

伏着的官鬼（灾难、匪盗、战祸）酉金（西方）出来冲初爻（地表位、脚位、基层位、百姓位）兄弟（势力、损失、贫穷、竞争）卯木。

伏着的官鬼（灾难、匪盗、战祸）酉金（西方）出来也与五爻（核心位、国家位、京都位、转换位）子孙（生机、百姓、军队、规律）巳（驿马星、竞争、攻占、侵略）火相合成官鬼（灾难、匪盗、战祸）金局。

即"西方有人，足踏神京"之意。

太岁戌土旺刑起二爻（地面位、关口位、腿位、心理位、转换位）妻财（能量）丑土与五爻（京都位、帝王位、心理位、转换位）子孙（生机、后代、军队、规律）巳（驿马星、率领、战斗、出去、逃亡）火相合成官鬼（灾难、战祸、害怕、死亡）金局。

即"帝出不还"之意。

太岁戌土合动初爻（地表位、基层位、百姓位）六爻（结果位）的兄弟（势能、团结、凝聚）卯木与三爻（社会位、殿堂位、手臂位、过程位）父母（国家、政权、文化、教育、太平、军队）亥（驿马星、团结、教育）水和四爻（社会位、殿堂位、臂膀位、过程位）妻财（能量、富裕）未土合成兄弟（势能、团结、凝聚、帮助、扶持）木局（木在辰［震］宫、为3数）。

三合成的兄弟木局生应（事物）五爻（核心位、国家位、君王位、心理位、转换位）子孙（生机、后代、人民、百姓、军队）巳（驿马星、宣传、教育）火。

三合成的兄弟木局在有应（事物）五爻（核心位、国家位、君王位、心理位、转换位）的上卦。

即"三台扶倾"之意。

袁李两位智者，借图画加谶，实际是在用比喻的方法，而且是非常谨慎、隐晦地在向李世民述说：

"皇上，我们除了要防备北方的匈奴政权以外，还要注意防备来自我们国土西方的危险。"

"在大自然的时光运行过程中，所有国家都在向前运行和发展，这是一个大自然的客观规律。总有一天，西方的财力和能量也会比我们强大，到那时，来自西方国家的军队，会凭借他们强大的实力，来侵略我们的国土，攻占我们的京都。"

"在我们的子孙后代中，也会有君主，或是率领军队去战斗抵抗，或是因为害怕而逃亡，最终渺无音信的人。"

"所以皇上啊，我们要想领土不被外来强敌侵略，国家政权不被强敌倾覆，我们的子孙后代永远不要忘记以下三个方面的重要工作：

1. 提高国家的经济实力，形成强大的经济能量；

2. 提升百姓的素质、文化知识和科学技术水平；

3. 以宣传教育来增强国家民族的凝聚力，使全国形成一个紧密团结的集体。"

"我们的子孙后代如果以上述这三个重要方面作为国家主权的保障，就在全国上下形成了一股能量强大的合力。今后不管到哪一代的帝王将相执政，我们江山社稷和国力一定会是强大的。那时，谁还敢轻易地侵略我们的国土，谁还能轻易地颠覆我们华夏的政权？"

注：三台在中国古文化中是一组有科学文化、文职、稳重、辅助、正直、贵气的星。

"皇上啊，如果这样的话，不管到了什么时候，我们的百姓都会像家人［家人］卦所说的那样，会其乐融融地生活。"

2 对颂的形象理解与逻辑分析

2.1 图像的形象理解

图中画着的城墙符合颂"帝子临河筑金台"之意，画意并没有直接表达出颂其他诗句里的意思。

2.2 卦意的逻辑分析

太岁戌土旺刑起二爻（地面位、成长位、腿位、转换位）妻财（能量、财富）丑土会动三爻（半天空位、社会位、过程位）父母（自然、国家、政权、军队）亥（驿马星、侵略、踏步）水。

伏神在卦中也是一个非常重要的参考要素。

伏着的官鬼（灾难、匪盗、战祸）酉金（西方）出来与二爻（地面位、成长位、腿位、转换位）妻财（能量、财富）丑土合成官鬼（灾难、匪盗、战祸）金局（西方）生旺三爻（半天空位、社会位、过程位）父母（自然、国家、政权、军队）亥（驿马星、侵略、踏步）水（黑色、乌云）来冲五爻（天空位、国家位、京都位、转换位）子孙（生机、百姓、军队、规律）巳（驿马星、攻占、侵略）火。

即"黑云黯黯自西来"之意。

太岁戌土旺刑起二爻（地面位、边境位、关口位、手位、腿位、心理位、转换位）妻财（能量）丑土和四爻（旷野位、社会位、过程位）妻财（能量）未土，分别会合动三爻（旷野位、战场位、社会位、手臂位、过程位）父母（人们、国家、政权、军队、保护）亥（驿马星、修筑、抵抗、战斗）水（河流、边境）。

伏着的官鬼（灾难、匪盗、战祸）酉金出来与二爻（地面位、边境位、关口位、手位、腿位、心理位、转换位）妻财（能量）丑土和五爻（核心位、国家位、帝王位、心理位、控制位、转换位）子孙（生机、后代、儿子、军队）巳（驿马星、修筑、战斗、逃亡）火合成官鬼（灾难、匪盗、灭亡）金局（金台）。

即"帝子临河筑金台"之意。

上（北）卦中有五爻子孙（生机、军队）巳（驿马星、战斗）火，下（南）卦中有三爻父母（军队、兵戎）亥（驿马星、战斗）水，三爻父母（国家、军队、兵戎）亥（驿马星、战斗）水冲五爻（核心位、国家位、帝王位、转换位）子孙（生机、百姓、军队）巳（驿马星、战斗）火。

即"南有兵戎北有火"之意。

四爻（过程位）妻财（能量、经济、富强）未土（燥土不生官鬼酉金），既能会五爻（核心位、国家位、王位、心理位、转换位）子孙（生机、百姓、军队、规律）巳（驿马星、发展）火成子孙（生机、规律）火局（爱国热情）。

四爻（过程位）妻财（能量、经济、富强）未土也能与三爻（过程位）父母（国家、民主、政权、文化、教育、太平、军队）亥（驿马星、宣传、教育）水和初爻（地表位、基层位、百姓位）六爻（结果位）的兄弟（团结、帮助、辅助）卯木合成兄弟（势力）木局。

合成的兄弟（势力）木局生五爻（核心位、国家位、转换位）子孙（生机、百姓、军队、规律）巳（驿马星、保护、生存）火。

四爻（过程位）妻财（能量、经济、富强）未土还能冲旺二爻（地面位、成长位、转换位）妻财（能量、经济、富强）丑土与五爻（核心位、国家位、转换位）子孙（生机、百姓、军队、规律）巳（驿马星、保护、生存）火相合。

即"中兴曾见有奇才"之意。

袁李两位智者，借图画加颂，实际也是在用比喻的方法，而且是非常谨慎、隐晦地在向李世民述说：

"皇上，在我们子孙后代中，不管到了那一代帝王将相执政，如果不注重经济建设，不提高全民的素质教育、文化知识和科学技术水平，不增强国家民族的凝聚力，等西方强大的国家政权和军队势力侵略我们，再加南北到处都有烽火叛乱之事，在此内忧外患之际，即使帝王亲自率领自己的子民在边境筑起钢铁的城墙，又有什么用呢？"

"所以皇上啊，如果我们将来的子孙后代要想做到防患于未然，就必须全面提高国家经济实力，以国家政权具有的强大经济能量为中心纽带，带动国家的军事实力和百姓的爱国热情。"

"到那时，我们的子孙后代以提高百姓的素质教育、文化知识和科学技术的发展为先导，以国家强大的经济能量为后盾，以宣传教育来增强国家民族的凝聚力，全国凝聚成一个紧密团结，奋发向上的集体团队。谁还敢侵略我们的华夏大地，谁还能颠覆我们华夏的政权。"

"皇上啊，如果这样的话，不论到什么时候，我们华夏大地上的百姓，就都会像是家人［家人］卦所说的那样，会其乐融融地生活。"

圣叹曰："此象疑有出狩事，亦乱兆也。"

金圣叹的批注，仅作参考，读者可用易学文化的六爻易术理论，自己来分析。

第四节　第三十六象：己亥与益［益］

谶曰：

> 纤纤女子，赤手御敌。
>
> 不分祸福，灯光蔽日。

颂曰：

> 双拳旋转乾坤，海内无端不靖。
>
> 母子不分先后，　西望长安入觐。

益 [益]（主体现象）

——————————— 兄弟卯木　　应

——————————— 子孙巳火

——————　　—— 妻财未土

——————　　—— 妻财辰土　　世　　伏官鬼酉金

——————　　—— 兄弟寅木

——————————— 父母子水

卦象：云在积聚，云海在移动以及湿地植被的变化。

卦辞：（帛书）益，利用攸往，利涉大川。

　　　　（通行本）益，利有攸往，利涉大川。

现象描述：风起云涌，实际是积雨云的能量在向一起汇聚增加，这样的情景，预示着湿地干旱的局面马上就要解除了。就像国家有了好的政策，就具有了活力，就有利于百姓有大的作为，去干大的事业一样。

1　对谶的形象理解与逻辑分析

1.1　图像的形象理解

图中画着一位女子身着铠甲战袍，骑着骏马向左（西）边行走，前面一个丫环提着灯笼在引路，一位男子跪在路旁既像是在觐见，又像是在迎接她们。

画意符合谶曰"纤纤女子，赤手御敌"和"灯光蔽日"之意，画意并没有直接表达出谶另一诗句里的意思，画中上面的女人和下面的男人，可直读成益［意］卦的上卦箄［巽］（长女）和下卦辰［震］（男人、骏马）。

1.2 卦意的逻辑分析

益［益］卦的上卦为箄［巽］（为风、为长女、为东南方），下卦为辰［震］（为长男、为骏马、为震动）。

太岁亥水合动四爻（旷野位、社会位、臂膀位、过程位）妻财（能量、女子、经济、富裕）未土和六爻（结果位）兄弟（势能、势力、团结、帮助）卯木合成兄弟（势能、势力、团结、帮助）木局。

太岁亥水合动二爻（地面位、边境位、关口位、手位、成长位、心理位、转换位）兄弟（势能、势力、团结、帮助）寅（驿马星、对抗、抵御）木和六爻（结果位）兄弟卯木与三爻（旷野位、社会位、手臂位、过程位）妻财（能量、女子、经济、富裕）辰土会成兄弟（势能、势力、团结、帮助）木局。

伏神在卦中也是一个非常重要的参考要素。

形成的两个兄弟（势能、势力、团结、帮助）木局都与从三爻下出来的官鬼（敌人、匪盗）酉金相冲克。

即"纤纤女子，赤手御敌"之意。

太岁亥水合动四爻（旷野位、社会位、臂膀位、过程位）妻财（能量、女子、经济、富裕）未土助起三爻妻财辰土。

伏神在卦中也是一个非常重要的参考要素。

出来的官鬼（壮丽、妖娆、灾祸）酉金与五爻（核心位、国家位、王位、转换位）子孙（生机、百姓、万物）巳（驿马星、生长）火合成官鬼（壮丽、妖娆、霸道、灾祸）金局。

太岁亥水合动二爻（地面位、边境位、关口位、手位、转换位）兄弟（势能、团结、帮助）寅（驿马星、遮蔽）木和六爻（结果位）兄弟卯木与三爻（旷野位、社会位、手臂位、过程位）妻财（能量、女子、经济、富裕）辰土会成兄弟（势能、团结、帮助）木局。

形成的两个兄弟（势能、团结、帮助、势力）木局都生五爻（核心位、国家位、王位、控制位、转换位）子孙（生机、百姓、万物、福气）巳（驿马星、生长）火（灯光）。

即"不分祸福，灯光蔽日"之意。

袁李两位智者，借图画加谶，实际是在用比喻的方法，而且是非常谨慎、隐晦地在向李世民述说：

"皇上，一个国家经济实力的强大，是对这个国家政权稳定和人民生活幸福最有力的保障，也是支撑这个国家军队能否抗击外来列强侵略的一个非常有力的保证。"

"当一个国家的政权有了强大的经济实力以后，能不恃势霸道吗？可对这个国家来说，这是福，而不是祸。"

"如果其他国家都在遭遇黑暗的时候，而这个国家的实力还能放射出明媚的光芒，能在黑暗中照亮其他国家的前进方向，皇上您说，这个国家会怎么样？"

"皇上啊，一个国家的发展，在益［益］卦的卦辞里已经说得很清楚了。"

2 对颂的形象理解与逻辑分析

2.1 图像的形象理解

画意符合颂"双拳旋转乾坤"和"母子不分先后，西望长安入觐"之意，画意并没有直接表达出颂另一诗句里的意思。

2.2 卦意的逻辑分析

益［益］卦的上卦为箅［巽］（为风），下卦为辰［震］（为雷、为震动），也可直读为雷风相搏。

太岁亥（亥在键［乾］宫）水合动二爻（地面位、成长位、手位、转换位）兄弟（势能、势力、团结、帮助）寅（驿马星、旋转）木助应（事物）六爻（结果位）兄弟卯木与四爻（社会位、臂膀位、过程位）妻财（能量、经济、富强）未（未在川［坤］宫）土相合。

即"双拳旋转乾坤"之意。

太岁亥水在内卦助初爻（地表位、基层位、百姓位、开始位、头端位）父母（自然、国家、百姓、太平）子水与三爻（旷野位、社会位、过程位）妻财（能量、经济、富裕）辰（水库、大海）土合成父母（自然、国家、政权、文化、百姓、健康、太平、安定）水局。

即"海内无端不靖"之意。

注：靖为安静和安定之意。

太岁亥（亥为阴支、为母）水为父母（国家、百姓、太平、佑护）爻合动二爻（地面位、门口位、成长位、转换位）兄弟（势能、势力、帮助、贫穷）寅（驿马星、发展）木与三爻（社会位、过程位）妻财（能量、富裕、经济）辰土会成兄弟（势能、帮助）木局生五爻（核心位、国家位、控制位、转换位）子孙（生机、百姓、规律）巳（驿马星、发展、生长）火。

太岁亥（亥为阴支、为母）水合动应（事物）六爻（结果位）兄弟（势能、势力、帮助、贫穷）卯木与四爻（社会位、过程位）妻财未土会成兄弟（势能、势力、帮助、贫穷）木局。

会成的兄弟（势能、势力、帮助、贫穷）木局生五爻（核心位、国家位、控制位、转换位）子孙（生机、百姓、规律）巳（马星、发展）火。

即"母子不分先后"之意。

太岁亥水合动四爻（社会位、过程位）妻财（能量、经济、富裕）未土助起三爻（社会位、过程位）妻财（能量、经济、富裕）辰土，出来的官鬼（壮丽、妖娆、灾祸、敌人）酉金（西方）与五爻（核心位、国家位、长安位、君王位、眼睛位、心理位、控制位、成功位、转换位）子孙（生机、百姓、万物、臣仆）巳（驿马星、生长、看望、臣服、觐见）火合成官鬼（壮丽、妖娆）金局。

即"西望长安入觐"之意。

袁李两位智者，借图画加颂，实际也是在用比喻的方法，而

且是非常谨慎、隐晦地在向李世民述说：

"皇上，将来不管到了哪一代的帝王将相执政，只要我们的经济是腾飞的，人民的爱国热情是高涨的，那么我们国家就像键［乾］和川［坤］一样，具有了自强不息和厚德载物的实力。"

"只要有了雄厚的经济实力做保障，那么我们古老又先进的龙文化就没有理由不健康，我们的江山就没有理由不昌盛，我们的社稷就没有理由不安宁。因为国家的太平安宁与国民经济的发展，就像母子一样，是紧密相互依存的，小孩子的健康状态和朝气蓬勃的生机，是最令母亲欣慰和安宁的事了，反之亦然。"

"祖国（母亲）希望人民（子民）生活得更好，人民（子民）也希望祖国（母亲）更加太平，更加安康，更加辉煌。"

"到了那个时候，就连我们的敌人，看到我们壮丽的河山和雄厚的经济实力以及博大的文化底蕴，都会折服的，都会巴不得到京都长安来觐见我们，巴不得与我们建立外交关系。"

"皇上啊，我国古代智慧的先人们从大自然的客观规律中提取出来的益［益］卦之意，已经非常清楚地给我们指明了国家的发展方向，经济的发展是推动科学和社会发展，国家强盛和历史进步最重要的动力。"

圣叹曰："此象疑一女子能定中原，建都长安。"

金圣叹的批注，仅作参考，读者可用易学文化的六爻易术理论，自己来分析。

第五节 第三十七象：庚子与无孟［无妄］

谶曰：

　　汉水茫茫，不统继统。

　　南北不分，和衷与共。

颂曰：

　　水清终有靖，倒戈逢八月。

　　海内竟无王，半凶还半吉。

无孟［无妄］（主体现象）

```
——————————  妻财戌土
——————————  官鬼申金
——————————  子孙午火      世
————  ————  妻财辰土
————  ————  兄弟寅木
——————————  父母子水      应
```

卦象：晴朗的大白天不会有雷声。

卦辞：

（帛书）无孟，无享，利贞，非正，有省，不利有攸往。

（通行本）无妄，无亨，利贞，其匪正，有眚，不利有攸往。

现象描述：晴朗的天空不会有响雷声，这样的情景，就像人不要痴心妄想和不要白日做梦一样，只要脚踏实地，就没有什么不利的，就是亨通有利的征兆。有了不正确和非分的想法，则要好好地反省，否则，不利于任何事的实施和作为。

1 对谶的形象理解与逻辑分析

1.1 图像的形象理解

图中画着一个头上长角、目光凶恶、嘴部颜色很重的恶魔站在水中，手里还捧着一个人头，像是正在吃人的样子。

图里的水符合谶"汉水茫茫"之意，画意没有直接表达其他诗句里的意思。

1.2 卦意的逻辑分析

无孟［无妄］卦的上卦为键［乾］（为天、为运动、为头部），下卦为辰［震］（为雷、为震动）。

太岁子水临应（事物）初爻（地表位、基层位、百姓位）父母（自然、国家、政权、百姓、军队、太平）子水与三爻（旷野位、田野位、社会位、手臂位、过程位）妻财（能量）寅（驿马星、统领、统帅、统一）木和五爻（核心位、国家位、君王位、心理位、控制位、转换位）官鬼（王者、控制）申（驿马星、统领、统治、统一）金合成父母（自然、国家、政权、百姓、太平）水局。

即"汉水茫茫，不统继统"之意。

无孟［无妄］是一个六冲卦，上（北）卦里有世（我方）四爻（旷野位、田野位、社会位、过程位）子孙（生机、百姓、后代）午火（南），下（南）卦里有应（事物、对方）初爻（地表位、基层位、百姓位）父母（自然、百姓、太平、成功）子水（北）。

即"南北不分"之意。

三合成的父母（自然、国家、政权、百姓、军队、太平）水局与子孙（生机、百姓）火局都共同混合在一个无孟［无妄］卦中。

即"和衷与共"之意。

袁李两位智者，借图画加谶，实际是在用比喻的方法，而且是非常谨慎、隐晦地在向李世民述说：

"皇上，在茫茫汉水流域的两岸，生活着众多的黎民百姓。汉水就像是一条无形的纽带，不断吸引和哺育着两岸的人民。可汉水从来就没有想过要将这些人统治在自己周围，但汉水却从一开始就成功地做到了，将所有的人都统一围绕在了自己的周围。"

"汉水南北两岸的人民，一直都在共同享受着汉水的无私哺育。彼此之间不分南北、不分你我，和平共处、友好睦邻。"

"皇上啊，汉水就是这样，从来没有像无孟［无妄］卦所说的要做统治别人的白日之梦，但却成功地做到了将人们统一在自己的周围。"

2 对颂的形象理解与逻辑分析

2.1 图像的形象理解

图画里的水符合颂"水清终有靖"之意，画意没有直接表达出颂曰其他诗句里的意思。

2.2 卦意的逻辑分析

太岁子水临应（事物）初爻（地表位、基层位、百姓位）父母（自然、国家、政权、百姓、军队、太平）子水与三爻（旷野位、田野位、社会位、手臂位、过程位）妻财（能量）寅（驿马星、统领、统治、统一）木和五爻（核心位、国家位、君王位、心理位、控制位、转换位）官鬼（灾难、战祸、混浊）申（驿马星、统领、统治、统一）金合成父母（自然、国家、政权、百姓、军队、太平、安静）水局。

即"水清终有靖"之意。

八月为酉金（兵戈），一旦有酉金介入无孟［无妄］卦，则会形成申酉戌会成的官鬼（混浊、灾难、战祸）金局，和辰酉合成的官鬼（混浊、灾难、战祸）金局。

两个官鬼（浑浊、灾难、战祸）金局会使申子辰合成的父母（自然、国家、百姓、太平）水局得旺生而巨大无制和物极必反。

即"倒戈逢八月"之意。

三合成的父母（自然、百姓、思想、军队）水局（大海）与子孙（生机、百姓、军队）火局都突出的形成了一个共同的"老百姓"，共同混合在一个无孟［无妄］卦中而乱冲，而没有官鬼（王者、管理、控制）爻了。

即"海内竟无王"之意。

三合成的父母（自然、国家、政权、百姓、军队、太平）水局与子孙（生机、百姓、军队）火局都共同混合在一个无孟［无妄］卦中。

即"半凶还半吉"之意。

袁李两位智者，借图画加颂，实际也是在用比喻的方法，而且是非常谨慎、隐晦地在向李世民述说：

"皇上，河水平静的时候，能清澈见底。到每年八月发大水的时候，河水一旦奔腾起来，就会变得异常浑浊。"

"一个国家百姓们的生活也是这样，太平安定的时候，老百姓就像鱼儿生活在透明平静的水中一样，很安详。一旦有了战乱兵戈之事，就会使老百姓也卷入战事，那么老百姓就会生活在水深火热之中，会发生人吃人的现象。"

"一旦到那时，海内就像没有王者在控制管理一样，会出现无政府的混乱状态和野蛮的骚乱行为，人们的思想也会六神无主。所以一个国家没有一个君王来控制管理是不行的。"

"如果这个君王能像汉水一样管理自己的子民，既要让国家安康太平，还要让黎民百姓生机勃勃，这就是大为吉利的好事了。如果这个君王追求的是不断扩大势力范围，统治更大的地盘，那给老百姓带来的就将是人吃人的灾难凶兆。"

"皇上啊，一个君王如果像无孟［无妄］卦所说的，一直做统治别人的白日之梦，那么给老百姓带来的就是人吃人的凶兆灾难了。"

圣叹曰："此象虽有元首出现，而一时未易平治，亦一乱也。"

金圣叹的批注，仅作参考，读者可用易学文化的六爻易术理论，自己来分析。

第六节　第三十八象：辛丑与筮盍［噬嗑］

谶曰：

> 门外一鹿，群雄争逐。
>
> 劫及鸢鱼，水深火热。

颂曰：

> 火运开时祸蔓延，万人后死万人先。
>
> 海波能使江河浊，境外何殊在目前。

筮盍 ［噬嗑］（主体现象）

```
━━━━━━━  子孙巳火
━━  ━━  妻财未土      世
━━━━━━━  官鬼酉金
━━  ━━  妻财辰土
━━  ━━  兄弟寅木      应
━━━━━━━  父母子水
```

卦象： 晴朗的天空有雷阵雨时发出的雷声，或先有

闪电，后有雷声。

卦辞：（帛书）筮盍，亨，利用狱。

（通行本）噬嗑，亨，利用狱。

现象描述：晴天下雷阵雨时，空中发出雷声，或先有闪电后有雷声的情景，就像是咬断东西时发出的巨响一样。又像燃烧木柴时，火焰中迸发出噼哩啪啦的声音一样。这些情景中的响声，又像惩治犯人时，鞭笞肉体的声音一样，这些都是亨通之象，有利于使用刑罚。

1　对谶的形象理解与逻辑分析

1.1　图像的形象理解

图中画着在一堵墙的大门之外，躺着很多尸体，画意符合谶"水深火热"之意，画意没有直接表达出谶其他诗句里的意思。

1.2 卦意的逻辑分析

筮盍［噬嗑］卦的上卦为罗［离］（为日、为火），下卦为辰［震］（为雷、为震荡）。

太岁丑土助旺三爻（旷野位、田野位、社会位、手臂位、过程位）妻财（能量、财富、资源）辰土会起应（事物）二爻（地面位、关口位、边境位、手位、腿位、嘴牙位、心理位、转换位）兄弟（势力、众多、劫财）寅（驿马星、争逐）木刑六爻（关外位、结果位）子孙（动物、生机、财源）巳（驿马星、燃烧、争逐）火。

太岁丑土合四爻（旷野位、田野位、臂膀位、过程位）官鬼（匪盗、战乱、群雄）酉金（兵戈、兵器）与六爻（关外位、结果位）子孙（动物、生机、财源）巳（驿马星、燃烧、爆炸、争逐）火（热性）成官鬼（匪盗、战乱、群雄）金局（兵戈、兵器）。

六爻（关外位、结果位）子孙（动物、财源）巳（马星、跳动、奔跑、巳在筭［巽］宫为温顺、为迅速）火（热性）与五爻（核心位、心理位、控制位、转换位）妻财（能量、资源、财富）未土（羊、鹿）相会。

即"门外一鹿，群雄争逐"之意。

太岁妻财（能量、资源、能源）丑土合四爻（旷野位、田野位、社会位、臂膀位、过程位）官鬼（匪盗、战乱、群雄）酉金（兵戈）与六爻（关外位、结果位）子孙（动物、生机、财源）巳（驿马星、燃烧、争逐）火（鸟类、鸢鹰）成火热的液体子孙（生机、百姓、动物、财源）火局和官鬼（匪盗、战乱、群雄）

金局。

合成的官鬼（匪盗、战乱、群雄）金局生初爻（地表位、基层位、百姓位）父母（国家、政权、百姓、太平）子水（鱼儿）。

即"劫及鸢鱼，水深火热"之意。

袁李两位智者，借图画加谶，实际是在用比喻的方法，而且是非常谨慎、隐晦地在向李世民述说：

"皇上，随着时空的运行，社会历史的发展以及科学文化的进步，各国会为各种珍稀自然资源展开激烈的争夺，甚至会为那种珍贵的自然资源而发动战争。"

"就像筮盍［噬嗑］卦描述的那样，这种资源就像打雷和火焰燃烧时，能发出类似咬断东西时的巨大响声。在争夺这种能源的战争中，陷入战争的人们会生活在水深火热之中。"

注：根据易学中归类的原理，这种能源资源应该是火药、煤炭、石油、可燃冰、核能源等一些五行属火的自然物质资源，以及热兵器的使用，而鸢鹰和鱼儿应该是飞机和舰艇。

"皇上啊，到了那个时候，在人类之间所发生的战争场面，就像是筮盍［噬嗑］所描述的，雷电在天空中劈开一样。"

2 对颂的形象理解与逻辑分析

2.1 图像的形象理解

画意符合颂"火运开时祸蔓延，万人后死万人先"之意，没有直接表达出颂另两句诗句里的意思。

2.2　卦意的逻辑分析

太岁丑土合四爻（旷野位、田野位、社会位、臂膀位、过程位）官鬼（匪盗、战乱、群雄、死亡）酉金（兵戈）与六爻（关外位、结果位）子孙（动物、生机、财源）巳（驿马星、燃烧、争逐）火成火热的液体子孙（生机、百姓、动物、财源）火局和官鬼（匪盗、战乱、群雄、死亡）金局。

合成的官鬼（匪盗、战乱、群雄、死亡）金局生初爻（地表位、基层位、百姓位）父母（国家、政权、百姓、太平）子（子为1数、子在习赣［坎］宫为1数、个十百千万的首位）水。

即"火运开时祸蔓延，万人后死万人先"之意。

太岁丑土（湿土、稀泥）助起三爻（旷野位、田野位、社会位、河道位、过程位）妻财（能量、资源、经济、财富）辰土（江河岸、湖海岸）与四爻（旷野位、田野位、社会位、河道位、过程位）官鬼（匪盗、战乱、混浊、死亡）酉金（兵戈）合成官鬼金局生初爻（地表位、基层位、百姓位）父母（自然、国家、政权、百姓、军队、目的）子水（江河、海波）。

即"海波能使江河浊"之意。

太岁丑土合动六爻（宇宙位、天空位、关外位、结果位）子孙（动物、生机、财源）巳（驿马星、燃烧、争逐、看到）火（电器、电视）与世（我们）五爻（天空位、眼位、心理位、转换位）妻财（能量、资源、经济、财富）未土（燥土、沙漠）会成子孙（动物、生机、财源）火局。

即"境外何殊在目前"之意。

袁李两位智者，借图画加颂，实际也是在用比喻的方法，而且是非常谨慎、隐晦地在向李世民述说：

"皇上，当人们都普遍使用这种像火一样的能源时，就会为此而发动战争，人类会进入热兵器时代。凡是卷入这种战争的国家都会有成千上万的人死去，而且战争会从海上延伸到内陆。"

"到时候，在人们的心目中，境外所发生的战争场景仿佛就在自己的眼前一样。"

注：根据易学中归类的原理和逻辑分析，以及颂中的诗句之意，可以肯定在本卦中的五爻子孙巳火表示的就是信息技术。

"皇上啊，到了那个时候，在人类之间所发生的战争场面，就像是筮盍［噬嗑］所描述的，雷电在天空中劈开一样。"

圣叹曰："此象兵祸起于门外，有延及门内之兆。"

金圣叹的批注，仅作参考，读者可用易学文化的六爻易术理论，自己来分析。

第七节　第三十九象：壬寅与颐［颐］

谶曰：

> 鸟无足，山有月。
>
> 旭日升，人都哭。

颂曰：

> 十二月中气不和，南山有雀北山罗。
>
> 一朝听得金鸡叫，大海沉沉日已过。

颐［頤］（主体变化）

▬▬▬▬▬▬▬ 兄弟寅木	
▬▬ ▬▬ 父母子水	伏子孙巳火
▬▬ ▬▬ 妻财戌土	世
▬▬ ▬▬ 妻财辰土	伏官鬼酉金
▬▬ ▬▬ 兄弟寅木	
▬▬▬▬▬▬▬ 父母子水	应

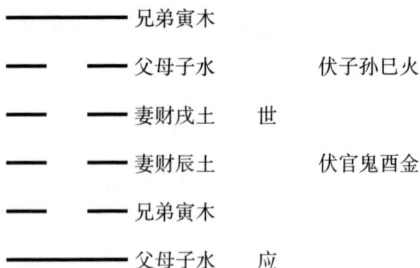

卦象：雄伟屹立的山石。

卦辞：（帛书）颐，贞吉，观颐，自求口实。

（通行本）颐，贞吉，观颐，自求口实。

现象描述：如果满口的牙齿如同雄伟屹立的山石，咬断东西时如同打雷般的壮实，那么说明身体很健康结实，是多好的征兆啊。检查一下自己的牙齿，检查一下自己的身体，是否有毛病，是否健康而壮实。

1 对谶的形象理解与逻辑分析

1.1 图像的形象理解

图中画着一只鸟站在高山之巅，太阳正从东北方冉冉升起，画意符合谶"鸟无足"和"旭日升"之意，画意没有直接表达出谶其他诗句里的意思。

1.2 卦意的逻辑分析

颐［颐］卦的上卦为根［艮］（为山、为高大建筑、为根、为足、为止、为东北方），下卦为辰［震］（为震动、为东方）。

太岁寅木临二爻（地面位、成长位、手位、转换位）和六爻（结果位）的兄弟（势能、势力、凝聚、损失）寅（驿马星、浓缩、爆炸）木旺与四爻（半天空位、旷野位、社会位、过程位）妻财（能量、祸源）戌土合成子孙（军队、生机、能源）火局反冲初爻（地表位、足位、基层位、百姓位）和五爻（天空位、核心位、国家位、转换位）父母（国家、政权、百姓、军队）子水。

即"鸟无足"之意。

太岁寅木会动三爻（旷野位、田野位、社会位、手臂位、过程位）妻财（能量、祸源）辰土合五爻（天空位、核心位、国家位、君王位、转换位）父母（国家、政权、军队）子水成父母（国家、政权、军队）水局。

伏神在卦中也是一个非常重要的参考要素。

伏着的官鬼（巨大、强大、杀伤力、战争、灾难）酉金（兵戈、武器）和子孙（军队、生机、能源）巳（驿马星、掌握、拥有）火出来在上根〔艮〕（山）卦相合。

即"山有月"之意。

太岁寅木临二爻（地面位、嘴位、心理位、转换位）和六爻（结果位）的兄弟（势能、势力、凝聚、损失）寅（驿马星、升起、释放、投放、爆炸）木旺与四爻（半天空位、旷野位、田野位、社会位、过程位）妻财（能量、祸源）戌土合成子孙（军队、生机、能源）火局（日、火球）。

太岁寅木临二爻（地面位、嘴位、心理位、转换位）和六爻（结果位）的兄弟（势能、势力、凝聚、损失）寅（驿马星、掌握、拥有、哭泣）木旺刑从五爻（核心位、国家位、眼位、心理位、转换位）下出来的子孙（万物、人们、军队、生机、能源）巳（驿马星、升起、释放、投放、爆炸、流泪）火（日、火球）。

即"旭日升，人都哭"之意。

袁李两位智者，借图画加谶，实际是在用比喻的方法，而且是非常谨慎、隐晦地在向李世民述说：

"皇上，随着时空的运行，社会历史的发展以及科学文化的进步，人类将会拥有一种能量巨大和杀伤力极强的武器。"

"这种能量巨大和杀伤力极强的武器，爆炸过程就像是没有脚的大火鸟一样。但它被像高山一样的大国政权所掌握控制，一旦被使用，爆炸后的巨大火球所释放的能量就像是一个正在升起的太阳一样。"

"这种能量巨大和杀伤力极强的武器，爆炸后形成的巨大火球所释放的能量，会给社会造成巨大的震动，也会给人类造成巨大的损失和灾难，并使人们为此而哭泣。"

注：根据易学中归类的原理，这种能源武器应该就是热兵器或核武器。

"皇上啊，到了那个时候，在人类所发生的战争场面，就像是颐［颐］卦所描述的，雷电在空中直接劈入高山和劈入高大的建筑物里一样。"

"一旦发生这样的战争，人类的安全问题就像松动的牙齿一样，显得非常脆弱了。"

2 对颂的形象理解与逻辑分析

2.1 图像的形象理解

图中画着一只鸟站在高山之巅，太阳正从东北方冉冉升起，画意符合颂"南山有雀北山罗"和"一朝听得金鸡叫"之意，画意中没有直接表达出颂其他诗句里的意思。

2.2 卦意的逻辑分析

太岁寅木会动三爻（旷野位、田野位、殿堂位、厅堂位、过程位）妻财（能量、财富）辰土与初爻（地表位、脚位、基层位、百姓位）和五爻（核心位、国家位、心理位、心理位、收获位、

控制位、转换位）的父母（自然、国家、身体、佑护）子水合成
父母（自然、国家、保护）水局（寒冷）。

伏神在卦中也是一个非常重要的参考要素。

伏着的子孙（人们、生机、能源、技术）巳（驿马星、利用、
取暖、巳在箅［巽］宫为风、为气）火（罗［离］、雀）出来分
别刑上（北）下（南）卦的六爻（结果位）和二爻（地面位、成
长位、心理位、手位、转换位）兄弟（势能、借助、帮助）寅
（驿马星、利用）木（木柴）。

即"十二月中气不和，南山有雀北山罗"之意。

伏着的官鬼（巨大、强大、杀伤力、战争、灾难）酉金（金
鸡、兵戈、武器）和子孙（军队、生机、万物、人类、能源）巳
（驿马星、打鸣、鸡叫、掌握、拥有、升起、释放、投放、爆炸）
火（日、火球）一旦出来，就会相合成官鬼（巨大、强大、杀伤
力、战争、灾难）金局。

合成的官鬼（巨大、强大、杀伤力、战争、灾难）金局生初
爻（地表位、脚位、基层位、基础位、百姓位）和五爻（核心位、
国家位、心理位、转换位）的父母（自然、国家、社会、身体、
佑护）子水（大海）。

即"一朝听得金鸡叫，大海沉沉日已过"之意。

袁李两位智者，借图画加颂，实际也是在用比喻的方法，而
且是非常谨慎、隐晦地在向李世民述说：

"皇上，随着时空的运行，社会历史的发展以及科学文化的进
步，人类将会利用一种能量巨大的资源和技术。"

"将来，这种能量巨大的资源，也可以被人们控制利用，就像在每年的十二月，天气最寒冷，中气最不足的时候，人们就用它来代替木柴烧火取暖一样。"

"但是，这种能量巨大的资源，一旦用于战争，它给自然界万物和人类社会带来的灾难损失，将是无法估量的。就像太阳沉入了大海，黑夜里的万物都没有了生机一样。"

"皇上啊，到了那个时候，在人类发生的战争的场面，就像是颐〔颐〕卦所描述的，雷电在天空中可以直接劈入高山和劈入高大的建筑物一样，后果会非常可怕。"

"一旦发生这样的战争，人类的安全就像松动的牙齿一样，显得非常脆弱了。"

圣叹曰："此象疑外夷争斗，扰乱中原，必至酉年始得平也。"

金圣叹的批注，仅作参考，读者可用易学文化的六爻易术理论，自己来分析。

第八节　第四十象：癸卯与箇〔蛊〕

谶曰：

一二三四，无土有主。

小小天罡，垂拱而治。

颂曰：

一口东来气太骄，脚下无履首无毛。

若逢木子冰霜涣，生我者猴死我雕。

筒［蛊］（主体现象）

———————— 兄弟寅木　　　应

——　　—— 父母子水　　　　　伏子孙巳火

——　　—— 妻财戌土

———————— 官鬼酉金　　　世

———————— 父母亥水

——　　—— 妻财丑土

卦象：山坡茂密的灌木林带和荆棘丛带。

卦辞：

（帛书）筒，元吉，亨，利涉大川，先甲三日，后甲三日。

（通行本）蛊，元亨，利涉大川，先甲三日，后甲三日。

现象描述：山坡茂密的灌木林带和荆棘丛带能防止水土流失，就像是房屋周围牢固的院墙保护着房屋一样。就像是家庭、企业、国家、社会的基础管理工作非常细致、周密和牢固，这样的情景一开始就好，亨通，有利于去干大事业。就像在月亮最圆最亮的七天里，每个晚上都可以做事一样的有利。

1 对谶的形象理解与逻辑分析

1.1 图像的形象理解

图中画着三个男孩子，手持风轮在一起玩耍，呈现出了太平之象。画意中并没有直接表达出谶诗句里的意思，但画意符合箇［蛊］卦根［艮］（男孩）上和箅［巽］（风）下的形象。

1.2 卦意的逻辑分析

箇［蛊］卦的上卦为根［艮］（为足、为车轮、为男孩），下卦为箅［巽］（为风），卦意的组合正符合图中的画意。

子丑寅卯为"一二三四"，是说从第三十七象庚子年的无孟［无妄］卦，依次到第三十八象辛丑年的筮盍［噬嗑］卦，到第三十九象壬卯年的颐［颐］卦，再到第四十象癸卯年的箇［蛊］卦，卦中代表妻财（能量、食物、财富、经济）的全都是土爻。

在太岁（在奴隶和封建社会下的君主、王者）的作用之下，这些妻财（能量、食物、财富、经济）土爻在卦中不是被冲，就是被刑、克、害的全被破坏，代表人民大众生机的父母爻和子孙爻也受到了极大的影响，而百姓才是国家和社会的真正主人。

即这就是"一二三四，无土有主"的真实含意。

到了下一步，或者说到了下一个甲辰年的第四十一象，天罡星（辰）临太岁，太岁辰土临罗［离］卦助旺五爻（核心位、国家位、君王位、天空位、天罡星位、控制位、成功位、转换位）子孙（生机、百姓、规律）未土下来与三爻（旷野位、田野位、社会位、手臂位、过程位）官鬼（官员、强大、管理、治理）亥（驿马星、拱手、控制）水和初爻（地表位、基层位、百姓位）三合成父母（目标、政权、江山、社稷、成功、人民、安泰）木局。

即"小小天罡，垂拱而治"之意。

袁李两位智者，借图画加谶，实际是在用比喻的方法，而且是非常谨慎、隐晦地在向李世民述说：

"皇上，连年战争会重创经济，重创百姓的正常生活。而百姓作为纳税之人，才是国家和社会发展的真正主人，才是皇上的天。"

"所以，皇上啊，只有明白这些法则，懂得这些道理，按照这些规律来领导我们国人，您才拥有类似于天罡星的人才，为您体恤民情，让您垂拱而治，才能像本箇［蛊］卦之意，稳固我们大唐的江山社稷。"

注：十二地支中的辰为天罡星，古人认为天罡是一组性格聪慧，主持正义，发福百端，体恤民情的吉星。

2 对颂的形象理解与逻辑分析

2.1 图像的形象理解

图中所画内容没有体现出颂里的意境，而第三十七象的图像却为本颂"一口东来气太骄，脚下无履首无毛"设下了一个伏笔；

第一象的图像却为本颂"若逢木子冰霜涣"设下了一个伏笔；第四十五象和第四十二象的图像却为本颂"生我者猴死我雕"设下了两个伏笔。

2.2 卦意的逻辑分析

第三十七象无孟［无妄］卦的上卦为键［乾］（为马、为矫健、为龙、也为亢龙、为头脑、为骄），下卦为辰［震］（为东、为东来气、为震动）。

卦中的二爻（地面位、关口位、嘴位、心理位、成长位、转换位）兄弟（势能、损失、贫穷）寅（驿马星、东来气）木旺而直冲五爻（核心位、国家位、君王位、心理位、控制位、转换位）官鬼（骄傲、灾难）申（驿马星、傲慢）金。

即"一口东来气太骄"之意。

无孟［无妄］卦的初爻（地表位、脚位、基层位、百姓位）父母（自然、百姓）子水（大水）与六爻（头顶位、结果位）妻财（能量、祸源）戌土（山包），与第三十七象的画面正符合。

也正符合本颂曰中的"脚下无履首无毛"之意。

每到第一象的甲子，都是一个新的开始，能焕发生机。

即"若逢木子冰霜涣"之意。

第四十五象戊申的太岁（王者）申金（猴）能助箇［蛊］中的世爻（我、我们、我方）官鬼（壮丽、妖娆、强大）酉金。

第四十二象乙巳的太岁（王者）巳火（雕）能克合箇［蛊］中的世爻（我、我们、我方）官鬼酉金成官鬼（灾难）金局。

即"生我者猴死我雕"之意。

袁李两位智者，借图画加颂，实际也是在用比喻的方法，而且是非常谨慎、隐晦地在向李世民述说：

"皇上，作为王者，不要像无孟［无妄］卦所说的，整日里异想天开和狂妄自大，这样只会使百姓生活在水深火热之中，因饥寒交迫而造成人吃人的局面。"

"要想改变这种局面，用新的开端来焕发生机，就要像第四十五象中描述的积蓄能量发展知识文化，发展科学技术，发展精神文明，发展生产经济，使百姓富裕起来，国家的实力强大起来。"

"皇上啊，如果大唐的政府里像第四十二象所说的造成了窝里斗或腐败的局面，那就只会是灭亡了。所以要想保持李家像本箇［蛊］卦中所描述的稳固江山一样，也并不是一件很容易的事。"

圣叹曰："此象有一李姓，能服东夷而不能图长治久安之策，卒至旋治旋乱，有兽活禽死之意也。"

金圣叹的批注，仅作参考，读者可用易学文化的六爻易术理论，自己来分析。

第八章　罗 [离] 宫八个卦中的太岁

第一节　第四十一象：甲辰与罗 [离]

讖曰：

> 天地晦盲，草木蕃殖。
>
> 阴阳反背，上土下日。

颂曰：

> 帽儿须戴血无头，手弄乾坤何日休。
>
> 九十九年成大错，称王只合在秦州。

罗［离］（主体现象）

```
━━━━━━━  兄弟巳火     世
━━  ━━  子孙未土
━━━━━━━  妻财酉金
━━━━━━━  官鬼亥水     应
━━  ━━  子孙丑土
━━━━━━━  父母卯木
```

卦象：太阳和它的光线。

卦辞：（帛书）罗，利贞，亨，畜牝牛吉。

（通行本）离，利贞，亨，畜牝牛吉。

现象描述：万物生长靠太阳，太阳的光芒四射，就像是一张无形的大网能够网罗各方一样。具有像太阳一样人格魅力的人，是有利的征兆，亨通啊！就像畜养的母牛一样，吃的是草，挤的是奶。这种奉献的精神其实就像网罟一样，以此为用，就像利用围栏畜养牝牛一样，吉利呀！

1　对谶的形象理解与逻辑分析

1.1　图像的形象理解

图中所画一青壮年男子头戴一顶帽子，帽子上镶着一朵花，此男子左脚踩着大地，右脚（为根［艮］、为土）踏一个圆环。画意符合谶"上土下日"之意，也符合罗［离］卦上罗［离］（花朵）下罗［离］（太阳）的形象。

1.2 卦意的逻辑分析

罗［离］卦的上下卦都为罗［离］（为太阳、为阳光、为花朵、为阳），为六冲卦。

卦中的应（事物）三爻（半天空位、旷野位、田野位、社会位、过程位）官鬼（壮丽、阴晦、战争、压力）亥（驿马星、战斗、竞争、亥在键［乾］宫为天）水和五爻（天空位、核心位、国家位、君王位、眼位、心理位、控制位、转换位）子孙（百姓、生机、规律）未（未在川［坤］宫为大地）土都为阴支。

即"天地晦盲"之意。

太岁辰土半会初爻（地表位、基层位、百姓位）父母（自然、江山、社稷）卯木（草木）成木（草木）局。

即"草木蕃［繁］殖"之意。

上下卦都为罗［离］，都为太阳，太阳又属阳，可罗［离］卦中的地支又都为阴支。

即"阴阴反背"之意。

太岁为辰土（为上、为太极、为龙、为宇宙控制大自然的运动法则与规律的最高能量），卦中的世（我们、我方）六爻（天空位、结果位）兄弟（势能、势力）巳火（太阳、君王）虽然在卦中的最高位，但相比太岁来说还是低。

世（我们、我方）六爻（天空位、结果位）兄弟（势能、势力）巳火（太阳、君王）虽然在卦中的最高位，但相比五爻（天空位、核心位、国家位、转换位）子孙（百姓、生机、规律）未土来说也还是低。

即"上土下日"之意。

袁李两位智者，借图画加谶，实际是在用比喻的方法，而且是非常谨慎、隐晦地在向李世民述说：

"皇上，称王总免不了冲来杀去，造成生灵涂炭，阴阳反背，草木在荒芜的农田不断繁殖的局面。"

"而且开战之前的敌对与非常规扩大的军备竞争，也会给人们心理蒙上一层阴影，巨大的压力也会让人们的心里不舒服。"

"皇上，虽然称王是大自然中的客观规律，但如果只学到像阳光之网一样独网（霸）天下，而没有学到像阳光之网一样普照万物，那么就会像罗［离］卦的六冲一样，造成永无宁日的冲来杀去，冷战与敌对。就像大自然的法则和规律出现了上面为土，下面为日，阴阳反背的局面，这可与大自然的客观规律相违背了呀！"

2 对颂的形象理解与逻辑分析

2.1 图像的形象理解

图中所画一青壮年男子头戴一顶帽子，帽子上镶有一朵花，画意符合颂"帽儿须戴血无头"之意。而此男子左脚踩着大地，右脚踏着一个圆环，画意又符合颂"手弄乾坤何日休"和"称王只合在秦州"的意思。

2.2 卦意的逻辑分析

太岁辰土合动四爻（旷野位、田野位、社会位、臂膀位、过程位）妻财（能量、资源）酉金成金局生起三爻（旷野位、田野位、社会位、手臂位、过程位）官鬼（强大、治理、灾难、战争）亥（驿马星、戴起、流血）水。

太岁辰土助旺二爻（地面位、成长位、手位、心理位、转换位）子孙（后代、百姓、军队、生机）丑土会起三爻（旷野位、田野位、社会位、手臂位、过程位）官鬼亥水（血）成官鬼（强大、治理、灾难、战争）水局。

三爻（旷野位、田野位、社会位、手臂位、过程位）官鬼（灾难）亥（驿马星、战斗）水（血）合初爻（地表位、基层位、百姓位）父母（帽子、目标、江山、社稷、百姓）卯（花朵）木成木局生六爻（头顶位）兄弟（损失）巳（驿马星、戴起）火（红色、血）。

即"帽儿须戴血无头"之意。

被会起的三爻（旷野位、田野位、社会位、手臂位、过程位）官鬼（灾难）亥（驿马星、手弄、战争、灾难、亥在键［乾］宫）水与五爻（核心位、国家位、君王位、心理位、控制位、转换位）子孙（人民、后代、生机）未（未在川［坤］宫为大地）土和初爻（地表位、基层位、百姓位）父母（自然、国家、事业、目标、军队、百姓、平安）卯木合成父母木局。

即"手弄乾坤何日休"之意。

罗［离］的上下两个卦都为罗［离］（罗［离］宫为 9 数），而且上下两个卦罗［离］既互相对立地冲撞过来又互相对立地冲杀过去。

即"九十九年成大错"之意。

太岁辰土助旺五爻（核心位、国家位、君王位、心理位、成功位、控制位、转换位）子孙（生机、后代、百姓）未（秦地）土与初爻（地表位、基层位、百姓位）父母（国家、江山、社稷、成功、目标、平安）和应（事物）三爻（田野位、社会位、过程位）官鬼（壮丽、强大、管理、治理）亥（驿马星、登基、称王、控制、亥在键［乾］宫为王、天、头）水（天水）。

罗［离］为太阳（为午火、为王），午火与五爻（核心位、国家位、君王位、心理位、成功位、控制位、转换位）子孙（生机、后代、百姓）未土合成稳定的土局。

即"称王只合在秦州"之意。

注：九州分野中的未为秦国之地，唐时的秦州位于今天的甘肃天水。

袁李两位智者，借图画加颂，实际也是在用比喻的方法，而且是非常谨慎、隐晦地在向李世民述说：

"皇上，您现在已经是君王了，您控制的江山也比以前辽阔多了。如果您还想控制更多的国土，那么就会因为战争给百姓带来灾难损失，流血会没有尽头的。"

"假设人类只有一百年的光景，战争的冲突加上非常规的军备竞赛，就会占到九十九年。所以皇上您如果真为子孙后代着想的话，就不要为争夺地盘而打仗了，不如就像现在稳定在三秦大地称王。"

"皇上啊，您要从罗［离］卦中学习到太阳普照大地和万物的精神，而不要学习卦中的六冲。"

此卦没有金圣叹的点评，读者可用易学文化的六爻易术理论，自己来分析。

第二节　第四十二象：乙巳与旅［旅］

谶曰：

> 美人自西来，朝中日渐安。
>
> 长弓在地，危而不危。

颂曰：

> 西方女子琵琶仙，皎皎衣裳色更鲜。
>
> 此时浑迹居朝市，闹乱君臣百万般。

旅［旅］（主体现象）

```
━━━━━━━  兄弟巳火
━━  ━━  子孙未土
━━━━━━━  妻财酉金      应
━━━━━━━  妻财申金        伏官鬼亥水
━━  ━━  兄弟午火
━━  ━━  子孙辰土    世    伏父母卯木
```

卦象：森林火灾的山火在向上蔓延。

卦辞：（帛书）旅，少亨，旅贞吉。

（通行本）旅，小亨，旅贞吉。

现象描述：山林大火正在向山顶蔓延移动的情景，就像是一队人马打着红旗正在旅行一样，这是小事亨通的景象，占到了此卦或见到这样的情景，如果要出门旅行或旅游的话，征兆则是吉利的。

1 对谶的形象理解与逻辑分析

1.1 图像的形象理解

图中画着一位婷婷玉立的女子，地上一张弓，还安静地卧着一只兔子，画意符合谶"美人自西来"、"长弓在地"和"朝中日渐安"、"危而不危"之意。

弓是用来狩猎和战斗的，表示在危机或紧急关头，需要使用的一种兵器，此时虽没有任何用处，却放在身边。地上安静的兔子，说明没有任何危险。

画意也符合旅［旅］卦上罗［离］（中女、美丽）下根［艮］（站、止）的直读形象。

1.2　卦意的逻辑分析

旅［旅］卦的上卦为罗［离］（为火、为中女、为丽），下卦为根［艮］（为山、为立、为止）。

太岁巳火助应（年事）六爻（结果位）兄弟（势能、势力）巳火合动四爻（殿堂位、社会位、身体位、过程位）妻财（能量、富裕、经济、女人）酉（桃花、漂亮、美丽）金（西方）。

太岁巳火助应（年事）六爻（结果位）兄弟（势能、势力）巳火也合动三爻（殿堂位、位、社会位、道路位、身体位、过程位）妻财（能量、富裕、经济、女人）申（驿马星、来、发展）金（西方）。

即"美人自西来"之意。

被合动的三爻（殿堂位、社会位、身体位、过程位）妻财（能量、富裕、经济）申金与四爻（殿堂位、社会位、身体位、过程位）妻财（能量、富裕、经济）酉金又合动了初爻（地表位、基础位、基层位、百姓位）子孙（生机、动物、百姓、财源、规律）辰土。

伏神在卦中也是一个非常重要的参考要素。

从三爻（殿堂位、社会位、身体位、手臂位、过程位）下出来的官鬼（官员、贪婪、腐败、危险、灾难）亥（驿马星、掉落、警惕）水（坎水为弓弹）与从初爻（地表位）子孙（动物、生机）辰土（土地）下出来的父母（自然、安全、百姓）卯（兔子）木（弓）相合。

出来的两个伏神并与五爻（核心位、国家位、君王位、朝中位、心理位、转换位）子孙（生机）未土三合成父母（安全、国家、社稷、权力）木局。

即"长弓在地"和"朝中日渐安"以及"危而不危"之意。

袁李两位智者，借图画加谶，实际是在用比喻的方法，而且是非常谨慎、隐晦地在向李世民述说：

"皇上，国家在发展经济的过程中，人民也在逐渐地安定和富裕。但千万不要沉溺于欢乐之中，时刻都要警惕地将长弓放在身边。只有这样才能在危急时刻，采取有效的防范措施，才能做到临危不乱。"

"皇上啊，您要特别清楚，旅［旅］卦的火（丽）既能被人们所利用，也能给人们带来灾难。就是说我们在利用它的时候，还要警惕预防可能会由它引发的灾难。"

2　对颂的形象理解与逻辑分析

2.1　图像的形象理解

图中的美丽女子身穿华丽的衣裳，怀抱琵琶，以婷婷玉立的身姿立在弓与兔之间，让人好生羡慕，也容易让一些达官贵人产生非分之想。立在弓与兔之间的美人表示蠢立在名利场中，画意颇符合颂中的意境。

2.2 卦意的逻辑分析

太岁巳火助应（年事）六爻（结果位）兄弟（势能、损失）巳火合动四爻（社会位、殿堂位、庭院位、怀抱位、闹市位、过程位）妻财（财富、女人、祸源）酉（桃花、漂亮、美丽）金（白色、皎洁、西方）。

太岁巳火助应（年事）六爻（结果位）兄弟（势能、损失）巳火也合三爻（社会位、殿堂位、庭院位、怀抱位、手臂位、街道位、过程位）妻财（女人、财富、祸源）申（驿马星、怀抱、居住）金（白色、皎洁、西方）成官鬼（官员、闹腾、浑浊、贪婪、腐败）水局。

即"西方女子琵琵仙"和"此时浑迹居朝市"之意。

伏神在卦中也是一个非常重要的参考要素。

从三爻下出来的官鬼（官员、闹腾、混乱、贪婪、腐败）亥（驿马星、非分之想）水与五爻（核心位、国家位、君王位、心理位、转换位）子孙（生机、人民、财源）未土半合。

从三爻下出来的官鬼（官员、闹腾、混乱、贪婪、腐败）亥（驿马星、非分之想）水与二爻（地面位、房屋位、臣子位、心理位、成长位、转换位）兄弟（势能、众多、损失）午火（心动、想法）暗合。

被合动的二爻（地面位、房屋位、臣子位、心理位、成长位、转换位）与五爻（国家位、君王位、心理位、控制位、转换位）又六合成燥土（烦躁）局。

即"闹乱君臣百万般"之意。

从初爻子孙（生机、人民）辰土下出来的父母（自然、衣裳、权力）卯木（青色）与从三爻（殿堂位、社会位、身体位、过程位）下出来的官鬼（妖娆、鲜艳、贪婪、腐败、管理、约束）亥（驿马星、打扮）水和五爻（核心位、面部位、君王位、转换位）子孙（生机、人民）未土三合。

从初爻子孙（生机、人民）辰土下出来的父母（自然、衣裳、权力）卯木（青色）与三爻（殿堂位、社会位、身体位、过程位）妻财（富裕、女人）申（驿马星、穿着、打扮）金暗合。

从初爻子孙（生机、人民）辰土下出来的父母（自然、衣裳、权力）卯木（青色）也冲到四爻（殿堂位、社会位、身体位、过程位）妻财（富裕、女人）酉金（白色、皎洁）部位。

从初爻子孙（生机、人民）辰土下出来的父母（自然、衣裳、权力）卯木（青色）也生二爻（地面位、成长位、心理位、转换位）兄弟（势能、损失）午火，二三四爻的位置为身体穿衣服的部位。

即"皎皎衣裳色更鲜"之意。

袁李两位智者，借图画加颂，实际也是在用比喻的方法，而且是非常谨慎、隐晦地在向李世民述说：

"皇上，当国家处在发展中时，对物质财富和肉欲的追求会扰乱君王或官吏们的心态，会使他们忘记职责，丧失立场，擅用职权，从而造成贪污腐败。"

"要注意管理和约束好大小官吏们，防止发生经济上的贪污和生活上的腐败，甚至是政治上的腐败。"

"所以，皇上啊，您和您所领导的大唐，要严防像旅［旅］卦所描述的火（丽）一样，为人类社会带来光明和健康的同时，也会带来危害和灾难。"

圣叹曰："此象疑一女子当国，服色尚白，大权独揽，几危社稷，发现或在卯年，此始乱之兆也。"

金圣叹的批注，仅作参考，读者可用易学文化的六爻易术理论，自己来分析。

第三节　第四十三象：丙午与鼎［鼎］

谶曰：

> 君非君，臣非臣。
>
> 始艰危，终克定。

颂曰：

> 黑兔走入青龙穴，欲尽不尽不可说。
>
> 惟有外边根树上，三十年中子孙结。

```
鼎［鼎］（主体现象）

————————  兄弟巳火

——    ——  子孙未土    应

————————  妻财酉金

————————  妻财酉金

——    ——  官鬼亥水    世

——    ——  子孙丑土        伏父母卯木
```

卦象： 花朵在温暖的太阳光下绽放。

卦辞：（帛书）鼎，元吉，亨。

（通行本）鼎，元吉，亨。

现象描述：花朵在温暖的太阳光下绽放的情景，就像草木上的火焰正在燃烧一样。人们发明了鼎以后，这样的景象，又像是用火焰烧着鼎中的食物在沸腾一样，还象征着鼎里装着满满的食物以及事业安全成功。开头很好，亨通。

1 对谶的形象理解与逻辑分析

1.1 图像的形象理解

图中画着一位长者扶着一位腰佩玉带的少年在行走，两人既像是用袍袖在遮挡烈日的阳光，避免照射到头面部；又像是用袍袖在遮挡迎面吹来的大风，避免吹袭到头面部。长者在前，一边走却一边回头照看走在后边的少年，情景好似很艰难。

画意符合谶"始艰危"之意，画意也符合鼎［鼎］卦上罗［离］（火热、太阳、阳光）下箅［巽］（大风、袍袖）之形象。

1.2 卦意的逻辑分析

鼎［鼎］卦的上卦为罗［离］（为火热、为太阳、为阳光），下卦为箅［巽］（为大风、为袍袖），下卦箅［巽］木生上卦为罗［离］火，即用袍袖遮挡着面部之象。

太岁午火助起六爻（天空位、头顶位）兄弟（势能、众多）巳（驿马星、照射、巳在箅［巽］也为风）火（光线、阳光）合动起三四爻（手臂位）的妻财（能量）酉金（凉爽）到六爻（头顶位）兄弟（势能、借助、帮助）巳（驿马星、遮挡）火（阳光），也是用袍袖遮挡着头面部之象。

太岁午火助起六爻（高位）兄弟（势能、势力、帮助、朋友、亲情）巳（驿马星、帮助、关怀、扶助）火生会应（年事）五爻（核心位、国家位、君王位、心理位、转换位）子孙（少年、小孩）未土。

六爻冲动二爻（地面位、成长位、心理位、臣子位、手位、转换位）官鬼（官员、管理、控制）亥（驿马星、扶助、扶持）水，合动初爻（地表位、开始位）子孙（少年、小孩）辰土与二爻（地面位、成长位、门口位、心理位、臣子位、手位、转换位）官鬼（官员、管理、治理、控制、艰难、危险）亥（驿马星、扶助、扶持、磨炼）水相会。

五爻（核心位、国家位、君王位、心理位、成功位、控制位、转换位）子孙（少年、小孩）未土在太岁午火的生合下旺合克二爻（地面位、成长位、心理位、臣子位、转换位）官鬼（艰难、危险）亥（驿马星、拼打、执政）水。

伏神在卦中也是一个非常重要的参考要素。

五爻（核心位、国家位、君王位、心理位、成功位、控制位、转换位）子孙（少年、小孩）未土并与从初爻下出来的父母（国家、社稷、事业）卯木三合成父母（社稷、事业、成功、安全、百姓）木局。

即"君非君，臣非臣"和"始艰危，终克定"之意。

袁李两位智者，借图画加谶，实际是在用比喻的方法，而且是非常谨慎、隐晦地在向李世民述说：

"皇上，国不可无君，您在王子们还小的时候，就要选出一位储君。此时的他既不是君，也还不是臣，必须选择好的老师来对储君进行良好的教育和艰苦的磨炼，帮助他储备足够的能量，去继承大业，肩负江山社稷的重任。"

"皇上啊，在鼎〔鼎〕卦中也含有煎熬的意思。"

2　对颂的形象理解与逻辑分析

2.1　图像的形象理解

图中所画内容没有体现出颂里的意境，而第四十象的图像却为本颂打下了伏笔。

2.2 卦意的逻辑分析

癸卯为黑兔，甲辰为青龙，从第四十象的癸卯年到第四十一象的甲辰年。

为"黑兔走入青龙穴"之意。

从箅［巽］宫中最后一个筶［蛊］卦中的年事内容到罗［离］宫第一卦中的年事内容，是箅［巽］宫的尽头到罗［离］宫的开始。

甲辰年的太岁辰土为罗［离］卦中妻财（能量、祸源）酉金和官鬼（灾难、祸害、磨练）亥水的墓地，墓地既能使妻财（能量、祸源）酉金和官鬼（灾难、祸害、磨练）亥水覆灭，也能使妻财（能量、祸源）酉金和官鬼（灾难、祸害、磨练）亥水旺起来。

即"欲尽不尽不可说"之意。

罗［离］卦中的初爻（地表位、基础位、开始位）父母（目标、教育）卯木（灌木、植被）和筶［蛊］卦中的应（事物）六爻（结果位）兄弟（势能、借助、损失）寅木（植被、树木、树根）都分别在自己本卦的外卦里。

罗［离］卦中的初爻（地表位、基本位、基础位）父母（目标、国家、教育）卯木（灌木、植被）与应（事物）三爻（旷野位、田野位、社会位、身体位、过程位）官鬼（灾难、考验、磨练）亥（驿马星、摔打、成长）水和五爻（核心位、君王位、心理位、成功位、控制位、转换位）子孙（后代、生机、健康、果实）未土三合成木局（木在辰［震］宫为三数）。

箇［蛊］卦到了甲辰之年，箇［蛊］卦中的应（事物）六爻（结果位）兄弟（势能、势力、众多、帮助）寅（三数、驿马星、摔打）木（植被、树木、树根）被太岁辰土会动。

五爻（核心位、国家位、君王位、心理位、成功位、控制位、转换位）父母（目标、国家、政权、佑护、百姓）子水被太岁辰土合动。

伏着的子孙（后代、健康、生机）巳（驿马星、成长）火出来得六爻（结果位）兄弟（势能、众多、帮助）寅（三数、驿马星、摔打）木（植被、树木、树根）所生。

且第四十象的图像中所画的三个少年儿童与本颂曰里的意境却颇为对应。

即"惟有外边根树上，三十年中子孙结"之意。

袁李两位智者，借图画加颂，实际也是在用比喻的方法，而且是非常谨慎、隐晦地在向李世民述说：

"皇上，从储君成长到君王，就像从第四十象温顺贪玩的小孩成长到了第四十一象手弄乾坤的王者。可中间的成长过程却要承受许多严峻考验与痛苦磨炼。"

"惟有在外面，从根部基础开始，不断经受住艰苦的实践与磨炼，这样的子孙在经过多年的磨炼之后，才有可能肩负起未来江山社稷的重任，才有可能使国家经受住更严峻的考验。"

"皇上啊，鼎［鼎］卦含有必须先经受煎熬，而后才能成熟的意思。"

圣叹曰："此象疑前象子女乱国未终，君臣出狩，有一杰出之人为之底定，然必在三十年后。"

金圣叹的批注，仅作参考，读者可用易学文化的六爻易术理论，自己来分析。

第四节　第四十四象：丁未与济［未济］

谶曰：

> 日月丽天，群阴慑服。
>
> 百灵来朝，双羽四足。

颂曰：

> 中国而今有圣人，虽非豪杰也周成。
>
> 四夷重译称天子，否极泰来九国春。

未济［未济］（主体现象）

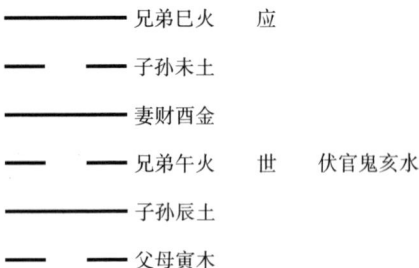

```
━━━━━━━━  兄弟巳火      应
━━  ━━    子孙未土
━━━━━━━━  妻财酉金
━━  ━━    兄弟午火      世    伏官鬼亥水
━━━━━━━━  子孙辰土
━━  ━━    父母寅木
```

卦象：冬天的温暖阳光或冬天水面上正在燃烧着的大火。

卦辞：（帛书）未济，亨，小狐气涉，濡其尾，无攸利。

（通行本）未济，亨，小狐汔济，濡其尾，无攸利。

现象描述：每年的冬天虽然也有温暖的阳光，但地表却潮湿寒冷，此情景就像是冬天寒冷的水面上正在燃烧着大火一样。水面上正在燃烧着的大火其实不是水在燃烧，是浮在水面上的石油在燃烧。这样的景象很好，亨通，能让人准确认清事物的真相，不被事物的表面现象所迷惑。不能准确认识到每个年尾都会轮到一个潮湿寒冷的冬天，就像冬天里还不够狡猾的小狐狸，只看见了大火而没有看见水，只想着跑过去烤火取暖，结果却掉到水里弄湿了尾巴，这反而是不利的了。

1 对谶的形象理解与逻辑分析

1.1 图像的形象理解

图中画一长者正襟端坐在椅子上，另一人在面对觐见长者，画意符合谶"日月丽天"和"百灵来朝"之意。

1.2　卦意的逻辑分析

未济［未济］的卦象由上卦罗［离］（日）和下卦习赣［坎］（月）所组成。

即"日月丽天"之意。

太岁未土临五爻（核心位、君王位、心理位、成功位、控制位、转换位）子孙（生机、臣仆、健康、规律、百姓）未土（未在川［坤］为厚德）旺合世（我们）三爻（旷野位、田野位、殿堂位、说汉文、身体位、过程位）兄弟（势能、势力、众多）午火成土（厚德）局克伏神官鬼（群阴）亥水。

即"群阴慑服"之意。

太岁未土临五爻（核心位、国家位、皇宫位、君王位、心理位、成功位、控制位、转换位）子孙（动物、臣仆、健康、百姓、规律）未土（未在川［坤］为厚德）旺会起世（我们）三爻（旷野位、田野位、社会位、殿堂位、手臂位、身体位、过程位）兄弟（势能、势力、众多、帮助）午火（鸟类）和应（年事）六爻（结果位、头顶位、关外位）兄弟（势力、众多、帮助）巳（驿马星、朝拜、觐见、举手）火（飞鸟）成火局。

即"百灵来朝"之意。

卦中的三爻（旷野位、田野位、社会位、殿堂位、手臂位、身体位、过程位）兄弟（势能、势力、众多）午火会六爻（结果位、头顶位、关外位）兄弟（势能、势力、众多）巳（驿马星、高举）火（为两羽），为两手高举过头顶之意。

二爻（地面位、边境位、关口位、手位、腿位、膝盖位、道路位、心理位、转换位）子孙（动物、臣仆）辰土会初爻（地表位、足位）父母（国家、政权、百姓）寅（驿马星、跪拜、先天辰［震］为寅、为四数）木。

世（我们）三爻（旷野位、田野位、殿堂位、手臂位、过程位）兄弟（势能、势力、众多）午火（鸟类）与初爻（地表位、足位）合成火局生五爻（核心位、国家位、君王位、心理位、成功位、控制位、转换位）子孙（动物、臣仆）未土。

这一段的逻辑演绎有将两手高举过头顶，然后又跪伏在地上拜服或拜见的意思。

也即"双羽四足"之意。

袁李两位智者，借图画加谶，实际是在用比喻的方法，而且是非常谨慎、隐晦地在向李世民述说：

"皇上！一个王者要想让别人都从心底佩服，首先要具有像太阳一样的自强不息精神，能用普照万物的能量来照耀温暖大家。其次就得要具有像大地一样的厚德，能承载万物帮助大家一起成长。"

"这样的话，所有的邻邦都会折服于您，来朝拜您、帮助您。"

"皇上未济［未济］卦所描述的是冬日的阳光和水面上正在燃烧的大火，就像石油将能量转换成火焰一样。就看您能不能学到在寒冷的冬天，把狡猾的小狐狸都能吸引过来，让它们来依靠您的能量。"

2　对颂的形象理解与逻辑分析

2.1　图像的形象理解

图中画一正襟端坐在椅子上的长者，符合颂"中国而今有圣人"和"四夷重译称天子"之意。

图中觐见之人符合颂"四夷重译称天子"之意，画中的长者与来觐见之人都显得很安泰，颇符合"否极泰来九国春"之意。

2.2　卦意的逻辑分析

卦中的五爻（核心位、国家位、君王位、心理位、成功位、控制位、转换位）为子孙（后代、健康、福气、规律）未土，未土在川［坤］宫，为厚德载物之意。

即"中国而今有圣人，虽非豪杰也周成"之意。

二爻（地面位、成长位、嘴位、心理位、转换位）子孙（动物、臣仆）辰土会初爻（地表位、开始位）父母（国家、政权、百姓）寅（驿马星、跪拜、称赞）木成木局。

会成的父母（国家、政权、百姓）木局生旺被太岁会起的三爻（旷野位、田野位、社会位、过程位）兄弟（势能、势力、朋友、邻邦）午火和六爻（关外位、结果位）兄弟（势能、势力、朋友、邻邦）巳火与五爻（核心位、国家位、君王位、心理位、成功位、控制位、转换位）子孙（后代、天子、臣仆）未土会成兄弟（势能、势力、邻邦、朋友、众多、帮助）火局。

习赣［坎］为6数，罗［离］为3数，二者之和为9数。

即"四夷重译称天子，否极泰来九国春"之意。

这一段的颂里所进行的描述与卦辞中的亨通之意颇为符合。

袁李两位智者，借图画加颂，实际也是在用比喻的方法，而且是非常谨慎、隐晦地在向李世民述说：

"皇上，不管是谁，只要具有了自强不息的精神和厚德载物的品德，那么此人即使不是一个豪杰，也是一个在各方面都比较圆满的人。"

"如果一个王者，具有了自强不息的精神和厚德载物的品德，就会使四方之夷都来奉他为天子，使九州之国出现否极泰来的春光景色。"

"皇上啊，就像未济［未济］卦所描述的那样，冬天的阳光和水面上燃烧的大火，实际上在这种火之下的能源才真正具有这种能量。这可不是所有人都能认识到的，明白了这个道理，您就知道该怎样去做了。"

圣叹曰："此象乃圣人复生，四夷来朝之兆，一大治也。"

金圣叹的批注，仅作参考，读者可用易学文化的六爻易术理论，自己来分析。

第五节　第四十五象：戊申与蒙［蒙］

谶曰：

> 有客西来，至东而止。
>
> 木火金水，洗此大耻。

颂曰：

> 炎运宏开世界同，金乌隐匿白洋中。
>
> 从今不敢称雄长，兵气全销运已终。

蒙［蒙］（主体现象）

```
————————  父母寅木
——    ——  官鬼子水
——    ——  子孙戌土     世     伏妻财酉金
——    ——  兄弟午火
————————  子孙辰土
——    ——  父母寅木     应
```

卦象： 环形的水汽从山底向山顶在移动。

卦辞：（帛书）蒙，亨，非我求童蒙，童蒙求我，初筮吉，

再参掳，掳即（则）不吉，利贞。

（通行本）蒙，亨，匪我求童蒙，童蒙求我，初筮告，

再三渎，渎则不告，利贞。

现象描述：环形的水汽从山底向山顶在移动，一圈一圈地将山遮住，让人们什么都看不清了。这种景象，对想要了解事物真相的人是亨通的。就像我在给别人解读事物真相的时候，不是我在求那些像儿童一样幼稚的人，而是那些像儿童一样稚嫩的人看不清楚了，来求我占卜的，初次占签，已经告诉他们了，可一而再、再而三的还要继续占，这就是不相信事物发展的客观规律和变化法则，就是耍弄和亵渎。那就亵渎吧，我就不说了。亵渎是不尊重大自然发展的客观规律和变化法则，不告诉这样的人也是有利的征兆。

1　对谶的形象理解与逻辑分析

1.1　图像的形象理解

图中画着两年青人用枪在刺（或抵御）画面西北方一个在发光的物体，此物体类似于太阳（或文明），画中并没有直接表达出谶其他诗句里的意思。

1.2　卦意的逻辑分析

蒙［蒙］卦的上卦为根［艮］（为山、为根、为止、为年青人），下卦为习赣［坎］（为水、为流动、为寒冷）。

太岁申金与世（我们）四爻（旷野位、田野位、社会位、过程位）子孙（生机、后代、秩序、技术、规律、客人）戌土和伏着的妻财（能量、经济、财富）酉金合成妻财（能量、富裕、经济）金局（西方）。

合成的妻财（能量、富裕、经济）金局（西方）冲克应（对方）初爻（地表位、开始位、基础位、基层位、百姓位）和六爻（结果位）的父母（国家、政权、军队、百姓、目标、科学、文化、成功、佑护）寅（驿马星、实践、入侵）木（东方）。

即"有客西来，至东而止"之意。

木为父母（国家、政权、民族、军队、文化、目标、成功、太平、佑护）爻，火为兄弟（势能、势力、平等、团结、联合、凝聚、朋友、邻邦）爻，金为妻财（能量、经济、富裕）爻，水为官鬼（强大、壮丽、妖娆、制约、管理、治理、失败、灾难）爻。

即"木火金水"和"洗此大耻"之意。

袁李两位智者，借图画加谶，实际是在用比喻的方法，而且是非常谨慎、隐晦地在向李世民述说：

"皇上，随着自然时空的运行，社会历史的发展，以及科学文化的进步，我们西北方位的国家，在科学技术实践方面，会取得比较大的成功。他们会凭借着这种先进的技术，入侵到我们东方国家，他们的民族文化也会入侵到我们东方国家。"

"到那时，我们的人民必须联合起来，紧密地团结在国家政权的周围，形成强大的凝聚力。也必须以发展科学技术为目标，来提升自己的实力。努力地学习、发展、建设、创造。将我们的国家，建设成具有发达的科学文化技术和强大的经济实力的大国与强国。"

"只有走这一条路，我们的主权与政权才能独立，才能强硬，才能不受别国的牵制。我们的国家才能更加富强，我们的江山才能更加壮丽，我们各民族人民的生活才能更加幸福，更加安康。"

"我们也只有以此为基础，才能与西方的各个强国，建立起像朋友一样具有平等地位的外交关系。"

"也只有走这一条路，我们才能有实力去抵御外来列强对我们国家主权的干涉和挑衅。"

"皇上啊，这就是蒙〔蒙〕卦所说的要启蒙教育，要不断地学习，努力掌握事物变化的法则，努力看清事物发展的客观规律及所有事物的真相与本质。"

2　对颂的形象理解与逻辑分析

2.1　图像的形象理解

画面中西北方那个类似太阳的发光的东西，符合颂"炎运宏开世界同"之意，画没有直接表达出颂其他诗句里的意思。

2.2　卦意的逻辑分析

太岁申金冲动应（事物）初爻（地表位、开始位、基本位、基层位、百姓位）和六爻（天空位、关外位、结果位）的父母

（自然、世界、国家、政权、军队、百姓、文化、目标、成功、太平）寅（驿马星、普及、宏开）木与三爻（旷野位、田野位、社会位、道路位、过程位）兄弟（势能、势力、竞争、平等、邻邦、帮助）午火（炎运、核能、电子、信息等技术）和四爻（旷野位、田野位、社会位、道路位、过程位）子孙（生机、百姓、秩序、技术、财源、规律）戌土合成兄弟（势能、势力、竞争、平等、相同）火局（炎运、热兵器、核能、电子、信息等技术）。

即"炎运宏开世界同"之意。

太岁申（驿马星、隐匿、竞争）金与世（我们）四爻（旷野位、田野位、社会位、道路位、过程位）子孙（生机、秩序、技术、财源、健康、规律）戌土和伏着的妻财（能量、经济、财富）酉金（金乌）合成妻财（能量、富裕、经济）金局（白色）生五爻（核心位、国家位、心理位、大国位、成功位、控制位、转换位）官鬼（经济战争、霸权、控制）子水。

即"金乌隐匿白洋中"之意。

太岁申金与世（我们）四爻（旷野位、田野位、社会位、道路位、过程位）子孙（生机、百姓、秩序、技术、财源、健康、规律）戌土和伏着的妻财（能量、经济、富裕）酉金合成妻财（能量、富裕、经济）金局（兵器、兵气）。

合成妻财（能量、富裕、经济）金局生二爻（地面位、成长位、嘴位、心理位、转换位）子孙（生机、百姓、秩序、技术、财源、健康、规律）辰土和五爻（核心位、国家位、嘴位、耳朵位、心理位、大国位、成功位、控制位、转换位）官鬼（老大、雄壮、霸气）子水合成的官鬼（雄壮、霸气）水局。

即"从今不敢称雄长，兵气全销运已终"之意。

袁李两位智者，借图画加颂，实际也是在用比喻的方法，而且是非常谨慎、隐晦地在向李世民述说：

"皇上，随着自然时空的运行，社会历史的发展，以及文化科学技术的进步，很多国家所拥有的那种能量巨大和杀伤力强大的武器，会使地球上的人类进入一个热兵器的时代。这种技术会帮助他们的国民经济和百姓们充满勃勃的生机，会更快更强地迅猛发展。每个国家都会较量彼此的经济实力。"

"到了那个时候，哪个国家也不敢轻易称自己就是世界霸主，大国之间只能相互震慑，大规模的战争祸乱会暂时消停下来，大规模使用冷兵器（兵器）的时代也会结束。"

"皇上啊，这就是蒙［蒙］卦所说的要通过启蒙教育，来明白事理。我们的后人也要通过不断地努力学习，去掌握事物变化的法则，去完善我们的文化科学技术，去看清事物发展的客观规律及所有事物的真相与本质。"

圣叹曰："此象于太平之世复见兵戎，当在海洋之上，自此之后，更臻盛世矣。"

金圣叹的批注，仅作参考，读者可用易学文化的六爻易术理论，自己来分析。

第六节　第四十六象：己酉与涣〔涣〕

谶曰：

黯黯阴霾，杀不用刀。

万人不死，一人难逃。

颂曰：

有一军人身带弓，只言我是白头翁。

东边门里伏金剑，勇士后门入帝宫。

涣〔涣〕（主体现象）

```
————————  父母卯木
————————  兄弟巳火      世
——  ——   子孙未土          伏妻财酉金
——  ——   兄弟午火          伏官鬼亥水
————————  子孙辰土      应
——  ——   父母寅木
```

卦象：大风天气时，黄河之水波浪滔天地在奔腾。

卦辞：（帛书）涣，亨，王叚于庙，利涉大川，利贞。

（通行本）涣，亨，王假有庙，利涉大川，利贞。

现象描述：大风天气时，黄河之水波浪滔天。这个能量积聚的壮观景象，亨通啊！就像君王有圣人一样的名声和能力，就有利于去干大的事业一样，是有利的征兆。

1 对谶的形象理解与逻辑分析

1.1 图像的形象理解

图中画着一位中年男人攥着左拳，伸着右臂，注视着前方在行走。可不知为何这个中年男人伸着的右臂却没有手，也没有右眼（或是瞎了），就像个残疾人一样。

画意符合谶"黯黯阴霾"之意，没有直接表达出谶其他诗句里的意思。

1.2 卦意的逻辑分析

涣［涣］卦的上卦为筭［巽］（为草木、为风、为尘埃、为迅速、为肱、为手、为伏、为翁鸟），下卦为习赣［坎］（为水、为中年男子、为军人、为匪［盗、寇］、为弓弹）。

在下卦习赣［坎］（水、中年男子、军人、匪、盗、寇）卦的三爻（旷野位、田野位、战场位、社会位、身体位、手臂位、过程位）兄弟（势能、势力、损失）午火下伏着官鬼（灾难、杀戮、战祸、病毒、阴霾）亥（驿马星、掌握、投放）水（黑色、黯黯、阴霾、液体），代表兵戈刀剑的金不上卦。

即"黯黯阴霾，杀不用刀"之意。

太岁酉金合动五爻（核心位、国家位、眼位、心理位、转换位）兄弟（势能、势力［视力］、损失）巳（风、尘埃、驿马星、传播、受伤）火会起三爻（旷野位、田野位、战场位、社会位、身体位、手臂位、过程位）兄弟（势能、势力［视力］、损失）午火（眼睛）成兄弟（损失、残疾）火局。

伏神在卦中也是一个非常重要的参考要素。

伏着的官鬼（战争、灾难、病毒、杀戮、残害）亥（弓弹、驿马星、掌握、投放）水（水在习赣［坎］宫为1数、个十百千万数）出来与六爻（天空位、关外位、结果位）父母（国家、百姓、安全、太平）卯木和四爻（旷野位、田野位、社会位、道路位、身体位、过程位）子孙（生机、动物、生物、基因、万物、百姓）未土合成父母（国家、百姓、安全、太平）木局。

伏着的官鬼（战争、灾难、病毒、杀戮、残害）亥（弓弹、驿马星、掌握、投放）水（水在习赣［坎］宫为1数、个十百千万数）出来也与初爻（地表位、基层位、百姓位）父母（国家、百姓、安全、太平）寅（驿马星、生长）木合成父母（国家、百姓、安全、太平）木局。

即"万人不死"之意。

太岁酉金妻财（能量、祸源）爻生旺从三爻下出来的官鬼

（战争、灾难、病毒、杀戮）亥（弓弹、驿马星、掌握、投放）水（水在习赣［坎］宫为1数、个数）直冲五爻（核心位、国家位、君王位、眼位、心理位、控制位、转换位）兄弟（势能、势力、损失、残废）巳（风、尘埃、驿马星、传播、创伤）火。

即"一人难逃"之意。

袁李两位智者，借图画加谶，实际是在用比喻的方法，而且是非常谨慎、隐晦地在向李世民述说：

"皇上，随着自然时空的运行，社会历史的发展和科学技术的突飞猛进，各国都会在暗中进行能量的聚集与竞赛，到时候在人类会产生一种威慑力更巨大的病毒液体武器。"

"这种武器可以大规模地杀伤敌人。一旦战争爆发，就可以通过空气尘埃，大规模地杀伤致残人类，不管是哪一个国家卷入了这样的战争，都会遭受到灾难性损失，在劫难逃。"

注：根据易学中归类的原理，这种武器极有可能就是基因武器（也称第三代生物战剂）。它可分为三类：治病或抗病的微生物、攻击人类的"动物兵"和种族基因武器。

"皇上啊，如果要避免此类战争事件的发生，我们的后人就要在今后漫长的社会历史道路中，始终像涣［涣］卦所说的那样，既要像黄河之水永远向前奔腾那样，自身坚持不懈地去努力建设、发展，还要学习黄河始终像圣人那样，一直在不断哺育着黄河流域两岸的人民，团结一切可以团结的力量，求同存异、和平共处、共同发展。"

2 对颂的形象理解与逻辑分析

2.1 图像的形象理解

画意中没有直接表达出颂其他诗句里的意思。

2.2 卦意的逻辑分析

在下卦习赣［坎］（水、中年男子、军人、匪、盗、寇、弓、弹）卦的三爻（旷野位、田野位、社会位、身体位、手臂位、过程位）兄弟（势能、势力、损失）午火下伏着官鬼（灾难、杀戮、战祸、病毒、阴霾）亥（驿马星、带着、掌握、投放）水（黑色、液体、弓、弹、水在习赣［坎］宫为1数），代表兵戈刀剑的金不上卦。

即"有一军人身带弓"之意。

太岁酉金合动五爻（核心位、国家位、眼位、心理位、转换位）兄弟（势能、势力、损失）巳（风、尘埃、翁鸟、马星、传播、受伤）火会起四爻（旷野位、田野位、社会位、身体位、臂膀位、过程位）子孙（动物、百姓、生机、健康、规律）未土成兄弟（势能、势力、损失、残疾）火局。

伏神在卦中也是一个非常重要的参考要素。

伏着的妻财（能量、祸源）酉金（兵戈、兵器、白色）出来合动二爻（地面位、关口位、嘴位、心理位、转换位）子孙（生机、动物、生物、基因、健康、医药）辰土与六爻（天空位、关外位、头部位、结果位）父母（自然、国家、百姓、军队、安全、太平）卯木和初爻（地表位、基层位、基础位、百姓位）父母寅（驿马星、言说）木相会。

伏着的妻财（能量、祸源）酉金（兵戈、兵器、白色）出来合动二爻（地面位、关口位、嘴位、心理位、转换位）子孙（生机、动物、生物、基因、健康、医药）辰土成妻财（能量）金局（兵戈、兵器、白色）冲六爻（天空位、关外位、头部位、结果位）父母（自然、国家、百姓、军队、安全、太平）卯木。

即"只言我是白头翁"之意。

应（事物）二爻（地面位、边境位、关口位、手位、心理位、转换位）子孙（生机、万物、百姓、军队、动物、生物、基因、健康、医药）辰土为妻财（能量、祸源）酉金（兵戈、兵器）的墓地，既能使妻财（能量）酉金（兵戈、兵器）旺起，也与初爻（地表位、开始位、基层位、百姓位）父母（自然、国家、百姓、军队、科学文化、科学技术、防卫、保护、安全、太平）寅（驿马星、埋伏、学习、研究、建设）木（东方）相会。

即"东边门里伏金剑"之意。

太岁酉金妻财（能量、祸源）爻生旺从三爻下出来的官鬼（战争、灾难、病毒、杀戮、英雄、勇士、强大）亥（弓弹、驿马星、掌握、投放）水直冲五爻（核心位、国家位、君王位、眼位、心理位、后门位、控制位、转换位）兄弟（势能、势力、损失、残废、凝聚力）巳（风、尘埃、驿马星、传播、创伤、屈服、团结）火。

即"勇士后门入帝宫"之意。

袁李两位智者，借图画加颂，实际也是在用比喻的方法，而且是非常谨慎、隐晦地在向李世民述说：

"皇上，随着自然时空的运行，社会历史的发展和科学技术的突飞猛进。各国在暗中进行能量的聚集与竞赛，会研制生产出一种威慑力更巨大的病毒液体武器。"

"这种武器表面上在依靠弓弹之类的冷兵器或'硬杀伤'武器，实际它既像在天空中飞翔的鸟一样，又像在空气中飞舞的尘埃一样，能像'动物兵'一样攻击人类。"

"不管是哪一个国家，也不管你警惕防卫工作有多么严格，一旦卷入了这样的战争，就极难防治。"

"它的使用能使对方在战争开始之前丧失战斗力，不费一枪一炮能征服对方。它的心理威慑作用更强，使战争的进程将变得更加难以掌控，甚至能'不战而屈人之兵'。"

"所以皇上啊，如果要避免此类战争的发生，我们的后人就要在今后漫长的社会历史道路中，始终像涣［涣］卦所说的那样，既要像黄河之水永远向前奔腾那样，自身要坚持不懈地去努力创造，去发展科技，去建设自己的国家。同时还要学习黄河始终像圣人那样，一直在不断地哺育着黄河两岸的人民，团结一切可以团结的力量，求同存异、和平共处、共同发展。"

圣叹曰："此象疑君主昏聩，一勇士仗义兴兵为民请命，故曰万人不死，一人难逃。"

金圣叹的批注，仅作参考，读者可用易学文化的六爻易术理论，自己来分析。

第七节　第四十七象：庚戌与讼［讼］

谶曰：

> 偃武修文，紫薇星明。
>
> 匹夫有责，一言为评。

颂曰：

> 无王无帝定乾坤，来自田间第一人。
>
> 好把旧书多读到，义言一出见英明。

讼［讼］（主体现象）

```
━━━━━━━━━  子孙戌土
━━━━━━━━━  妻财申金
━━━━━━━━━  兄弟午火        世
━━━　　━━━  兄弟午火                伏官鬼亥水
━━━━━━━━━  子孙辰土
━━━　　━━━  父母寅木        应
```

卦象：黄河之水与大地不停地冲突着由高处向低处流淌。

卦辞：

（帛书）讼，有復，湎宁，克吉，冬凶，利用见大人，不利涉大川。

（通行本）讼，有孚，窒惕，中吉，终凶，利见大人，不利涉大川。

现象描述：黄河之水天上来，与大地和山脉不停地冲突变化着，一直在改变着自己的河道。虽然我们从它那里收获了很多，但是也要时刻警惕因为河道堵塞而发生的水患。就像做事情，中途是吉利的，但结果不会好。这个景象有利于毛遂自荐，而不利于去干大事。

1 对谶的形象理解与逻辑分析

1.1 图像的形象理解

图中画着一个摆满古书的书架，画意符合谶"偃武修文"之意，并没有直接表达出谶其他诗句里的意思。

1.2 卦意的逻辑分析

讼［讼］卦的上卦为键［乾］（为天、为心、为大脑、为自强不息），下卦为习赣［坎］（为水、为智慧）。

太岁戌土助六爻（结果位）子孙（生机、百姓、规律、法则）戌土与三爻（田野位、社会位、过程位）和世（我们）四爻（田野位、社会位、过程位）的兄弟（势能、借助、帮助）午火和初爻（地表位、开始位、基层位、百姓位）父母（国家、百姓、文

化、文明、教育、科学、技术、目标、成功、佑护、太平）寅
（驿马星、学习、普及）木合成兄弟（势能、借助、帮助）火局。

官鬼（军人、武士）亥水伏在三爻（田野位、社会位、手臂
位、过程位）兄弟（势能、借助、帮助）午火之下而不上卦。

即"偃武修文"之意。

太岁戌土合起应（事物）初爻（开始位、地表位、基层位、
百姓位）父母（国家、百姓、文化、教育、科学、技术、目标、
成功、佑护、太平）寅（马星、学习、普及）木冲五爻（天空位、
核心位、国家位、心理位、君王位、成功位、控制位、转换位）
妻财（能量、经济、富裕）申（驿马星、积蓄、发展、发光）金
（紫微星），金弱木强。

五爻（天空位、心理位、核心位、国家位、心理位、君王位、
成功位、控制位、转换位）妻财（能量、经济、富裕）申（驿马
星、积蓄、发展、发光）金（紫微星）被初爻（地表位、基层位、
百姓位）父母寅木越冲越旺。

即"紫薇星明"之意。

注：紫微星在易学理论中是一组厚重、谦恭、耿直的帝星，
掌管天下的爵禄。

太岁戌土助六爻（结果位）子孙（生机、百姓、人们、匹夫、
规律、法则）戌土与三爻（田野位、社会位、道路位、过程位）
和世（我们）四爻（田野位、社会位、道路位、过程位）的兄弟
（势能、帮助、联系、关联）午火和初爻（地表位、基层位、百姓
位）父母（国家、百姓、人们、匹夫、文化、文明、教育、科学、

技术、目标、成功、佑护、太平）寅（驿马星、学习、普及）木合成兄弟（势能、帮助、联系、关联）火局。

即"匹夫有责"之意。

太岁戌土合动应（事物）初爻（开始位、地表位、基层位、百姓位）父母（国家、百姓、文化、文明、教育、科学、技术、目标、成功、佑护、太平）寅（驿马星、学习、普及、评价）木与二爻（地面位、嘴位、心理位、转换位）子孙（生机、百姓、规律、法则）辰土相会。

即"一言为评"之意。

袁李两位智者，借图画加谶，实际是在用比喻的方法，而且是非常谨慎、隐晦地在向李世民述说：

"皇上，随着自然时空的运行，社会历史的发展和科学技术的突飞猛进，各个国家都会重视科学技术的发展。"

"到时候，在所有的国家中，能像紫微星一样脱颖而出，成为一颗耀眼的帝星的，必然是一个经济实力和国力都非常强盛的国家。它的经济实力和国力的强盛，又与它先进的文化科学技术密不可分的。"

"所以皇上啊，一个国家的富强与国人的文化素质和专业技术能力都是紧密联系在一起的。"

"用一句话来概括就是'国家兴亡，匹夫有责。'这是一个最基本的客观规律。"

"皇上啊，就像讼［讼］卦所说的，我们只有像治理黄河河道的堵塞问题一样，去治理人们思想中愚昧的污泥和落后的积沙，通过普及文化和科学教育，不断提高国人的综合素质，提高国人的文化和科学技术水平，从而带动国家经济的发展和军事实力的提升。"

2 对颂的形象理解与逻辑分析

2.1 图像的形象理解

图中画着的一个摆满古书的书架，符合颂"好把旧书多读到"之意，没有直接表达出颂其他诗句里的意思。

2.2 卦意的逻辑分析

卦中的五爻（核心位、国家位、心理位、王位、转换位）妻财（能量、经济、富裕）申（驿马星、发展、致富、搞定）金与六爻（结果位）子孙（生机、百姓、人们、匹夫、规律、法则、财源）戌（戌在键［乾］宫）土（土为川［坤］）相会。

官鬼（王者、官员）亥水伏在三爻（田野位、社会位、手臂位、过程位）兄弟（势能、势力）午火之下而不上卦。

即"无王无帝定乾坤"之意。

太岁戌土合动应（事物）初爻（地表位、基层位、百姓位）父母（国家、百姓、文化、文明、教育、科学、技术、文章、书籍、目标、成功、佑护、太平）寅（驿马星、学习、读书、普及、劳动）木（农作物）会二爻（地面位、成长位、嘴位、手位、心理位、转换位）子孙（生机、人民）辰土成父母（国家、百姓、文化、文明、教育、科学、技术）木局。

合成的父母（国家、百姓、文化、文明、教育、科学、技术）木局生三四爻（田野位、社会位、过程位）兄弟（势能、帮助、损失、旧的）午火。

即"来自田间第一人"和"好把旧书多读到"之意。

太岁戌土冲动二爻（地面位、成长位、嘴位、心理位、转换位）子孙（生机、百姓、规律、法则）辰土合五爻（核心位、国家位、心理位、成功位、转换位）妻财（能量）申（驿马星、出言）金（光亮）成官鬼（壮丽、强大）水局。

合成的水局冲旺三四爻（田野位、社会位、过程位）兄弟（势能、帮助）午火（光明）。

即"义言一出见英明"之意。

袁李两位智者，借图画加颂，实际也是在用比喻的方法，而且是非常谨慎、隐晦地在向李世民述说：

"皇上，随着自然时空的运行，社会历史的发展和科学技术的突飞猛进，将来所有的国家，哪一个国家也别想称霸。"

"将来无论哪一个国家，即使是田间的农民，都会通过学习而明白，把发展经济确定为自己的奋斗目标是一件多么重要的事情。"

"都会明白大自然中的一个最古老的哲理，就是自强不息地发展才是硬道理，厚德载物地做人才是真根本。"

"明白了这个哲理以后，大家的精神世界就会豁然开朗，光明无限。"

"所以皇上啊，就像讼［讼］卦所说的，我们只有像治理黄河河道的堵塞一样，去治理人们思想中愚昧的污泥和落后的积沙。通过普及文化科学教育，不断提高国人的综合素质，提高国人的文化科学技术水平，从而带动国家经济实力发展和军事实力的提升。"

圣叹曰："此象有贤君下士豪杰来归之兆。盖辅助得人而帝不居德，王不居功，蒸蒸然有无为而治之盛，此一治也。"

金圣叹的批注，仅作参考，读者可用易学文化的六爻易术理论，自己来分析。

第八节　第四十八象：辛亥与同人〔同人〕

谶曰：

> 卯午之间，厥象维离。
>
> 八牛牵动，雍雍熙熙。

颂曰：

> 水火既济人民吉，手执金戈不杀贼。
>
> 五十年中一将臣，青青草自田间出。

同人［同人］（主体现象）

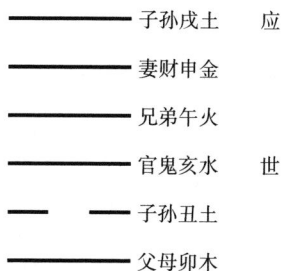

━━━━━━━　　子孙戌土　　应

━━━━━━━　　妻财申金

━━━━━━━　　兄弟午火

━━━━━━━　　官鬼亥水　　世

━━━　━━━　　子孙丑土

━━━━━━━　　父母卯木

卦象： 宇宙中，所有天体都在进行着相同的运转。

卦辞：（帛书）同人与野，亨，利涉大川，利君子贞。

（通行本）同人与野，亨，利涉大川，利君子贞。

现象描述：所有天体在宇宙中进行着相同运转的情景，就像是心中装有天地和百姓，具有为国为民的宏伟志向和抱负的人们，相聚在一起一样。这是个同心、同德、同志、亨通的景象，有利于排除万难，有大的作为，是对中正的君子非常有利的征兆。

1　对谶的形象理解与逻辑分析

1.1　图像的形象理解

图中画着一条龙与草地上一条昂着头的蛇（小龙）正在相互喷吐火焰。

画意并没有直接表达出谶里的意思，不过画意中的龙（天）与蛇（火）可直读成同人［同人］卦。

1.2　卦意的逻辑分析

同人〔同人〕卦的上卦为键〔乾〕（为天、为龙、为大脑、为心、为自强不息），下卦为罗〔离〕（为日、为火、为丽）。

卦中的初爻（地表位、基层位、百姓位）父母（国家、百姓、太平）卯木（小草）和四爻（半天空位、旷野位、田野位、社会位、过程位）兄弟（势能、帮助）午火（太阳）之间，有太岁亥水临世（我们）三爻（旷野位、田野位、社会位、过程位）官鬼（壮丽、强大、妖娆）亥（驿马星、生活）水与二爻（地面位、成长位、转换位）子孙（生机、百姓、福气、健康）丑土会成官鬼（壮丽、强大、妖娆）水局。

有四爻（旷野位、田野位、社会位、过程位）兄弟（势能、势力、贫穷、联系）午火与二爻（地面位、成长位、转换位）子孙（生机、百姓）丑土相害。

有三爻（旷野位、田野位、社会位、过程位）官鬼（壮丽）亥水与初爻（地表位、基层位、百姓位）父母（国家、百姓、太平、成功）卯木相合成父母（国家、百姓、太平、成功）木局。

还有三爻（旷野位、田野位、社会位、过程位）官鬼亥水与四爻（旷野位、田野位、社会位、过程位）兄弟（势能、团结、联系）午火暗合成父母（国家、百姓、太平、成功）木局和子孙（生机、百姓）土局。

即"卯午之间，厥象维离"之意。

太岁亥水助世（我们）三爻（旷野位、田野位、社会位、过程位）官鬼（壮丽、强大、妖娆）亥（驿马星、生活）水与二爻（地面位、成长位、转换位）子孙（动物、生机、百姓、福气、健康）丑（牛、丑在根［艮］宫为8数）土会成官鬼（壮丽、强大、妖娆）水局生初爻（地表位、基层位、百姓位）父母（国家、政权、百姓、太平、大车）卯木。

被会动的二爻（地面位、车轮位、手位、嘴位、转换位）子孙（动物、生机、百姓、福气、健康）丑（牛丑在根［艮］宫为8数）土既是五爻（核心位、国家位、转换位）妻财（能量、经济、富裕）申（驿马星、活跃、热闹、致富）金的墓地，又在生旺五爻妻财申金。

二爻（地面位、车轮位、手位、嘴位、转换位）子孙（动物、生机、百姓、福气、健康）丑土与应（事物）六爻（结果位）子孙（动物、生机、百姓、福气、健康）戌土相冲，土越冲越旺。

即"八牛牵动，雍雍熙熙"之意。

袁李两位智者，借图画加谶，实际是在用比喻的方法，而且是非常谨慎、隐晦地在向李世民述说：

"皇上，在太阳和小草之间，一国之君就像太阳，百姓就像是辽阔地面上享受着阳光普照的小草。"

"壮丽美好的江山和朝气蓬勃的百姓，与国家的太平是紧密联系在一起的。贫穷使百姓没有生机，富强使百姓生机勃勃，到处呈现一派繁荣的景象。国家富强，管理就一定是非常有秩序的，社会就一定是非常太平的。这是一个普遍的客观规律。"

"当用牛来耕作的农民，生活都在蒸蒸日上的时候，国家的经济以及实力也是蒸蒸日上的。国家在富强，那么百姓生活的劲头就会更足。"

"到那时，国家的经济和实力就像一辆用八头大牛在拉动的大车一样，呈现出一派既很平稳又在前进的壮观景象。"

"皇上，就像是同人［同人］卦所说的上下团结一心一样，只要所有的君王，都像是天空中的龙一样，所有的百姓都像是地面上的小龙（蛇）一样，都能团结一心，自强不息地努力奋斗，那么我们的国家会更加繁荣，我们的百姓会更加幸福。"

2 对颂的形象理解与逻辑分析

2.1 图像的形象理解

图中一条龙和一条蛇正在相互喷射火焰，画中并没有直接表达出颂诗句里的意思。

2.2 卦意的逻辑分析

太岁亥水助世（我们）三爻（田野位、社会位、过程位）官鬼（艰难、困苦）亥（驿马星、努力、奋斗）水与二爻（地面位、成长位、转换位）子孙（生机、百姓、福气、健康、秩序、规律）丑土会成官鬼（艰难、困苦）水局冲四爻（田野位、社会位、过程位）兄弟（势能、团结、帮助）午火和应（事物）六爻（结果位）子孙（生机、百姓、福气、健康）戌土合成的兄弟（势能、团结、帮助、势力）火局。

即"水火既济人民吉"之意。

太岁亥水助世（我们）三爻（田野位、社会位、手臂位、过程位）官鬼（壮丽、强大、妖娆）亥（驿马星、生活）水与二爻（地面位、成长位、手位、转换位）子孙（生机、百姓、福气、健康、秩序、规律）丑土生旺五爻（核心位、国家位、转换位）妻财（能量、经济、富强）申（驿马星、发展、活跃、热闹、致富）金（金戈），而不克三爻官鬼（匪、盗、寇）亥水。

即"手执金戈不杀贼"之意。

太岁亥水临世（我们）三爻（田野位、社会位、手臂位、过程位）官鬼（大将、壮丽、强大、妖娆）亥（驿马星、生活）水旺会二爻（地面位、成长位、手位、转换位）子孙（臣仆、生机、百姓、福气、健康、秩序、规律）丑土成官鬼（将帅）水局。

会成的官鬼（将帅）水局生初爻（地表位、基层位、百姓位）父母（国家、政权、百姓、目标、成功、太平）卯木（农作物）。

键［乾］（1）十罗［离］（3）十卯（4）十丑（2）十亥（12）十午（7）十申（9）十戌（11）= 49 数，近似 50 数。

即"五十年中一将臣，青青草自田间出"之意。

袁李两位智者，借图画加颂，实际也是在用比喻的方法，而且是非常谨慎、隐晦地在向李世民述说：

"皇上，就像既济［既济］卦中所说的外面冷，里面暖和那样，今后不管哪一位君王执政，也不管摆在我们子孙面前的生存环境是多么的艰难困苦，只要君王的心与百姓的心是紧密联系在一起，团结在一起的，君民都是在不断努力和艰苦奋斗的，用不了五十年，江山社稷就会像田间苗壮成长的青草一样，人民生活就会安康、富裕起来，国家就会强大、太平、富裕起来。"

"皇上啊，就像是同人［同人］卦所说的上下团结一心一样，只要所有的君王，都像是天空中的龙一样，所有的百姓都像是地面上的小龙（蛇）一样，能团结一心，自强不息地努力奋斗，那么我们的国家会更加繁荣，我们百姓的生活会更加幸福。"

圣叹曰："此象疑一朱姓与一苗姓争夺朝纲，而朱姓有以德服人之化。龙蛇相斗在辰巳之年，其建都或在南方。"

金圣叹的批注，仅作参考，读者可用易学文化的六爻易术理论，自己来分析。

第九章　川［坤］宫八个卦中的太岁

第一节　第四十九象：壬子与川［坤］

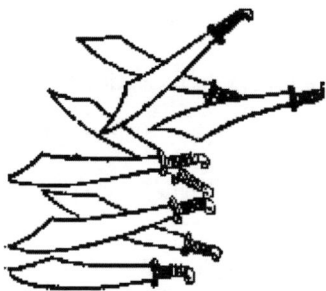

谶曰：

山谷少人口，欲剿失其巢。

帝王称弟兄，纷纷是英豪。

颂曰：

一个或人口内啼，分南分北分东西。

六爻占尽文明见，棋布星罗日月齐。

川〔坤〕（主体现象）

▬▬　▬▬　子孙酉金　　世

▬▬　▬▬　妻财亥水

▬▬　▬▬　兄弟丑土

▬▬▬▬▬　官鬼卯木　　应

▬▬▬▬▬　父母巳火

▬▬▬▬▬　兄弟未土

卦象：广袤富饶的大平原和黄土地。

卦辞：（帛书）川，元亨，利牝马之贞，君子有攸往，先迷
后得，主利西南得朋，东北亡朋，安贞吉。
（通行本）坤，元亨，利牝马之贞，君子有攸往，先迷
后得，主利西南得朋，东北丧朋，安贞吉。

现象描述：广袤富饶的大平原和黄土地啊！一马平川，
这个自然景象真是太好了，一开始就亨通，就像牝马能够自
由驰骋和茁壮成长的有利征兆一样。又像君子在密林中寻找
出路，一开始迷茫，后来就找到了出路，是有利的征兆。见
到这样的情景或占到此卦，往西南方去做事能得到朋友的相
助，并能实现像满月一样圆满而光明的目标，往东北方则会
失去朋友的相助，实现不了光明的目标。但这是安全的征兆，
吉利。

1　对谶的形象理解与逻辑分析

1.1　图像的形象理解

图中画着八把大刀，这八把大刀的排列看似有秩序，又似无秩序，画意并没有直接表达出谶诗句里的意思，不过画意中的八数却符合川［坤］卦的八数。

1.2　卦意的逻辑分析

川［坤］卦的上下卦都为川［坤］（为地球、为大地、为山川、为国家、为厚德、为母亲、为老女人），川［坤］卦为六冲卦。

用"山谷少人口"的拆字法，将"谷"字的"人"与"口"拆掉，就剩一个"八"字，而此四十九象的川［坤］之卦则为8数。

即"山谷少人口"之意。

川［坤］卦是一个六冲卦，卦中的六爻（结果位）子孙（百姓、人们、生机）酉金被三爻（旷野位、田野位、社会位、过程位）官鬼（灾难）卯木所反冲克。

二爻（地面位、成长位、房屋位、嘴位、转换位）父母（人民、百姓）巳火被五爻（核心位、国家位、转换位）妻财（灾祸、病源）亥水所冲克。

也即"山谷少人口"之意。

用"欲剿失其巢"的拆字法，将"剿"字的"巢"拆去，就剩一个"利刀"旁了，即一个"刀"字。

把"山谷少人口，欲剿失其巢"用拆字法拆开之后，就是"八把刀"的意思了。

这就是此四十九象的图画，即"欲剿失其巢"之意。

太岁子水一旦刑三爻（旷野位、田野位、过程位）官鬼（剿灭、攻击、屠杀）卯木，则被太岁子水助起的五爻（核心位、宫廷位、家庭位、窝位、心理位、控制位、转换位）妻财（能量）亥（驿马星、担心、攻击、占领）水就会去合三爻（田野位、社会位、过程位）官鬼（侵略）卯木。

被太岁子水助起的五爻（核心位、宫廷位、家庭位、窝位、心理位、控制位、转换位）妻财（能量）亥（驿马星、担心、攻击、占领）水就会去冲（攻击）二爻（地面位、关口位、边境位、房屋位、转换位）父母（国家、家庭、房屋、窝巢）巳火。

就怕二爻（地面位、边境位、关口位、心理位、转换位）父母（国家、家庭、房屋、窝巢）巳（驿马星、担心）火失去三爻（田野位、社会位、手臂位、过程位）官鬼（王者）卯木的这个生它的根了。

也即"欲剿失其巢"之意。

太岁子水助五爻（核心位、国家位、君王位、心理位、转换位）妻财（能量）亥（驿马星、称道）水与初爻（地表位、基层位、百姓位）兄弟（势能、朋友）未土和三爻（田野位、社会位、手臂位、过程位）官鬼（霸道、英雄、豪杰）卯木合成官鬼（霸道、英雄、豪杰）木局。

太岁子水助五爻（核心位、国家位、君王位、心理位、转换位）妻财（能量）亥（驿马星、称霸）水与四爻（田野位、社会位、手臂位、过程位）兄弟（势能、朋友、关联）丑土会成妻财（能量）水局生三爻（田野位、社会位、手臂位、过程位）官鬼（霸道、英雄、豪杰）卯木。

即"帝王称弟兄，纷纷是英豪"之意。

袁李两位智者，借图画加谶，实际是在用比喻的方法，而且是非常谨慎、隐晦地在向李世民述说：

"皇上，自从地球上有了人类，就有了势力范围和国家。而且地球上的国家本来是四分五裂的，每个国家的四面八方都有其他国家，人们不是想去攻打剿灭别的国家，就是担心被别的国家攻击和占领。其结果就使得人类不断地遭受战争的危害。"

"各国的帝王，表面上称兄道弟，努力建立起像朋友一样的关系，其实在他们的内心深处，都在想着如何称霸世界。"

"所以皇上啊，我们的子孙只有学习到了《周易》的文化精髓，即键［乾］卦中的自强不息和川［坤］卦中的厚德载物，才有可能在这个地球上站稳脚跟，才能随着日月星宿，有法则、有规律地去生存。"

2　对颂的形象理解与逻辑分析

2.1　图像的形象理解

图中画着八把大刀并没有直接表达出颂诗句里的意思。

2.2 卦意的逻辑分析

太岁子水助五爻（核心位、国家位、眼位、心理位、转换位）妻财（财富、资源）亥（驿马星、流泪）水（眼泪）冲克（战争）二爻（地面位、嘴位、心理位、手位、转换位）父母（国家、权力、百姓）巳（驿马星、哭泣）火。

即"一个或人口内啼"之意。

注："国"字在《说文大字典》中为"國"，从"口"从"或"，"或"即"国"的另一种写法。

川［坤］为六冲卦，三爻（旷野位、田野位、社会位、过程位）官鬼（英雄、豪杰）卯木（东）与六爻（关外位、结果位）子孙（生机、百姓）酉金（西）相冲。

二爻（地面位、边境位、关口位、心理位、手位、腿位、转换位）父母（国家、权力、人民）巳（驿马星、冲撞、摩擦、战争）火（南）与五爻（核心位、国家位、君王位、心理位、控制位、转换位）妻财（能量、财富、资源）亥（驿马星、冲撞、摩擦、战争）水（北）相冲。

即"分南分北分东西"之意。

川［坤］（地球、大地、山川、国家、文化、文明、厚德、母亲、老妇人）卦在《周易》中是最后一个卦。

其中既有子孙（生机、法则、规律）酉（星、月）金，也有父母（大自然、文化、文明、太平）巳火（日）。

而且这个六冲卦的六爻全动之后就变成了键［乾］卦，就是川［坤］的用六爻辞"利永贞（永远都是有利的征兆）"之意，也是键［乾］（宇宙、天空、自强不息、运动）卦的卦辞"元亨利贞（一开始就有利）"之意。

即"六爻占尽文明见，棋布星罗日月齐"之意。

六爻（宇宙位、天空位、结果位）子孙（法则、规律、生机）酉金与二爻（地面位、关口位、边境位、成长位、心理位、转换位）父母（大自然、文化、文明、太平）巳火相合。

也即"六爻占尽文明见，棋布星罗日月齐"之意。

袁李两位智者，借图画加颂，实际也是在用比喻的方法，而且是非常谨慎、隐晦地在向李世民述说：

"皇上，地球本来就是一个整体，像一个统一的国家一样，可是那些王者为了自己的欲望和权力，迫使人类不断地互相残杀。最后在地球东南西北的各个方向上，形成了许许多多的国家。"

"难道非得等到地球上的人类都不复存在了，地球的表面上才能恢复到有法则、有规律的运行状态吗？"

"所以皇上啊，我们的子孙只有学习到了《周易》的文化精髓，即键［乾］卦中的自强不息和川［坤］卦中的厚德载物，才有可能在这个地球上站稳脚跟，才能随着日月星宿，有法则、有规律地，既相互联系又相互独立地去生存。"

圣叹曰："久分必合，久合必分，理数然也。然有文明之象，当不如割据者之纷扰耳。"

金圣叹的批注，仅作参考，读者可用易学文化的六爻易术理论，自己来分析。

第二节　第五十象：癸丑与復［复］

谶曰：

　　水火相战，时穷则变。

　　贞下起元，兽贵人贱。

颂曰：

　　虎头人遇虎头年，白米盈仓不值钱。

　　豺狼结队街中走，拨尽风云始见天。

復［复］（主体现象）

```
——  ——　子孙酉金
——  ——　妻财亥水
——  ——　兄弟丑土　　应
——  ——　兄弟辰土
——  ——　官鬼寅木　　　　伏父母巳火
————　　　妻财子水　　世
```

卦象： 每月的晦朔这几天，月亮就好像被什么东西给俘获了一样。

卦辞： （帛书）復，亨，出入无疾，堋来无咎，反復其道，

七日来復，利有攸往。

（通行本）复，亨，出入无疾，朋来无咎，反复其道，

七日来复，利有攸往。

现象描述：月亮、地球、太阳的运动，造成了月亮的圆缺变化，每月的晦朔这几天，月亮就好像被什么东西给俘获了一样，其实这是亨通的。不论月光变化多大，都不是月亮得了什么疾病，就像圆圆的满月升起来的时候是一样的，是没有任何毛病的。月亮圆缺变化的规律是七天一种形态，月亮的运动与变化规律本来就是这样的，也是有利的。

1　对谶的形象理解与逻辑分析

1.1　图像的形象理解

图中画着一只老虎在草丛里捕食撕咬着什么动物，画意与谶"水火相战"和"兽贵人贱"诗句里的意思倒挺符合，画中没有直接表达出谶其他诗句里的意思。

1.2　卦意的逻辑分析

復［复］卦的上卦为川［坤］（为地球、为大地、为山川、为月光、为国家、为厚德、为母亲、为老女人），下卦为辰［震］

（为震动、为东方、为树木）。

太岁丑土助起三爻（旷野位、田野位、社会位、手臂位、道路位、过程位）兄弟（势能、势力、帮助、损失、亏损、消耗、浪费）辰（水库、液体资源库）土会二爻（地面位、边境位、关口位、成长位、嘴位、心理位、转换位）官鬼（战争、灾难）寅（虎、驿马星、战斗、撕咬）木成官鬼（灾难、战争、祸乱）木局。

伏神在卦中也是一个非常重要的参考要素。

伏着的父母（自然、时光）巳火（太阳、时光、马星、运行、变化）出来与五爻（天空位、核心位、国家位、控制位、转换位）妻财（能量、资源、财富）亥（驿马星、运行、变化、战斗、控制、掠夺）水相冲（战斗）。

即"水火相战，时穷则变"之意。

在这样的征兆下开始，即"贞下起元"之意。

太岁丑土会动五爻（天空位、核心位、国家位、控制位、转换位）妻财（资源、能量、经济、财富、钱财、货币）亥（驿马星、变化、涨价）水（液体）与二爻（地面位、边境位、关口位、成长位、嘴位、心理位、手位、转换位）官鬼（强盗、猛兽）寅（虎、驿马星、掌握、控制）木合成官鬼（强盗价、霸占、控制、灾难、战争、祸乱）木局。

即"兽贵人贱"之意。

袁李两位智者，借图画加谶，实际是在用比喻的方法，而且是非常谨慎、隐晦地在向李世民述说：

"皇上，随着时空的变迁，社会历史的发展以及科学文化的进步，地球上的资源也将会越来越少，人类会为了争夺水或其他资源而发动战争。"

"由于人们在不断地消耗着各种资源，那些价值高的能量资源，就会变得奇货可居。人们为了霸占和控制那些昂贵的能量资源，就会发动战争。而那些被卷入战争的无辜百姓的生命，相比那种昂贵的能量资源，就显得微不足道了。"

2 对颂的形象理解与逻辑分析

2.1 图像的形象理解

画意符合颂"虎头人遇虎头年"和"豺狼结队街中走"之意，画中没有直接表达出颂其他诗句里的意思。

2.2 卦意的逻辑分析

太岁丑土会动五爻（核心位、国家位、君王位、头部位、转换位）妻财（资源、能量、经济、财富、钱财、货币）亥（驿马星、变化、涨价）水（液体）与二爻（地面位、手位、心理位、转换位）官鬼（强盗、猛兽）寅（驿马星、控制、操纵）木（农作物）合成官鬼（强盗价、霸占、控制、灾难、战争、祸乱）木局。

伏神在卦中也是一个非常重要的参考要素。

伏着的父母（仓库）巳（驿马星、满盈）火出来反而冲弱了五爻（天空位、高位、核心位、国家位、心理位、转换位）妻财（钱财、货币、价位、食物、粮食）亥（驿马星、下降）水。

即"虎头人遇虎头年，白米盈仓不值钱"之意。

太岁丑土助起三爻（旷野位、田野位、社会位、道路位、街道位、过程位）兄弟（势力、帮助、损失、亏损、消耗、浪费）辰（水库、液体资源库）土会二爻（地面位、门口位、道路、腿位、车轮位、转换位）官鬼（灾难、豺狼、虎豹）寅（驿马星、行走、流淌、损失、亏损、消耗、浪费）木成官鬼（灾难）木局。

即"豺狼结队街中走"之意。

注：这种被比喻为能浪费液体资源能量，又能在道路街道上排着队行走的老虎豺狼很可能就是今天已经非常普及了的汽车。

从二爻（地面位、关口位、手位、心理位、转换位）下出来的父母（自然、天气）巳（驿马星、拨开、看见）火（太阳、晴天）出来只能冲开五爻（天空位、高位、核心位、眼位、心理位、转换位）妻财（能量、祸源）亥（驿马星、遮盖、笼罩、看见、想）水（黑色、积雨云），才能与六爻（天空位、结果位）子孙（生机、万物、人们、法则、福气、健康、规律、秩序、质量）酉金（亮光、清爽、白色）相合。

即"拨尽风云始见天"之意。

袁李两位智者，借图画加颂，实际也是在用比喻的方法，而且是非常谨慎、隐晦地在向李世民述说：

"皇上，那些能量资源一旦被霸权者们所控制，那么它们的价格就会居高不下，白米与它相比，就一钱不值了。"

"到那时候，消耗这些能量资源的豺狼虎豹们（车辆），会成群结队地在道路上行走。人们要想看到晴朗的天空，就必须拨开天空中像云一样阴暗的污雾。"

注："拨尽风云始见天"极有可能就是在指空气污染。

"皇上，就像復［复］卦所说的那样，到了那时候，大自然中的万物和人类会生活在灰蒙蒙的天空下，万物和人类的生活质量是不会好的，万物和人们的健康状况也是不会好的。"

圣叹曰："此象遇寅年必遭大乱，君昏臣暴，下民无生息之日。又一乱也。"

金圣叹的批注，仅作参考，读者可用易学的六爻易术理论，自己来分析。

第三节　第五十一象：甲寅与林［临］

谶曰：

阴阳和，化以正。

坤顺而感，后见尧舜。

颂曰：

谁云女子尚刚强，坤德居然感四方。

重见中天新气象，卜年一六寿而康。

林〔临〕（主体现象）

—— —— 子孙酉金

—— —— 妻财亥水　　　应

—— —— 兄弟丑土

—— —— 兄弟丑土

———— 官鬼卯木　　　世

———— 父母巳火

卦象： 满月与辽阔富饶的湿地。

卦辞：（帛书）林，元亨，利贞，至于八月有凶。

（通行本）临，无亨，利贞，至于八月有凶。

现象描述：满月时，光泽溢满整个圆月，就像地球早期的冰川时代，表面都被冰霜覆盖着会反光一样，一开始就好，又像一开始地球水量充足，整个地表都是湿地和茂盛的植被，生态非常平衡圆满一样，一开始就是亨通有利的征兆，不过到了每年八月，月亮最圆最亮的时候，雨水也会非常充足，万物也快要凋零了，这个时候就不太好了，有凶的征兆。

1 对谶的形象理解与逻辑分析

1.1 图像的形象理解

图中画着一个身穿龙袍的男人和一个身着凤装的女人站在厅堂上，好像是正在临朝一样。画意符合谶"阴阳和"和"坤顺而感"之意，画中没有直接表达出谶其他诗句里的意思。

1.2 卦意的逻辑分析

林［临］卦的上卦为川［坤］（为大地、为国家、为厚德、为母亲、为皇后、为顺），下卦为夺［兑］（为月、为泽、为喜悦、为少女）。

太岁寅（阳支）木与应（事物）五爻（核心位、国家位、君王位、心理位、转换位）妻财（能量、经济、富裕、女人）亥（阴支）水合化成官鬼（君主、皇帝）木局。

即"阴阳和，化以正"之意。

林［临］卦的上卦川［坤］（为厚德、为母爱、为顺从）中的五爻（核心位、君王位、心理位、转换位）妻财（能量、经济、富裕、女人）亥（驿马星、感想、顺从）水冲初爻（地表位、基层位、百姓位）父母（国家、政权、百姓、文化、成功、太平）巳（驿马星、生长）火。

即"坤顺而感，后见尧舜"之意。

袁李两位智者，借图画加谶，实际是在用比喻的方法，而且是非常谨慎、隐晦地在向李世民述说：

"皇上，如果一个君王心里装着万物和百姓，那么他就具有了像大地一样的品质，就能使天下黎民百姓感到愉悦和顺畅。那样，我们的江山社稷就会非常稳固。"

"所以皇上啊，不管哪一代君王，只要他具有了这样的胸怀，就会出现像林［临］卦所说的那样，国家就像沼泽湿地一样，会出现多种多样的生物；黎民百姓就像湿地中的生物一样，充满生机。"

2 对颂的形象理解与逻辑分析

2.1 图像的形象理解

画意符合颂"谁云女子尚刚强，坤德居然感四方"之意，画意没有直接表达出颂其他诗句里的意思。

2.2 卦意的逻辑分析

太岁寅木助二爻（地面位、成长位、心理位、嘴位、转换位）官鬼（刚强）卯木与五爻（核心位、国家位、君王位、心理位、转换位）妻财（女子、能量、经济、富裕）亥（驿马星、说）水合成官鬼（刚强）木局。

即"谁云女子尚刚强"之意。

五爻（核心位、国家位、君王位、心理位、转换位）妻财（女子、能量、经济、富裕）亥（驿马星、感动）水与三四爻（田野位、社会位、过程位）的两个兄弟（势能、贫穷、帮助）丑土都相会成妻财（经济、富裕）水局。

五爻（核心位、国家位、君王位、心理位、转换位）妻财（女子、能量、经济、富裕）亥（驿马星、感动）水与二爻（地面位、成长位、心理位、嘴位、转换位）官鬼（壮丽）卯木合成官鬼（壮丽、强大）木局。

五爻（核心位、国家位、君王位、心理位、转换位）妻财（女子、能量、经济、富裕）亥（驿马星、感动）水冲初爻（地表位、基层位、百姓位）父母（国家、政权、百姓、文化、成功、太平、名声）巳（驿马星、流传、感动）火。

即"坤德居然感四方"之意。

太岁寅木生刑动初爻（地表位、基层位、百姓位）父母（国家、政权、百姓、文化、成功、太平、名声）巳火与三四爻（半天空位、田野位、社会位、过程位）的两个兄弟（势能、贫穷、帮助）丑土和六爻（宇宙位、天空位、结果位）子孙（生机、规律、秩序）酉金合成子孙（生机、规律、秩序）金局（光亮、白色）。

太岁寅木生刑动初爻（地表位、基层位、百姓位）父母（国家、政权、百姓、文化、成功、太平）巳（驿马星、看见）火直冲五爻（天空位、核心位、国家位、君王位、心理位、转换位）妻财（能量、经济、富裕）亥（驿马星、出现）水。

即"重见中天新气象"之意。

太岁寅木合动五爻（天空位、核心位、国家位、君王位、心理位、胸怀位、转换位）妻财（能量、经济、富裕）亥（驿马星、流淌、归置）水（大海）冲动初爻（地表位、基层位、百姓位）父母（国家、政权、百姓、文化、成功、太平、长寿）巳（6数、驿马星、占卜、祭祀）火与六爻（宇宙位、天空位、结果位）子孙（生机、规律、秩序、医药、健康）酉（10数、满数之后又为1数）金相合。

一六合化水为具有海纳百川一样的胸怀，即"卜年一六寿而康"之意。

袁李两位智者，借图画加颂，实际也是在用比喻的方法，而且是非常谨慎、隐晦地在向李世民述说：

"皇上，不管是哪一个君王，如果他的心里具有了键〔乾〕卦自强不息的精神，再加上川〔坤〕卦厚德载物的品质，就能使这个国家摆脱贫穷，使这个国家的经济不断地发展，使这个国家的实力不断地增强。他的英名也会传到四面八方。"

"那么在这样的皇帝执政之时，江山社稷就会'重见中天新气象'。我们的国家就会像海一样能吸引来所有的河流，就会像大海里的生物一样充满生机。"

"皇上啊，任何一个皇帝只要具有了海纳百川的品质，就像是林〔临〕卦所说的那样，他所管理的国家就像沼泽湿地一样，他所领导的黎民百姓就像是湿地中的生物一样，朝气蓬勃。国家经济就会形成一种像湿地养活植被，植被又养活动物那样的生物链，一直循环地健康发展。"

圣叹曰："此象乃明君得贤后之助，化行国内，重见升平，又一治也。"

金圣叹的批注，仅作参考，读者可用易学文化的六爻易术理论，自己来分析。

第四节　第五十二象：乙卯与奈〔泰〕

谶曰：

> 慧星乍见，不利东北。
>
> 踽踽何之，瞻彼乐国。

颂曰：

> 搀枪一点现东方，吴楚依然有帝王。
>
> 门外客来终不久，乾坤再造在角亢。

奈［泰］（主体现象）

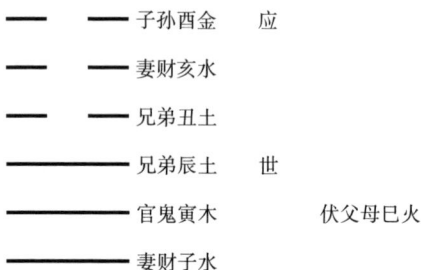

```
——  ——  子孙酉金      应
——  ——  妻财亥水
——  ——  兄弟丑土
————————  兄弟辰土      世
——  ——  官鬼寅木           伏父母巳火
————————  妻财子水
```

卦象：种子发芽破土的过程。

卦辞：（帛书）奈，小往，大来，吉亨。

（通行本）泰，小往，大来，吉亨。

现象描述：种子发芽拱破土的情景，是它自己具有的能源在释放能量。这个景象，象征着大自然在焕发着勃勃的生机，就像小的投入将要有大的收益一样，吉利而亨通啊！

1　对谶的形象理解与逻辑分析

1.1　图像的形象理解

图中画着一身穿龙袍背着手的帝王在悠闲地前行，在他背后的上空悬挂着一颗又大又圆的星星，好像在为他照耀着前方的道路。

画意与谶"慧星乍见"和"蹰蹰何之"诗句里的意思符合，画意中没有直接表达出谶其他诗句里的意思。

1.2 卦意的逻辑分析

奈［泰］卦的上卦为川［坤］（为大地、为厚德、为顺、为孕育），下卦为键［乾］（为天、为首脑、为自强不息、为运动）。

太岁卯木助会起二爻（地面位、边境位、关口位、成长位、心理位、转换位）官鬼（灾难、骚扰）寅（驿马星、出现、抢掠）木。

伏神在卦中也是一个非常重要的参考要素。

伏着的父母（自然、国家、军队、百姓）巳（驿马星、战斗、出现）火（彗星）出来刑二爻（地面位、边境位、关口位、心理位、转换位）官鬼（灾难、战争、祸乱）寅（寅在根［艮］宫为东北）木。

即"慧星乍见，不利东北"之意。

伏在二爻（地面位、边境位、关口位、心理位、腿位、转换位）下的父母（自然、国家、军队、百姓）巳（驿马星、出现、踽踽）火出来刑二爻（地面位、边境位、关口位、心里位、腿位、手位、转换位）官鬼（孤独、灾难、祸乱）寅（驿马星、行走、孤独、掠夺）木。

即"踽踽何之"之意。

注：踽（ju 三声）为孤独走路之意。

伏在二爻（地面位、边境位、关口位、嘴位、心理位、转换位）下的父母（自然、国家、政权、军队、百姓）巳（驿马星、笑、高兴）火出来与四爻（旷野位、田野位、社会位、过程位）

兄弟（势能、贫穷、帮助）丑土和六爻（结果位）子孙（生机、百姓、健康、财源）酉金合成子孙（生机、百姓、健康、财源）金局生五爻（核心位、国家位、君王位、眼位、心理位、控制位、转换位）妻财（能量、经济、富裕）亥（驿马星、高瞻、发展、高兴）水。

即"瞻彼乐国"之意。

袁李两位智者，借图画加谶，实际是在用比喻的方法，而且是非常谨慎、隐晦地在向李世民述说：

"皇上，今后不管是哪一位君王，都必须要为发展经济，提高国家的实力而努力奋斗。"

"那么，即使东北方的匈奴也会畏惧我们国家的强大。"

"皇上，这样的结果，就像是奈［泰］卦所说的以最小的投入，换取最大的回报。只要我们坚持不懈地发展经济，积蓄能量，就能为我们的国家赢得健康稳定的发展环境。"

2 对颂的形象理解与逻辑分析

2.1 图像的形象理解

画意符合颂"搀枪一点现东方，吴楚依然有帝王"之意，画意中没有直接表达出颂其他诗句里的意思。

2.2 卦意的逻辑分析

太岁卯木助会起二爻（地面位、边境位、关口位、成长位、手位、心理位、转换位）官鬼（匪盗、抢掠）寅（驿马星、出现、掠夺、害怕）木。

伏神在卦中也是一个非常重要的参考要素。

伏着的父母（自然、国家、政权、军队、百姓、太平）巳（驿马星、战斗、出现）火（彗星、枪）出来刑二爻（地面位、边境位、关口位、成长位、手位、心理位、转换位）官鬼（灾难、掠夺、祸乱、害怕）寅木（东方）。

即"欃枪一点现东方"之意。

注：欃枪是古人对慧星的别称，古人在观察天象时认为欃枪凶星的出现会有战争。

伏着的父母（自然、国家、政权、军队、百姓、太平）巳（巳的分野为楚地、驿马星、战斗、出现）火出来与四爻（旷野位、田野位、社会位、过程位）兄弟（势力、帮助）丑（丑的分野为吴越之地）土合成子孙（生机、百姓、秩序）金局。

即"吴楚依然有帝王"之意。

伏在二爻（地面位、边境位、成长位、腿位、心理位、转换位）下的父母（自然、国家、政权、军队、百姓）巳（驿马星、出现）火出来刑二爻（地面位、边境位、成长位、腿位、心理位、转换位）官鬼（孤独、灾难、掠夺、祸乱）寅（驿马星、行走、孤独）木。

有太岁卯木冲动应（事物）六爻（关外位、结果位）子孙（生机、百姓）酉金来合出现的父母（自然、国家、政权、军队、百姓）巳火。

即"门外客来终不久"之意。

上卦为川［坤］（为大地、为厚德、为顺、为孕育），下卦为键［乾］（为天、为首脑、为自强不息、为运动）。

从二爻（地面位、边境位、关口位、心理位、腿位、转换位）下出来的父母（自然、国家、政权、军队、百姓、太平）巳（驿马星、出现、创造）火生世（我们）三爻（旷野位、田野位、社会位、手臂位、过程位）兄弟（势能、帮助）辰（角、亢）土。

即"乾坤再造在角亢"之意。

注：二十八星宿里的角宿和亢宿排在十二支的东方辰位，分野为郑国和兖州一带，在这是指东方之国辽阔的中原大地。

袁李两位智者，借图画加颂，实际也是在用比喻的方法，而且是非常谨慎、隐晦地在向李世民述说：

"皇上，今后不管是哪一个君王，只要我们的经济很繁荣，国家的实力很强大，那么，即使东方和东北方的边境地区发生了骚乱，那也会很短暂，也根本无法给我们的国家带来损失。"

"江南的百姓，依然会有秩序地生产生活和发展经济，依然会继续富庶。东方的中原大地，也依然会是一个太平美满的世界。"

"皇上啊，这样的结果，就像是柰［泰］卦所说的以最小的投入，换取最大的回报。只要我们坚持不懈地发展经济，积蓄能量，就能为我们的国家赢得健康稳定的发展环境。"

圣叹曰："此象主东北被夷人所扰，有迁避南方之兆。角亢，南极也，其后有明君出，驱逐外人，再庆升平。"

金圣叹的批注，仅作参考，读者可用易学文化的六爻易术理论，自己来分析。

第五节　第五十三象：丙辰与泰壮［大壮］

谶曰：

> 关中天子，礼贤下士。
>
> 顺天休命，半老有子。

颂曰：

> 一个考子自西来，手握乾纲天下安。
>
> 域中两见旌旗美，前人不及后人才。

泰壮［大壮］（主体现象）

——　　——	兄弟戌土	
——　　——	子孙申金	
————————	父母午火	世
——　　——	兄弟辰土	
————————	官鬼寅木	
————————	妻财子水	应

卦象：大自然中，巨大的雷声和耀眼的闪电。

卦辞：（帛书）泰壮，利贞。

（通行本）大壮，利贞。

现象描述：积雨云中的电荷与地面的电荷相互吸引，为了强行会合击穿空气层而发出了耀眼的闪电和巨大的雷声，这么壮观的景象是有利的征兆。

1 对谶的形象理解与逻辑分析

1.1 图像的形象理解

图中画着头戴秀才帽的一位老者和两位年青人，他们站在一起，围绕着地上放着的一棵硕大的谷穗，在讨论着什么。

画意符合谶"礼贤下士"和"半老有子"之意，画中没有直接表达出谶其他诗句里的意思。

1.2 卦意的逻辑分析

泰壮［大壮］卦的上卦为辰［震］（为东方、为震动、为长子），下卦为键［乾］（为天、为首脑、为老者、为运行、为自强不息）。

太岁辰土三爻（田野位、社会位、过程位）兄弟（势能、团结、联合、势力、竞争）辰土合动五爻（核心位、国家位、天子位、高位、心理位、转换位）子孙（生机、后代、百姓）申（驿马星、谦逊、行礼）金与初爻（低位、地表位、基层位、下士位、百姓位）妻财（能量、经济、富裕）子水合成妻财（能量、经济、富裕）水局。

即"关中天子，礼贤下士"之意。

太岁（太极、大自然的运动法则与规律）辰（辰为五爻金之墓地）土合五爻（核心位、国家位、君王位、心理位、转换位）子孙（生机、百姓、后代、儿子）申（驿马星、顺应、生子、焕发）金和初爻（低位、地表位、基层位、下士位、百姓位）妻财（能量、经济、富裕）子水合成妻财（能量、富裕、经济）水局。

即"顺天休命，半老有子"之意。

袁李两位智者，借图画加谶，实际是在用比喻的方法，而且是非常谨慎、隐晦地在向李世民述说：

"皇上，不管到了什么时候，我们的君王，对待那些有文化知识和科学技术并能够创造财富的贤士学者们，都要以礼相待。因为那些人本身就是我们的财富，他们能充分利用自己的知识，帮助我们国家摆脱贫困，帮助我们发展科技，帮助我们创造建设，帮助我们发展经济，帮助我们增强竞争力。所有这些，都恰恰是我们国家需要的能量。"

"如果所有的君王都这样去做，尊重文化，尊重知识，尊重科学技术，尊重大自然的基本法则和客观规律，就是顺天休命。"

"如果每一位君王都能认识到这样的哲理，为了自己的江山社稷，就不会顾及自己的地位有多高，也不会顾及自己的年龄有多大，都会去尊重和听取那些对国家发展有积极作用的贤士学者们的意见。哪怕他们的年龄再小，地位再低，因为他们是国家的财富。"

"不管到了什么时候，我们的君王，只要能这样去做，我们的国家就会像小孩子一样充满勃勃的生机。"

"皇上啊，泰壮［大壮］卦就说得很明白，天空中的雷电就像是一个充满活力的年轻人，他每一次把自己具有的能量劈入大地之后，都给大地带来了无比丰富和充沛的肥料，每一次都能唤醒土壤中沉睡的万物，鼓舞它们焕发出生命的力量。"

2 对颂的形象理解与逻辑分析

2.1 图像的形象理解

画意与颂"一个考子自西来，手握乾纲天下安"和"前人不及后人才"诗句里的意思符合，画中没有直接表达出颂另外一句诗句里的意思。

2.2 卦意的逻辑分析

太岁辰土合动五爻（核心位、国家位、君王位、心理位、转换位）子孙（生机、后代、百姓、才子）申（驿马星、回来、归来）金（西方）与三爻（旷野位、田野位、社会位、过程位）兄弟（势能、帮助）辰土（辰为金墓、西方国土）和初爻（地表位、基层位、开始位）妻财（知识能量、经济、富裕）子水合成妻财（知识能量、经济、富裕）水局（水在习赣［坎］宫为 1 数）。

即"一个考子自西来"之意。

太岁助三爻（旷野位、田野位、社会位、手臂位、过程位）兄弟（势能、帮助、贫穷）辰土会起二爻（地面位、手位、心理位、转换位）官鬼（壮丽、强大）寅（驿马星、掌握）木与四爻（旷野位、田野位、社会位、道路位、臂膀位、过程位）父母（国家、政权、文化知识、科学技术、百姓、太平）午火和六爻（结果位）兄弟（势能、帮助、贫穷）戌（戌在键［乾］宫）土和成父母（国家、政权、纲领、文化知识、科学技术、百姓、太平）火局。

即"手握乾纲天下安"之意。

世（我们）四爻（旷野位、田野位、社会位、手臂位、过程位）父母（疆域、国家、政权、文化知识、科学技术、百姓、太平）午火既能与二爻（地面位、边境位、关口位、心理位、转换位）官鬼（壮丽、强大）寅（驿马星、看见）木（东方）合成父母（国家、政权、文化知识、科学技术、百姓、太平）火局（旌旗）。

世（我们）四爻（旷野位、田野位、社会位、手臂位、过程位）父母（疆域、国家、政权、文化知识、科学技术、百姓、太平）午火也能与六爻（结果位）兄弟（势能、团结、帮助）戌土（西北方）合成父母（国家、政权、文化知识、科学技术、百姓、太平）火局（旌旗）。

即"域中两见旌旗美"之意。

太岁（太极、大自然的运动法则与规律）辰土合动五爻（后位、核心位、国家位、君王位、心理位、转换位）子孙（生机、后代、儿孙）申（驿马星、成就）金冲二爻（前位、地面位、成长位、心理位、转换位）官鬼（旧的、老的）寅（驿马星、退化、老化）木。

即"前人不及后人才"之意。

袁李两位智者，借图画加颂，实际也是在用比喻的方法，而且是非常谨慎、隐晦地在向李世民述说：

"皇上，在我们的后代当中，会有一些爱国青年从遥远的西方回来，并带回西方的文化知识和先进技术。用他们的知识来报效祖国，为祖国摆脱贫困落后的局面，为祖国的经济发展和繁荣强大而服务。"

"那些具有文化知识和先进技术的才子们，会成为建设祖国的栋梁之材，会成为使国家呈现勃勃生机的中流砥柱。"

"皇上，到了那个时候，在我们国家就会既有代表东方文化文明和东方科学技术的一面旗帜，也会有代表西方文化文明和西方科学技术的一面旗帜，这两面旗帜结合起来，会把我们的国家装扮得更加美好壮丽，比现在的大唐更繁荣昌盛。"

"皇上，泰壮〔大壮〕卦就说得很明白，天空中的雷电就像是一个充满活力的年轻人，他每一次把自己具有的能量劈入大地之后，都给大地带来了无比丰富和充沛的肥料，每一次都能唤醒土壤中沉睡的万物，鼓舞它们焕发出生命的力量。"

圣叹曰："此象乃一秦姓名孝者登极关中，控制南北，或以秦为国号。此一治也。"

金圣叹的批注，仅作参考，读者可用易学文化的六爻易术理论，自己来分析。

第六节　第五十四象：丁巳与夬［夬］

谶曰：

磊磊落落，残旗一局。

喘息苟安，虽笑亦哭。

颂曰：

不分牛鼠与牛羊，去毛存鞟尚称强。

寰中自有真龙出，九曲黄河水不黄。

夬［夬］（主体现象）

```
━━━　━━━　兄弟未土
━━━━━━　子孙酉金　　世
━━━━━━　妻财亥水
━━━━━━　兄弟辰土
━━━━━━　官鬼寅木　　应　　伏父母巳火
━━━━━━　妻财子水
```

卦象：晦到朔这几天的夜晚看不见月亮。

卦辞：（帛书）夬，阳于王廷，復号，有厉，告自邑，
不利节戎，利有攸往。

（通行本）夬，扬于王庭，孚号，有厉，告自邑，
不利，利有攸往。

现象描述：在夜晚看不见月亮的这种现象，黑黑的，怪怪的，就像是宽敞的庭院中没有月光，又像是动物被俘获时在嚎叫。这种景象提醒人们在伸手不见五指的黑夜，是比较容易出现危险和灾难的，要提高警惕守卫好自己的城池，不要被敌人偷袭，不利于出兵作战，也不利于出行，只有利于有所交往，在家聚会。

1 对谶的形象理解与逻辑分析

1.1 图像的形象理解

图中画着五个小孩手拿枝条正紧紧地团结在一起，共同努力地在围追着一头牛。画中并没有直接表达出谶诗句里的意思。

1.2 卦意的逻辑分析

夬［夬］卦的上卦为夺［兑］（为月、为泽、为喜悦、为口舌），下卦为键［乾］（为天、为运行、为活力）。

应（事物）二爻（地面位、边关位、心理位、转换位）的官鬼（骄傲、封闭、落后）寅（驿马星、想法、封闭、偷袭）木下

的伏神父母（国家、政权、思想、文化知识、科学技术、百姓、太平、局面）巳（驿马星、封闭、落后）火（旗帜）被飞神所刑。

伏神在卦中也是一个非常重要的参考要素。

伏神父母（文化思想、科学技术、太平局面）巳（巳为绳子、为蛇、驿马星、束缚）火反过来也刑二爻（地面位、手位、腿位、心理位、转换位）官鬼（封闭、落后）寅（驿马星、绊住）木。

太岁巳火（巳为绳子、为蛇、驿马星、束缚）合五爻（核心位、国家位、心理位、成功位、转换位）子孙（生机、后代）酉金成子孙金局。

即"磊磊落落，残旗一局"之意。

应（事物）二爻（地面位、成长位、心理位、嘴位、转换位）的官鬼（疾病、难受、难过、高兴、荒唐、可笑）寅（驿马星、喘息、哭、笑）木下的伏神父母（自然、国家、政权、思想、文化知识、科学技术、百姓、太平、局面、安全、身体、寿命）巳（驿马星、难受、喘息）火被飞神所刑，二爻的官鬼寅木在此有它的两面性。

即"喘息苟安，虽笑亦哭"之意。

袁李两位智者，借图画加谶，实际是在用比喻的方法，而且是非常谨慎、隐晦地在向李世民述说：

"皇上，将来我们的后代，在掌权的过程中，千万要警惕，避免出现自视清高，闭关自守的情况。否则很容易落后于别人。"

"如果真发生了那种情况，那么我们国家和黎民就会受损，就像是一只得了重病的动物，在苟延残喘。"

"皇上啊，将来不管是哪一任君王，都要很好的去理解夬〔夬〕卦的内容。在警惕的同时，千万不要闭关自守，否则很容易落后于别人，落后与被偷袭的结果一样，都是要挨打的。"

2 对颂的形象理解与逻辑分析

2.1 图像的形象理解

画意与颂"不分牛鼠与牛羊"诗句里的"牛"倒有联系，画意中没有直接表达出颂另外几句诗句里的意思。

2.2 卦意的逻辑分析

在易学的基础理论中，子（鼠）丑（牛）是相合的，就像是友情和朋友的关系一样，丑（牛）未（羊）是相冲的，就像是对头和敌人的关系一样。

在夬〔夬〕卦中的子（鼠）水是妻财（能量、富裕、经济）爻，未（羊）土与丑（牛）土一样都是兄弟（团结、联合、朋友、同志、同仁）爻。

即"不分牛鼠与牛羊"之意。

太岁巳火合动世（我们）五爻（核心位、国家位、国家位、君王位、心理位、成功位、控制位、转换位）子孙（生机、百姓、规律、秩序）酉金与三爻（旷野位、田野位、社会位、道路位、手臂位、过程位）兄弟（势能、团结、联合、朋友、同志）辰土合成子孙（生机、百姓、规律、秩序）金局克二爻（地面位、边境位、关口位、成长位、心理位、手位、嘴位、转换位）的官鬼（骄傲、封闭、落后）寅（驿马星、拔除、摒弃、称道）木（毛发、草木）。

即"去毛存鞟尚称强"之意。

注：鞟（guo 三声）在《说文大字典》中为去毛皮之意，《康熙字典》中记录着在《淮南子·说山训》中为剥牛皮之意，再对照勒［革］卦，就知是变革或改革之意。

太岁巳火合动世（我们）五爻（核心位、国家位、君王位、心理位、成功位、控制位、转换位）子孙（生机、后代、百姓、规律、秩序）酉金与三爻（旷野位、田野位、社会位、道路位、手臂位、过程位）兄弟（势能、团结、联合、朋友、同志）辰（龙）土合成子孙金局。

合成的子孙金局克二爻（地面位、边境位、关口位、成长位、心理位、手位、嘴位、转换位）的官鬼（骄傲、封闭、落后）寅木。

合成的子孙金局生键［乾］（为 1 数、也为 9 数）卦中的三爻（旷野位、田野位、社会位、河道位、过程位）兄弟（势能、团结）辰（水库、河、湖、海）土（黄色）和初爻（地表位、基层位、百姓位）妻财（能量、经济、富裕）子水合成的妻财水局（清亮）。

即"寰中自有真龙出，九曲黄河水不黄"之意。

袁李两位智者，借图画加颂，实际也是在用比喻的方法，而

且是非常谨慎、隐晦地在向李世民述说：

"皇上，将来我们的后代，在执政的过程中，一旦遇到闭关自守而导致落后的被动局面，那怎么办呢？"

"一旦遇到这种局面，就要团结一切可以团结的力量。无论是我们的朋友，还是曾经与我们对立过的敌人，只要我们能求同存异，努力改革开放，团结一致，一心一意地解放思想，把经济建设搞上去，彻底地战胜那些困难，摆脱落后的局面，才能够称强于世界。"

"将来我们的国家，一旦遇到这种局面，也一定会出现一位非常有智慧的领导者，率领我们的人民，努力地进行改革开放，团结一致发展经济。能够率领人民群众彻底摆脱落后的局面，使人民富裕起来，使国家富强起来。"

"因为夬［夬］卦的下卦为键［乾］，为自强不息的精神。这种精神几千年以来一直都在支撑着中华儿女，积淀形成了中国龙文化的一个非常重要的基础。"

"皇上啊，将来不管是哪一任君王执政，也都要很好的去理解键［乾］卦的内容，在艰难困苦的时候，千万不可自暴自弃，要自强不息的去努力，彻底地摆脱落后被动的局面。"

圣叹曰："此象有实去名存之兆，或如周末时号令不行，尚颁正朔，亦久合必分之征也。"

金圣叹的批注，仅作参考，读者可用易学文化的六爻易术理论，自己来分析。

第七节 第五十五象：戊午与襦［需］

谶曰：

> 惧则生戒，无远勿届。
>
> 水边有女，对日自拜。

颂曰：

> 觊觎神器终无用，翼翼小心有臣众。
>
> 转危为安见节义，未必河山是我送。

襦［需］（主体现象）

━━　━━	妻财子水
━━━━━	兄弟戌土
━━　━━	子孙申金　　　世
━━━━━	兄弟辰土
━━━━━	官鬼寅木　　　　　伏父母巳火
━━━━━	妻财子水　　　应

卦象： 雨在不停地下着。

卦辞： （帛书）嬬，有復，光亨，贞吉，利涉大川。

（通行本）需，有孚，光亨，贞吉，利涉大川。

现象描述：雨在不停地下着，这个阴霾的情景像是大自然谆谆地教诲，喋喋不休地浸染滋润着万物的心。这样的情景，又像是在艰难的环境下，人们的内心深处却渴望光明，向往未来。这是亨通的征兆，这样的情景很好，有利于大有做为啊！

1　对谶的形象理解与逻辑分析

1.1　图像的形象理解

图中画着一位戴官帽的官员，在努力支撑着一棵将要倾倒的石榴树。画意与谶"惧则生戒"诗句里的意思符合，画意中没有直接表达出谶其他诗句里的意思。

1.2　卦意的逻辑分析

嬬［需］卦的上卦为习赣［坎］（为水、为雨），下卦为键［乾］（为天、为自强不息）。

太岁午火合动二爻（地面位、成长位、心理位、转换位）官鬼（惧怕、防备）寅（驿马星、害怕、戒备）木与五爻（核心位、国家位、君王位、心理位、转换位）兄弟（势能、帮助）戌土合成父母（目标、佑护、防备、国防、国家、太平）火局。

合成的父母（成功、目标、佑护、防备、国防、国家、太平）

火局与二爻（地面位、成长位、心理位、转换位）下潜伏着的父母（远大目标、国家、百姓、成功、保护）巳（马星、立志）火相比和。

即"惧则生戒，无远勿届"之意。

太岁午火（日、太阳）为父母（远大目标、国家、百姓、成功、保护）爻冲动应（事物）初爻（地表位、开始位、基本位、基础位、基层位、百姓位）和六爻（结果位）的妻财（女人、能量、经济、富裕）子水与三爻（旷野位、田野位、社会位、过程位）兄弟（势能、帮助）辰土（岸边、水边）合成妻财（女人、能量、经济、富裕）水局。

合成的水局（能量、富裕、经济、女人）克从二爻（地面位、成长位、心理位、腿位、手位、转换位）官鬼（自强、管理、治理）寅（驿马星、跪拜）木下出来的父母（国家、目标、佑护、防备、国防、太平）巳（驿马星、祭祀、跪拜）火（日、太阳）。

即"水边有女，对日自拜"之意。

袁李两位智者，借图画加谶，实际是在用比喻的方法，而且是非常谨慎、隐晦地在向李世民述说：

"皇上如果一个国家的人民心里没有害怕二字，就不会有戒备的心理；如果一个国家没有树立长远的发展目标，也不会实现富强，取得成功。"

"一个国家的人民只有团结起来，自始至终把发展经济和提高国力作为长远发展目标，同时不断地自我检查修正，才能积蓄起自己巨大的能量。"

"这就是'求人不如求己，只能自强不息'的道理。"

"皇上啊，就像襦［需］卦所说的，全身都被雨水浸透了一样，必须让国家的长远发展目标深入人心。"

2 对颂的形象理解与逻辑分析

2.1 图像的形象理解

画意与颂"翼翼小心有臣众"和"转危为安见节义"诗句里的意思符合，画意中没有直接表达出颂其他诗句里的意思。

2.2 卦意的逻辑分析

太岁午火合动二爻（地面位、边境位、关口位、心理位、转换位）官鬼（嫉妒、偷看）寅（驿马星、觊觎、羡慕）木冲四爻（旷野位、田野位、社会位、过程位）子孙（生机、技术、法则、规律、财源、百姓）申（申同神、驿马星、上天入地）金（器物）。

即"觊觎神器终无用"之意。

太岁午火合动五爻（核心位、国家位、心理位、成功位、控制位、转换位）兄弟（势能、帮助）戌土会起四爻（社会位、殿堂位、臣子位、过程位）子孙（臣仆、生机、技术、规则、财源、百姓）申（驿马星、小心、调动、发展、扶持）金。

太岁午火合动五爻（核心位、国家位、心理位、成功位、控制位、转换位）兄弟（势能、帮助）戌土冲旺三爻（田野位、旷野位、社会位、殿堂位、臣子位、手臂位、过程位）兄弟（势能、团结、帮助）辰土，使四爻子孙申金和三爻兄弟辰土与初爻（开始位、地表位、基层位、基本位、基础位、百姓位）和六爻（结果位）的妻财（能量、经济、富裕）子水合成妻财水局。

即"翼翼小心有臣众"之意。

太岁午火合动二爻（地面位、关口位、心理位、眼位、转换位）官鬼（惧怕、危险）寅（驿马星、害怕、看见、转变）木与五爻（核心位、国家位、心理位、眼位、成功位、控制位、转换位）兄弟（势能、帮助）戌土合成父母（目标、佑护、防备、国防、国家、太平）火局（眼睛）。

合成的父母（成功、目标、佑护、防备、国防、国家、太平）火局与二爻（地面位、关口位、心理位、眼位、转换位）下伏着的父母（安全、太平）巳（驿马星、转变）火相比和。

即"转危为安见节义"之意。

太岁午火合动五爻（核心位、国家位、心理位、眼位、成功位、控制位、转换位）兄弟（势能、帮助）戌土会起四爻（田野位、旷野位、社会位、殿堂位、臣子位、手臂位、过程位）子孙（臣仆、生机、技术、规则、财源、百姓）申（驿马星、调动、发展、扶持、看见）金（金主义）冲二爻（地面位、关口位、心理位、眼位、转换位）官鬼（惧怕、危险）寅（驿马星、害怕、看见、转变）木。

伏神在卦中也是一个非常重要的参考要素。

伏着的父母（科学文化、科学技术、佑护、安全、太平）巳

（驿马星、转变）火出来与世（我们）四爻（田野位、旷野位、社会位、殿堂位、臣子位、手臂位、过程位）子孙（臣仆、生机、技术、规则、财源、百姓）申（驿马星、小心、调动、发展、扶持）金相合。

也即"转危为安见节义"之意。

太岁午火合动五爻（核心位、国家位、君王位、心理位、成功位、控制位、转换位）兄弟（势能、帮助）戌土（山）会起世（我）四爻（旷野位、田野位、社会位、过程位）子孙（生机、后代、百姓、技术、规则、财源）申（驿马星、掌握）金。

太岁午火为父母（国家、政权、百姓、军队、成功、太平、目标）爻冲动应（事物）初爻（地表位、开始位、基本位、基础位、基层位、百姓位）和六爻（结果位）的妻财（女人、能量、经济、富裕）子水与三爻（旷野位、田野位、社会位、过程位）兄弟（势能、帮助）辰土和世（我）四爻（旷野位、田野位、社会位、过程位）子孙（生机、后代、百姓、技术、规则、财源）申（驿马星、掌握）金合成妻财（能量、经济、富裕）水局（河）。

即"未必河山是我送"之意。

袁李两位智者，借图画加颂，实际也是在用比喻的方法，而且是非常谨慎、隐晦地在向李世民述说：

"皇上，总有一天别的国家的实力会超过我们，到那时候该怎么办？"

"到了那个时候，如果我们的子孙只是暗中偷看，或者只是羡慕别人如何强大而不付诸行动的话，那将一点用也没有。只有发动起国人的力量，去探索发展，才能够将落后局面彻底地扭转过来。"

"皇上，只要我们子孙有了这样的认识，具有了这样一种精神，那么他们就是成熟的，就是有能力的。将来经过他们建设的河山，就未必是今天这个模样了。"

"还是'求人不如求己，只能自强不息'，不能完全依靠别人。"

"皇上，就像襦［需］卦中所说的，全身都被雨水浸透了一样，必须把发展经济和不断积蓄国力作为一个长远的目标，深入到全国每个老百姓的心中才行。"

圣叹曰："此象有一石姓或刘姓，一统中原，有一姓汝者谋篡夺之，幸有大臣尽忠，王室戒谨惕励，一切外侮，不灭自灭，虽乱而亦治也。"

金圣叹的批注，仅作参考，读者可用易学文化的六爻易术理论，自己来分析。

第八节　第五十六象：己未与比［比］

谶曰：

飞者非鸟，潜者非鱼。

战不在兵，造化游戏。

颂曰：

海疆万里尽云烟，上迄云霄下及泉。

金母木公工幻弄，干戈未接祸连年。

比［比］（主体现象）

—— ——	妻财子水	应
————	兄弟戌土	
—— ——	子孙申金	
————	官鬼卯木	世
————	父母巳火	
—— ——	兄弟未土	

卦象： 大水在地上漫延的情景。

卦辞：

（帛书）比，吉，原筮，元亨，永贞，无咎，不宁方来，后夫凶。

（通行本）比，吉，原筮，元亨，永贞，无咎，不宁方来，后夫凶。

现象描述：发大水了，水在地上漫延，到处都是，归藏易和连山易的筮卦辞说这是一开始就亨通，一直到永远都亨通的征兆。如果大水一直往地上不停地流的话，这个情景预兆着女人的第二个丈夫会有凶险。

1 对谶的形象理解与逻辑分析

1.1 图像的形象理解

图中画着两个军人身披战袍相对而站，虽然他们没有利用手中的长枪，却以口中喷火的形式在战斗，在他们头顶的上空，有两只飞鸟在互相争斗，在他们身后的水中，有几只鱼儿也在互相争斗。

画意非常符合谶"飞者非鸟，潜者非鱼。战不在兵，造化游戏"诗句里的意思。

1.2 卦意的逻辑分析

比［比］卦的上卦为习赣［坎］（为水），下卦为川［坤］（为大地）。

太岁未土助初爻（地表位、水面位）兄弟（势能、势力、众多、借助、竞争）未土会起二爻（地面位、边境位、关口位、嘴位、手位、翅膀位、心理位、转换位）父母（国家、目标、文化、科技、军队、佑护）巳（驿马星、喷火、飞行、爆炸）火成父母火局。

会成的父母火局冲应（事物）六爻（宇宙位、天空位、关外位、结果位）妻财（能量）水局。

太岁未土害动应（事物）六爻（宇宙位、天空位、关外位、结果位）妻财（能量）水局与四爻（半天空位、旷野位、田野位、战场位、社会位、身体位、过程位）子孙（动物、生机、技术、规则、军队）申（驿马星、潜伏、战斗）金（金属器物）合成妻财（能量）水局（鱼儿）。

太岁未土会起二爻（地面位、边境位、关口位、成长位、嘴位、手位、翅膀位、转换位）父母（国家、目标、文化、科技、军队、佑护）巳（驿马星、喷火、飞行、爆炸）火与四爻（半天空位、旷野位、田野位、战场位、社会位、身体位、过程位）子孙（动物、生机、技术、规则、军队）申（驿马星、潜伏、战斗）金合成火热的液体父母（国家、目标、文化、科技、佑护、军队）火局（飞翔、爆炸）和子孙（动物、生机、技术、规则、军队）金局（金属器物），以及妻财（能量）水局（鱼儿）。

即"飞者非鸟，潜者非鱼"之意。

太岁未土会起二爻（地面位、边境位、关口位、成长位、嘴位、手位、翅膀位、心理位、转换位）父母（国家、文化、技术、科学、知识、佑护、军队）巳（驿马星、喷火、飞行、爆炸、创造、戏耍）火与四爻（半天空位、旷野位、田野位、战场位、社会位、身体位、过程位）子孙（动物、生机、技术、规则、军队）申（驿马星、潜伏、游泳、戏耍、创造）金（金属器物）合成妻财（能量）水局生官鬼（战争、灾难）卯木。

即"战不在兵，造化游戏"之意。

袁李两位智者，借图画加谶，实际是在用比喻的方法，而且是非常谨慎、隐晦地在向李世民述说：

"皇上，随着时空的运行，社会历史的发展以及科学文化的进步，人类将会拥有一些能量和杀伤力很大的武器。"

"人类借助那些像鸟一样的能量和杀伤力很大的武器，既能够飞向天空和宇宙，又能够喷火和爆炸，但它又不是鸟。人类借助那些像鱼一样的能量和杀伤力很大的武器，既能潜入水里，又能喷火和爆炸，但它又不是鱼。"

"而且未来的战争，并不完全是靠士兵在战斗。那些武器就好像是人们凭想象而创造出来的器物在做游戏一样。"

注：根据易学中归类的原理，估计这些个武器就是潜艇、舰艇、航母、飞机、导弹、火箭、卫星等能搭载热兵器或核武器的飞行器。

"皇上啊，就像是比［比］卦所描述的，我们一定要明白，不管什么时候，只要在人类之间发生的战争，就一定是为了争夺资源和财富。"

2　对颂的形象理解与逻辑分析

2.1　图像的形象理解

画意非常符合颂"海疆万里尽云烟，上迄去霄下及泉。金母木公工幻弄，干戈未接祸连年。"之意。

2.2　卦意的逻辑分析

被太岁未土合动的世（我们）三爻（半天空位、旷野位、田野位、战场位、社会位、过程位）官鬼（战争、灾难），既刑六爻

（天空位、云霄位）妻财（能量）子水（泉水），也合五爻（核心位、国家位、天空位）兄弟（势能、损失、帮助）戌土，既暗合四爻（半天空位、旷野位、田野位、战场位、社会位、过程位）子孙（生机、军队、百姓、规律）申（驿马星、涉及）金，也合初爻（地表位、水面位）兄弟（势能、损失、借助）未土，还生二爻（地面位、边境位、关口位、转换位）父母（自然、国家、百姓）巳（驿马星、涉及）火。

即"海疆万里尽云烟，上迄云霄下及泉"之意。

太岁未土会起二爻（地面位、手位、翅膀位、心理位、转换位）父母（国家、文化、科学、知识、技术、佑护、军队）巳（驿马星、喷火、飞行、爆炸、创造、戏耍）火与四爻（半天空位、旷野位、田野位、战场位、社会位、过程位）子孙（动物、生机、军队、技术、工艺、规律）申（驿马星、潜伏、游泳、戏耍、创造）金（金属器物）合成妻财（能量）水局。

合成的妻财（能量）水局生官鬼（战争、灾难、祸乱）卯木。

父母巳火为子孙（匠人、木工、技术、工艺、规则）申（驿马星、创造、制造）金的长生之地。

即"金母木公工幻弄，干戈未接祸连年"之意。

袁李两位智者，借图画加颂，实际也是在用比喻的方法，而且是非常谨慎、隐晦地在向李世民述说：

"皇上,,，随着时空的运行，社会历史的发展以及科学文化的进步，人类将会拥有一些能量和杀伤力很大的武器。"

"借助这些能量和杀伤力很大的武器，既能飞入天空和宇宙，又能潜入湖泊、江河和大海。"

"未来的战争完全是用文化科学和技术知识在支持的，战争完全是在使用那些利用科学技术创造出来的器物，使得士兵们手中拿着的戟戈刀剑都不用交战，就能制造出连续和连年的灾害、祸乱及创伤。"

"皇上啊，就像是比 [比] 卦所描述的，我们一定要明白，不管什么时候，只要是人类之间发生的战争，一定是为了争夺资源和财富。"

"所以我们一定要明白，不管到了什么时候，发展科学技术和国家经济，都是国家的长远战略发展目标。"

"在未来，我们的子孙们只有掌握了最先进的科学技术，提高了国家经济实力和国力，才能应对未来复杂的战争形式。否则就会灭亡。"

圣叹曰："此象行军用火，即战不在兵之意。颂云海疆万里，则战争之烈，不仅在于中国也。"

金圣叹的批注，仅作参考，读者可用易学文化的六爻易术理论，自己来分析。

第十章　夺［兑］宫四个卦中的太岁

第一节　第五十七象：庚申与夺［兑］

谶曰：

物极必反，以毒制毒。

三尺童子，四夷詟服。

颂曰：

坎离相克见天倪，天使斯人弭杀机。

不信奇才产吴越，重译从此戢兵师。

夺［兑］（主体现象）

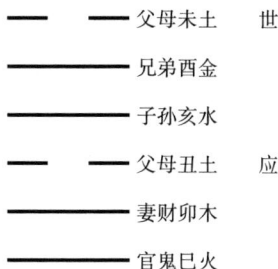

—— —— 父母未土　　世

———— 兄弟酉金

———— 子孙亥水

—— —— 父母丑土　　应

———— 妻财卯木

———— 官鬼巳火

卦象：月光的变化。

卦辞：（帛书）夺，亨，小利贞。

　　　　（通行本）兑，亨，利贞。

现象描述：月光的变化是有规律的，满月时夜晚非常明亮，也非常美丽，既象征着圆满，也象征着女人在排卵，也象征着妻子能受孕，这样的景象是亨通，有小利的征兆。

1　对谶的形象理解与逻辑分析

1.1　图像的形象理解

图中画着一个小孩正端着水盆浇地上的火焰。画意符合谶"三尺童子"之意，画意中没有直接表达出谶其他诗句里的意思。

1.2　卦意的逻辑分析

2　对颂的形象理解与逻辑分析：

夺［兑］卦的上下卦都为夺［兑］（为月、为泽、为恩泽、为喜悦），是一个六冲卦。

太岁申金（西方）合动初爻（地表位）官鬼（匪盗、毒药）巳火冲四爻（社会位、过程位）子孙（生机、医药）亥水。

太岁申金（西方）害生卦中的四爻（旷野位、田野位、社会位、过程位）子孙（生机、医药）亥水，则四爻子孙（生机、医药）亥（驿马星、克制）水旺极变成巨毒药物冲克初爻官鬼（匪盗、战争）巳（驿马星、抢掠、战斗）火。

即"物极必反，以毒制毒"之意。

太岁申金害动卦中的子孙（儿童、生机、医药）亥（驿马星、制服）水（北方）与世（我们）六爻（结果位）父母（国家、政权、军队、成功、太平）未土和二爻（地面位、边境位、关口位、手位、拳头、转换位）妻财（能量）卯木合成妻财（能量、经济、富裕）木局（东方、木在辰［震］宫为3数）。

太岁申金合动初爻官鬼（敌人、匪盗）巳（驿马星、服气）火（南方）与应（事物）三爻（旷野位、田野位、社会位、过程位）父母（国家、政权、军队、成功、太平）丑土和五爻（核心位、国家位、心理位、控制位、转换位）兄弟（势能、朋友、帮助、联合、外交）酉金（西方）合成的兄弟金局。

合成的妻财（能量、经济、富裕）木局反冲合成的兄弟（势能、朋友、邻邦、帮助、联合、外交）金局。

即"三尺童子，四夷詟服"之意。

袁李两位智者，借图画加谶，实际是在用比喻的方法，而且是非常谨慎、隐晦地在向李世民述说：

"皇上，随着时空的运行，社会历史的发展，事物的发展也总会有柳暗花明的那一天。到时候，我们的子孙们也会有以毒制毒的反击能力。"

"到时候，强大中国一定会再一次具有经济发达，国力优势强劲，百姓都充满勃勃生机的特点。到时候，东南西北四方世界的许多国家都会佩服这个曾经被他们凌辱、瞧不起的国家。"

"皇上啊，到了那个时候，我们的国家也会再一次像夺［兑］卦所说的那样——月亮会重新圆满起来。"

2.1　图像的形象理解

画意中没有直接表达出颂其他诗句里的意思。

2.2　卦意的逻辑分析

太岁申金合动初爻（地表位）官鬼（战争）巳（驿马星、看见）火（火为罗［离］、为眼睛）冲四爻（旷野位、田野位、社会位、过程位）子孙（生机、医药、健康、百姓、军队）亥（驿马星、医治、亥在键［乾］宫为天）水。

即"坎离相克见天倪"之意。

太岁（太极、大自然的运动法则与规律）申金合动初爻（地表位）官鬼（匪盗、毒药）巳火冲四爻（旷野位、田野位、社会位、过程位）子孙（生机、医药）亥水。

太岁申金助五爻（核心位、国家位、政治位、主权位、心理位、转换位）兄弟（势能、损失、帮助）酉金生卦中的四爻子孙

（生机、后代、医药）亥水，则四爻子孙（生机、医药）亥（驿马星、克制）水旺极变成巨毒药物冲克初爻官鬼（政治、匪盗、战争、杀戮）巳（驿马星、抢掠、战斗）火。

即"天使斯人弭杀机"之意。

太岁申金助五爻（核心位、国家位、心理位、王位、转换位）兄弟（朋友、势力、团结、联合、友好）酉金与应（事物）三爻（旷野位、田野位、社会位、过程位）父母（国家、政权、文化、才华、军队、成功、太平）丑土和初爻官鬼（壮丽、强大、怀疑）巳（驿马星、不信、停止）火合成兄弟（朋友、势力、团结、联合、友好）金局。

三爻（旷野位、田野位、社会位、过程位）父母（国家、政权、文化、才华、军队、成功、太平）丑（丑为吴越之分野）土与六爻（结果位）父母未（未在川［坤］宫为厚德）土相冲，土越冲越旺，即厚重的文化被激荡起来。

也即"不信奇才产吴越，重译从此戢兵师"之意。

注：戢（ji 二声）为收敛和收藏之意，"重译"与"众夷"谐音。

袁李两位智者，借图画加颂，实际也是在用比喻的方法，而且是非常谨慎、隐晦地在向李世民述说：

"皇上，不管时空如何运行，社会历史如何发展，世界事务总是在牵扯着国家的主权和利益。"

"到了那个时候，大自然的运动法则与客观规律就会非常明确地告诉我们的后代，什么是'是可忍，孰不可忍'了。"

"到时候，中国会涌现出一大批有着丰富文化底蕴和科学技术知识的人才，帮助中国走向富裕、强大和辉煌。"

"到了那个时候，所有曾经试图争霸的国家在中国博大精深的文化激荡之下，都将会有所收敛的。"

"皇上啊，到了那个时候，我们的国家也会再一次像夺［兑］卦所说的那样——月亮会重新圆满起来。"

圣叹曰："此象言吴越之间有一童子能出奇制胜，将燎原之火扑灭净尽，而厄运自此终矣。又一治也。"

金圣叹的批注，仅作参考，读者可用易学文化的六爻易术理论，自己来分析。

第二节　第五十八象：辛酉与困［困］

谶曰：

> 大乱平，四夷服。
>
> 称弟兄，六七国。

颂曰：

> 烽烟净尽海无波，称帝称王又统和。
>
> 犹有煞星隐西北，未能遍唱太平歌。

困［困］（主体现象）

```
——  ——  父母未土
————————  兄弟西金
————————  子孙亥水      应
——  ——  官鬼午火
————————  父母辰土
——  ——  妻财寅木      世
```

卦象：沼泽地中阴暗不流淌的水泡。

卦辞：（帛书）困，亨，贞大人吉，无咎，有言，不信。

（通行本）困，亨，贞大人吉，无咎，有言，不信。

现象描述：沼泽地中阴暗不流淌的水泡，是见不到光的，就好像这些水被困在了植被的里面一样，这么美丽富饶的自然生态环境，多么亨通啊！这么大而富饶的势力范围对君王来说，是多么吉利的征兆啊！如果有人说湿地就要被淹没了，千万别去相信。

1　对谶的形象理解与逻辑分析

1.1　图像的形象理解

图中画有身上都背着弓的三个人，手里拿着朝笏正在拜见一位长者，画意与谶诗句里的意思符合。

1.2　卦意的逻辑分析

困［困］卦的上卦为夺［兑］（为月、为泽、为恩泽、为喜悦、为7数），下卦为习赣［坎］（为水、为大海、为海纳百川、为1和6数），这是一个六合卦。

困［困］卦的六个爻分别各自相对的出现了一个初爻（地表位、基本位、基础位）妻财（能量、经济、富裕）寅木（东方）与四爻（旷野位、田野位、社会位、过程位）子孙（生机、百姓、秩序）亥水（北方）合成妻财（能量、经济、富裕）木局。

出现了一个五爻（核心位、国家位、心理位、转换位）兄弟（势能、朋友、团结、联合）酉金（西方）与二爻（地面位、成长位、转换位）父母（自然、国家、政权、军队、百姓、佑护、太平、成功）辰土合成的兄弟（朋友、团结、联合）金局。

出现了一个六爻（关外位、结果位）父母（自然、国家、政权、军队、百姓、佑护、太平、成功）未土与三爻官鬼（战争、祸乱）午火（南方）合成的父母（自然、国家、政权、军队、百姓、佑护、太平、成功）土局。

即"大乱平，四夷服。称弟兄，六七国。"之意。

袁李两位智者，借图画加谶，实际是在用比喻的方法，而且是非常谨慎、隐晦地在向李世民述说：

"皇上，随着时空的运行，社会历史的发展，事物的发展也总会有顺遂人意的时候。"

"到了那个时候，大唐一定会再一次地发展和强大起来，世界上的许多国家都会佩服大唐，都来与大唐建立外交关系。"

"皇上啊，到了那个时候，我们的国家也会再一次像困［困］

卦的湿地一样，能汇聚众多水源，并像湿地中的生物一样，充满勃勃生机。"

2　对颂的形象理解与逻辑分析

2.1　图像的形象理解

图中画着三个人手里拿着朝笏正在拜见一位长者，画意符合颂曰诗句里的意思。

2.2　卦意的逻辑分析

太岁酉金助五爻（核心位、国家位、王位、转换位）兄弟（势力、帮助、联合）酉金生旺应（事物）四爻（旷野位、田野位、社会位、过程位）子孙（生机、百姓、秩序、规律）亥（驿马星、平静）水（大海）暗合住三爻（旷野位、田野位、社会位、过程位）官鬼（战争、祸乱、烽烟）午火。

太岁酉金助五爻（核心位、国家位、王位、转换位）兄弟（势力、帮助、联合）酉金又与二爻（地面位、嘴位、心理位、转换位）父母（自然、国家、政权、军队、百姓、佑护、太平、成功）辰土合成兄弟（势力、帮助、联合、统一）金局。

即"烽烟净尽海无波，称帝称王又统和"之意。

应（事物）四爻（旷野位、田野位、社会位、过程位）子孙（生机、后代、军队、规律、秩序）亥（亥在键［乾］宫为西北方、驿马星、唱遍、隐藏）水暗合三爻（旷野位、田野位、社会位、过程位）官鬼（危险、威胁、隐患）午火成妻财（能量、富裕、经济）木局和父母（自然、文化、国家、政权、军队、百姓、佑护、太平、成功）土局。

应（事物）四爻（旷野位、田野位、社会位、过程位）子孙（生机、法则、规律、秩序）亥（亥在键［乾］宫为西北方、为头脑、驿马星、唱遍、隐藏、思想、明白）水六合世（我们）初爻（地表位、基本位、基础位）妻财（能量）寅（驿马星、思想、明白）木成妻财（能量、富裕、经济）木局。

即"犹有煞星隐西北，未能遍唱太平歌"之意。

袁李两位智者，借图画加颂，实际也是在用比喻的方法，而且是非常谨慎、隐晦地在向李世民述说：

"皇上，随着时空的运行，社会历史的发展，事物的发展也总会有顺遂人意的时候。"

"到了那个时候，世界绝大部分地区都会'烽烟净尽海无波'，中国在世界上也会再一次成为大国和强国。"

"皇上，您好好地思考一下，从大自然的运动法则与客观规律中提取出的中国文化，已经非常明确地告诉了我们：世界始终是阴阳对立的，也始终是阴阳统一的，世界是多极的，也是多元的。"

"所以在我们中国的西北方向，始终会存在着与中国文化不同的国家，始终会存在与我们有矛盾的国家政权及势力。这是很正常的事，这就是大自然的运动法则与客观规律。"

"我们后代也一定会明白这些哲理，一心一意的谋发展，专心致志的搞建设。"

"皇上啊，到了那个时候，我们的国家也会再一次像困〔困〕卦的湿地一样，能汇聚众多的水源，并像湿地中的生物一样，会充满勃勃生机，全世界早晚也会像湿地中的生物一样，会充满勃勃生机。"

圣叹曰："此象有四夷来王，海不扬波之兆。惜乎西北一隅，尚未平靖，犹有遗憾。又一治也。"

金圣叹的批注，仅作参考，读者可用易学文化的六爻易术理论，自己来分析。

第三节　第五十九象：壬戌与卒〔萃〕

谶曰：

> 无城无府，无尔无我。
>
> 天下一家，治臻大化。

颂曰：

> 一人为大世界福，手执签筒拔去竹。
>
> 红黄黑白不分明，东南西北尽和睦。

卒［萃］（主体现象）

```
——  ——  父母未土
———————  兄弟酉金    应
———————  子孙亥水
——  ——  妻财卯木
———————  官鬼巳火    世
———————  父母未土
```

卦象：湿地中翠绿茂盛的植被。

卦辞：

（帛书）卒，王叚于庙，利见大人，享利贞，用大生吉，利有攸往。

（通行本）萃，王假有庙，利见大人，亨利贞，用大牲，利有攸往。

现象描述：沼泽地中翠绿的植被，焕发出了勃勃生机，这是亨通的景象啊！就像一个人假如有圣人一样的名声和能力，则有利于到君王那里去毛遂自荐，更好地施展自己的抱负和才华，这是亨通有利的征兆。又像用大牲畜做祭品，是吉利的一样，这是有利于去有所作为去干事业的景象。

1 对谶的形象理解与逻辑分析

1.1 图像的形象理解

图中画着一位老者左手拿着签筒，右手拿着一根竹签。画意没有直接表达出谶诗句里的意思。

1.2 卦意的逻辑分析

卒［萃］卦的上卦为夺［兑］（为月、为泽、为恩泽、为喜悦），下卦为川［坤］（为大地、为厚德、为母爱）。

卦中的初爻（地表位、开始位、基层位、百姓位）为父母（自然、国家、城郭、府邸、百姓、太平）未土，六爻（宇宙位、天空位、结果位）也为父母（自然、国家、城郭、府邸、百姓、太平）未土，即人类和万物所生活的大自然本身就是一个无法比拟的辽阔的城郭和壮丽的府邸。

也即"无城无府"和"天下一家"之意。

卦中的世（我、我们）五爻（天空位、核心位、国家位、君王位、心理位、控制位、转换位）兄弟（势能、邻邦、朋友、团结、一家人）酉金与应（事物、你、你们）二爻（地面位、边境位、关口位、心理位、转换位）官鬼（矛盾、对立、猜忌、管理、治臻）巳（驿马星、生活）火合成兄弟（一家人）金局。

即"无尔无我"和"治臻大化"之意。

袁李两位智者，借图画加谶，实际是在用比喻的方法，而且是非常谨慎、隐晦地在向李世民述说：

"皇上，从大自然运行的基本法则和客观规律中，诞生出来的人类和万事万物原本都是一样的东西，也是存在于大自然中一种非常自然的现象。"

"人类的生活原本就没有国家、城市、乡野之分，也没有彼此之间明确清晰的你我之分，也没有那么多的对立、矛盾和猜忌。"

"一直到现在为止，人类和所有的动植物一样，都还是在同一个大自然下，被同一个时空运行基本法则和客观规律所管理。"

"皇上啊，所以您和我们的大唐就应当向大自然学习。只要学到像卒［萃］卦所说的湿地那样，就能汇聚众多的水源，就能像自然湿地中的生物一样，充满勃勃生机。"

2 对颂的形象理解与逻辑分析

2.1 图像的形象理解

图中画着一位老者左手拿着签筒，右手拿着一根竹签，画意与颂"手执签筒拔去竹"诗句里的意思符合，画意没有直接表达出颂其他诗句里的意思。

2.2 卦意的逻辑分析

太岁戌土刑旺初爻（开始位、地表位、基本位、基层位、百姓位）和六爻（宇宙位、天空位、结果位）的父母（无极、太极、自然、国家、社会、城郭、府邸、百姓、太平）未土与四爻（旷野位、田野位、社会位、过程位）子孙（生机、世代、福气、秩序、规律、法则）亥（驿马星、生活、生长）水相合。

即"一人为大世界福"之意。

太岁戌土会起五爻（核心位、国家位、心理位、转换位）兄弟（势能、团结、邻邦、损失）酉金与二爻（地面位、成长位、手位、心理位、转换位）官鬼（壮观、治理、管理、死亡）巳（驿马星、生长、拔去）火合成兄弟（势能、团结、邻邦、损失）金局（秋天）。

合成的兄弟（势能、团结、邻邦、损失）金局冲克三爻（旷野位、田野位、过程位）妻财（能量、财富、经济）卯木（植被、绿色、草木、竹签）。

初爻（地表位、基层位、百姓位）和六爻（关外位、结果位）的父母（自然、百姓、太平、签筒）未土与四爻（旷野位、田野位、社会位、过程位）子孙（生机、世代、福气、秩序、规律、法则）亥（驿马星、生活、生长）水（冬天）相合。

即"手执签筒拔去竹"之意。

卦中被拔去了三爻（旷野位、田野位、过程位）妻财（能量）卯木（植被、草木、绿色），卦中就只剩下火（红）土（黄）水（黑）金（白）了。

即"红黄黑白不分明"之意。

卦中初爻（地表位、开始位）和六爻（关外位、结果位）的父母（自然、国家、社会、太平）未土所夹着的四个爻中，妻财（能量）卯木（东）与子孙（生机）亥水（北）合成了妻财（能量）木局，官鬼（死亡）巳火（南）与兄弟（损失）酉金（西）合成了兄弟金局，兄弟金局和妻财木局是一个既相冲克，又在平衡，即对立，又统一的局面。

即"东南西北尽和睦"之意。

袁李两位智者，借图画加颂，实际也是在用比喻的方法，而且是非常谨慎、隐晦地在向李世民述说：

"皇上，人类和万事万物原本都一样，遵循着同一个时空运行的基本法则和客观规律，也在享受着同一个大自然。"

"人类与所有的动植物一样，在同一个大自然中生活，既有失去绿色的秋冬时刻，也有与绿色草木在一起和睦共处的时刻。既会有生机，也会有死亡，不管在地球的哪个方向，都是如此。"

"所以，无论是谁，都在永远遵循大自然时空运行的基本法则和客观规律。"

"皇上，大自然告诉了我们一个最高的真理，即能达到像海纳百川、兼收并蓄，就是管理的最高境界。"

"皇上啊，只要能做到海纳百川，能做到像卒［萃］卦所说的那样，就能汇聚众多的水源，就能像自然界湿地中的生物一样，充满勃勃生机。"

圣叹曰："此乃大同之象，人生其际，饮和食德，当不知若何愉快也。惜乎其数已终，其或反本归原，还于混噩欤？"

金圣叹的批注，仅作参考，读者可用易学文化的六爻易术理论，自己来分析。

第四节　第六十象：癸亥与钦［咸］

谶曰：

　　　　一阴一阳，无终无始。

　　　　终者自终，始者自始。

颂曰：

　　　　茫茫天数此中求，世道兴衰不自由。

　　　　万万千千说不尽，不如推背去归休。

钦 ［咸］（主体现象）

▬▬　▬▬	父母未土	应
▬▬▬▬▬	兄弟酉金	
▬▬▬▬▬	子孙亥水	
▬▬▬▬▬	兄弟申金	世
▬▬　▬▬	官鬼午火	伏妻财卯木
▬▬　▬▬	父母辰土	

卦象：月亮与大山相对及雷电劈入山顶的自然现象。

卦辞：（帛书）钦，亨，利贞，取女吉。

　　　　（通行本）咸，亨，利贞，取女吉。

　　现象描述：月亮大山相对及雷电光劈入山顶的自然景象，就像是脊椎动物准备要接吻的嘴，和动物亲热时生理上有触电似的快感，以及脊椎动物亲热时的情景一样，这个景象是亨通、有利的征兆，这个景象对娶媳妇是吉利的。

1 对谶的形象理解与逻辑分析

1.1 图像的形象理解

图中画着两位长者，其中一位在用双手推着另一位老者的背部。画没有直接表达出谶诗句里的意思。

1.2 卦意的逻辑分析

钦［咸］卦的上卦为夺［兑］（为月、为泽、为舌、为说、为喜悦、为青年女子、为动植物青年状态的雌性、为雌性生殖器官），下卦为根［艮］（为山、为高大、为背、为足、为青年男子、为动植物青年状态的雄性、为雄性生殖器官）。

钦［咸］卦的上卦为夺［兑］（为阴），下卦为根［艮］（为阳）。

太岁亥水临四爻（旷野位、田野位、社会位、道路位、身体位、过程位）子孙（生机、后代、万物、人们）亥（驿马星、生长、生活）水暗合二爻（地面位、关口位、生殖器位、心理位、转换位）官鬼（丈夫、雄性）午火。

伏神在卦中也是一个非常重要的参考要素。

伏着的妻财（妻子、雌性、能量）卯木出来与四爻（旷野位、田野位、社会位、道路位、身体位、过程位）子孙亥水和应（事物）六爻（结果位、终了位）父母（父母、自然、世道）未土合成妻财（能量）木局。

伏着的妻财卯木出来与初爻（开始位、地表位、基本位、基础位）父母（自然、社会、世道）辰土会成妻财（能量）木局。

即"一阴一阳，无终无始。终者自终，始者自始"之意。

袁李两位智者，借图画加谶，实际是在用比喻的方法，而且是非常谨慎、隐晦地在向李世民述说：

"皇上，从时空运行的基本法则和客观规律中，诞生出来的人类和万事万物，都具有着一白一黑、一虚一实、一柔一刚、一阴一阳的属性。"

"它们既有心理的思维，又有肉体的活动。它们既相互对立，又相互统一，既矛盾，又和谐。万事万物发生的运动和变化，是始者自始，终者自终，非常自然。这就是大自然运动的基本法则和客观规律。"

"皇上啊，自然界中所有事物的变化就像钦［咸］卦所说的人类和动物的繁殖一样，子子孙孙，是永远也说不完的。"

2 对颂的形象理解与逻辑分析

2.1 图像的形象理解

图中画着一位长者用双手推着另一位长者背部的情景，符合颂"不如推背去归休"之意，画意没有直接表达出颂其他诗句里的意思。

2.2　卦意的逻辑分析

太岁（太极、宇宙大自然时空运行的基本法则和客观规律）亥（亥在键［乾］宫为天、马星、计算、求取）水临四爻（旷野位、田野位、社会位、过程位）子孙（生机、兴旺、万物）亥（驿马星、生长、变化）水与二爻（地面位、成长位、生殖器位、关口位、心理位、转换位）官鬼（丈夫、强大、壮丽、管理、约束）午火暗合成兄弟（势能、损失、衰减）木局和父母（自然、社会、国家、政权、百姓、成功、太平）土局。

即"茫茫天数此中求，世道兴衰不自由"之意。

太岁亥水临四爻（旷野位、田野位、社会位、身体位、臂膀位、过程位）子孙（生机、万物、千物、规律、法则、秩序）亥（驿马星、说、推背）水（北、背）与二爻（地面位、手位、嘴位、心理位、转换位）官鬼（休息、死亡、秘密）午火暗合成兄弟（势能、帮助）木局和父母（自然、社会、国家、政权、文化、知识、百姓、成功、太平）土局（背为山、为土）。

伏在二爻（地面位、成长位、手位、心理位、转换位）的妻财（能量）卯木出来与三爻（旷野位、田野位、社会位、过程位）兄弟（势能、帮助）申（驿马星、推背、计算、求取）金暗合。

伏在二爻（地面位、成长位、手位、心理位、转换位）的妻财（能量）卯木出来与四爻（旷野位、田野位、社会位、过程位、臂膀位）子孙（生机、万物、规律、法则、秩序、臣仆）亥（驿马星、推背、推理、计算、卜算、求取）水相合。

伏在二爻（地面位、成长位、手位、心理位、转换位）的妻财（能量）卯木出来又冲五爻（核心位、国家位、君王位、胸背部、心理位、转换位）兄弟（势能、帮助）酉（酉在夺［兑］宫为说、为喜悦）金。

卦中的初爻（开始位、地表位、基本位、基础位）为父母（自然、国家、百姓）未土，六爻（宇宙位、天空位、关外位、结果位）也为父母（自然、国家、百姓）未土，即在人类和万物所生活的大自然中所有事物。

即"万万千千说不尽，不如推背去归休"之意。

袁李两位智者，借图画加颂，实际也是在用比喻的方法，而且是非常谨慎、隐晦地在向李世民述说：

"皇上，从时空运行的基本法则和客观规律中，诞生出来的人类和万事万物的变化，是说不尽的。"

"它们无论兴衰，兴也罢，衰也罢，从来就没有跳出过阴阳、五行的变化，也从来就没有跳出时空运行变化的基本法则和客观规律。"

"皇上啊，自然界中所有事物的变化就像钦［咸］卦所说的人类和动物的繁殖一样，子子孙孙，是永远也说不完的。"

"今天我们二人在此运用《周易》理论，以推背的形式，为您及大唐的未来，以及世界的发展进行推理，还有许许多多没有说到的事物，就留给我们的后人们自己去推论吧。"

圣叹曰："一人在前，一人在后，有往无来，无独有偶。以此殿图，其寓意至深远。盖无象之象，胜于有象，我亦以不解解之。著者有知，当亦许可。"

金圣叹的批注，仅作参考，读者可用易学文化的六爻易术理论，自己来分析。

参考文献

1. 帛书《周易》，何新整理，时事出版社，2002。

2. 《周易》通行本，何新整理，时事出版社，2002。

3. 柏莲子编著《古代预言全书〈推背图〉》，时代文艺出版社，1999。

后　记

　　《推背图》署名为唐代的袁天罡和李淳风所撰,清代的金圣叹评注,但历来的很多学者对此《推背图》是否后人伪托的,争论比较大。笔者写此书的目的,以及在演绎的《推背图》中使用了袁天罡和李淳风以及李世民的大名,并不是想证明这部沉甸甸的《推背图》就是唐代的袁天罡和李淳风所撰写的,也并不想证明就是清代的金圣叹为《推背图》进行了注释或写了序言。

　　笔者利用六爻易术基础理论,对《推背图》进行逻辑分析式的解读,目的只是证明这也是一种另类的中国最古老的古汉语言文学的写作形式;证明《周易》以一种独特的方式,在中国历史旷古盛世的大唐时期,就曾被用于国家政治、经济、军事等战略目标和方向的宏观指导过程;证明《周易》这本书很有可能就是一部中国古人归纳和总结独特的与宇宙大自然的时空运行系统完全符合的华夏文化体系的百科全书;证明《周易》不仅是泱泱大中华，更是全世界现存最早、最完善、最系统的哲学、科学著作，而且是在公元前11世纪就已经成书的最古老的（自然、历史、社会、政治、经济、科学等等）系统的唯物主义的文明文化教科书。

袁天罡，又作袁天纲，唐代成都人，曾在隋朝任盐官。他明于术数，长于观风向测祸福，为人相面据说是"累验不爽"。传说他曾对武则天的父亲武士彟说："这孩子（武则天）将来贵不可言。"武士彟便问："她能成为皇后吗？"袁天罡却答非所问地留下一句"岂止是皇后"，便转身离开了。虽然这只是一个传说，却也能看出人们对武则天以及袁天罡的崇拜与尊敬。唐太宗曾召见他问："古代有一位术数专家君平，我今天则得到了你，你们两个相比如何？"袁天罡自信地答道："他生不逢时，而我当然胜过他。"后卒于火山令任上。他著有《六壬课》《五行相书》，但不少人都认为是后人所伪托。从新旧《唐书》袁天纲本传及经籍、艺文志所载来看，没有提到他曾撰《推背图》。

李淳风，唐代岐州雍人。他从小受父亲李播的影响，通晓群书，明步天历算之术。贞观初曾任将士郎，直太史局；后迁太常博士，升太史令。李淳风对于占候吉凶，"若节契然"。他又通历法，制浑天仪，撰麟德历代替戊寅历，著有《法象书》七篇。此外还著有《典章文物志》《乙巳占》等书传于世。后卒于太史令任上。从新旧《唐书》李淳风本传及经籍、艺文志所载来看，也没有提到他曾撰《推背图》。

金喟就是明末清初文学批评家金圣叹（1603~1661），名采，字若采，明亡后改名为人瑞，字圣叹，又名金喟。在明朝时为诸生，入清后，因为哭庙被杀。他少有才名，喜欢批点书籍。他所批改的《水浒》很有特色，批语中颇有独到之处。他还很会作诗，著有《沉吟楼诗选》。在有关金圣叹事迹的正式记载中，也都没有他注释《推背图》的记载。

清人金喟为《推背图》写了一篇玄之又玄的《序》，他说：

谓数可知乎？可知而不可知也。谓数不可知乎？不可知而可知也。可知者数，不可知者亦数。可知其不可知者数，不可知其所可知者亦数也。吾尝仰观于天，日月星辰犹是也；俯察于地，山川草木犹是也。我所亲见之天地，非犹是我所未见之天地耶！然不得谓我所未亲见之天地，即为我所亲见之天地。天地自天地而我异矣；我自我而天地异哉！我生以前之天地可知也，可知者数也；我生以后之天地不可知也，不可知者，亦数也。有我生以前之天地，然后有我生以后之天地，此可知其所不可知者，数也；我生以后之天地，究不同于我生以前之天地，此不可知其所可知者亦数也。数之时义大矣！唐臣袁天罡、李淳风著有《推背图》，父老相传，迄未寓目。壬戌之夏，得一抄本，展而读之，其经过之事，若合符节，其数耶？其数之可知而不可知，不可知而可知者耶？玩其词，参其意，胡运不长，可立而待，毋以天之骄子自处也。

癸亥人日金喟识

假定他为《推背图》所作了这篇《序》，则反映了他对这种预言诗的态度，他认为天地自然之事既不可知又有所可知，落脚点还是对自然未来之事的预言是既准确而又真实地给以了肯定，并相信它所预言的运统。但如圣叹所说将《推背图》中的每一象与历史所发生的大事进行一一的对应，笔者认为这也太过于牵强附会了。

另外，笔者想要在此说明的是，在流传下来的通行本《推背图》中，有许多的卦名与卦序是混乱的，笔者按照后天六十四卦的次序，先将《推背图》重新给以了一一对应，并按照六爻易术的基础理论给以了解读。

后天六十四卦次序图

1. 键［乾］、2. 狗［姤］、3. 掾［遁］、4. 妇［否］、5. 观［观］、6. 剥［剥］、7. 潘［晋］、8. 大有［大有］、9. 习赣［坎］、10. 节［节］、11. 屯［屯］、12. 既济［既济］、13. 勒［革］、14. 丰［丰］、 15. 明夷［明夷］、16. 师［师］、17. 根［艮］、18. 蘩［贲］、19. 泰蓄［大蓄］、20. 损［损］、21. 乖［睽］、22. 礼［履］、23. 中復［中孚］、24. 渐［渐］、25. 辰［震］、26. 馀［豫］、27. 解［解］、28. 恒［恒］29. 登［升］、30. 井［井］、31. 泰过［大过］、32. 隋［随］、33. 筭［巽］、34. 少藐［小畜］、35. 家人［家人］、36. 益［益］、37. 无孟［无妄］、38. 筮盍［噬嗑］、39. 颐［颐］、40. 简［蛊］、41. 罗［离］、42. 旅［旅］、43. 鼎［鼎］、44. 未济［未济］、45. 蒙［蒙］、46. 涣［涣］、47. 讼［讼］、48. 同人［同人］、

49. 川［坤］、50. 復［复］、51. 林［临］、52. 奈［泰］、53. 泰壮［大壮］、54. 夬［夬］、55. 襦［需］、56. 比［比］、57. 夺［兑］、58. 困［困］、59. 卒［萃］、60. 钦［咸］、61. 寒［蹇］、62. 嗛［谦］、63. 少过［小过］、64. 归妹［归妹］

读者也可以按后天六十四卦次序自行对照，看是否是这样。

这与《推背图》最早见于南宋《桯史》中的《桯史·艺祖禁谶书》所指出的"唐袁天罡与李淳风共作图谶，预言历代变革之事，至六十图，袁推李背止之，故名其图谶为《推背图》。宋太祖继位后，曾下令禁止过谶书，但因为此书已流传了数百年，在民间或有藏本，难以禁绝，便取起旧本，紊其次而杂书之"刚好就对应上了。

卫绍生在《中国古代占卜术》中 193 页就指出，有一幅是一个人踞坐高山，手持弓箭，山下有一大猪，上骑一美人，中箭倒地而死。此幅图上附坎上离下的八卦符号，下缀"既济"二字，并有四句三言诗谶："红颜死，大乱止。十八子，主神器。"谶后又有四句七言颂诗："龙争虎斗满寰区，谁是英雄展霸图。十八孩儿兑上坐，九州离乱李继朱。"

对此不知是第几象的"既济"，笔者认为是假的，下面我们就把这一象给大家展开进行一下逻辑分析：

谶曰：

> 红颜死，大乱止。
>
> 十八子，主神器。

颂曰：

> 龙争虎斗满寰区，谁是英雄展霸图。
>
> 十八孩儿兑上坐，九州离乱李继朱。

既济［既济］（主体现象）

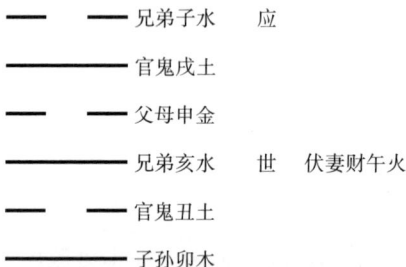

—— ——	兄弟子水	应
————	官鬼戌土	
—— ——	父母申金	
————	兄弟亥水	世　伏妻财午火
—— ——	官鬼丑土	
————	子孙卯木	

卦象：冬天的时候外面冷，里面暖和。

卦辞：（帛书）既济，亨，小利贞，初吉，冬乳。

（通行本）既济，亨，小利贞，初吉，终乱。

现象描述：冬天的时候外面冷，在屋内才会暖和，穿着棉衣的身体也才会暖和，注意保暖。这样的情景，就像要注意保暖抵御寒冷才会好一样，是有小利的征兆。就像每一年的春天都会比较好，冬天会比较麻烦一样，刚开始立冬进入冬天时挺好，到了冬至后最寒冷的时候，就要像照顾刚出生还在吃奶的小孩一样，小心照顾自己的身体了，否则会很麻烦的。

1. 对图画及谶曰的形象理解与逻辑分析

所说之图中的"山下有一大猪，上骑一美人，中箭倒地而死"就是下卦罗［离］（红色、中年女人）卦中的三爻（屁股位、手臂位）兄弟（损失）亥（猪、弓弹、马星、死亡）水暗合克制伏神妻财（女人）午（桃花、美丽）火（红色），这与谶曰"红颜死"的意思有点符合。

虽然伏神妻财午火不上卦，生旺不了官鬼（祸乱、灾难）戌土和官鬼（祸乱、灾难）丑土，但丑土与戌土是相刑的，土越刑越旺，代表官鬼（祸乱、灾难）的土就会旺起来，这就与谶曰"大乱止"中的意思好像不太符合了。

所说之图中的"一个人踞坐高山，手持弓箭"就是上卦习赣［坎］（匪盗、弓弹）卦中的五爻官鬼（匪盗、军人）戌土（高山）之上有一个六爻兄弟子水（弓弹）。

二爻官鬼丑（2 数）土与三爻兄弟亥（12 数）水会成兄弟水局生初爻子孙卯（4 数）木，丑（2 数）十亥（12 数）卯十（4 数）为 18 数，这与谶曰"十八子"的意思有点符合。

初爻子孙卯木与四爻父母申（申同神）金暗合，这与谶曰"主神器"的意思也有一点符合。

2. 对图画及颂曰的形象与逻辑分析

卦中的五爻（大王位、龙位）官鬼（匪盗、英雄、军人）戌土与二爻（小王位、虎位）官鬼（匪盗、英雄、军人）丑土相刑，好像挺符合颂"龙争虎斗满寰区，谁是英雄展霸图"诗句里的意思。

二爻官鬼丑（2 数）土与三爻兄弟亥（12 数）水会成兄弟水局生旺初爻子孙卯（4 数）木与四爻父母申（申在夺［兑］宫）金暗合，好像也挺符合颂曰"十八孩儿兑上坐"诗句里的意思。

五爻（大王位、龙位）官鬼（匪盗、英雄、军人、战争、祸乱）戌土与四爻父母（国家、州地）申（9数）金相会，好像也挺符合颂曰"九州离乱李继朱"诗句里"九州离乱"的意思，那么"李继朱"就对应不上了。

3. 综合判断

此版本中的这个"既济"卦所对应的不知是后天六十四卦中的哪一象，因为，就是笔者所演绎的这本《推背图》中的秩序就已经被别人所打乱了，没有象数的秩序就对应不上太岁的干支，就没法知道卦中的哪一个爻会最先被影响，最先动起来，在易学所能归类的东西中，它所代表的东西又是什么呢？那么这个"既济"卦到底是真的，还是假的呢？

最关键的是，通过将此"既济"卦的图画与谶曰及颂曰诗句里的意思对应来分析，就会发现，《周易》中的"既济"卦的卦辞之意，与此"既济"卦的图画与谶曰及颂曰诗句里的意思根本就对应不起来，没有一点能与"冬天的时候外面冷，里面暖和"的意思对应上。

所以，笔者在此可以充分地肯定，这个版本中的这个"既济"卦是别人篡改的，虽然此人具有一定的易学中的六爻易术知识，但他就根本没有读懂过《周易》。

从这就可以看出，编纂此"既济"卦之人的易学知识如果与作者（假定作者为袁天罡和李淳风）的易学知识相比，真是差了十万八千里。

虽然在《推背图》的三幅图中所画的胡人都为清朝的满人装扮，但并不影响用六爻易术中的基础理论，对谶曰及颂曰诗句里的意思进行逻辑的分析。

在《推背图》中，作者的原意是反对战争的，从《推背图》中的图画中可以看出，它和现代漫画一样，在隐喻某个事情或某个现象。通过大自然运行的自然法则和客观规律，我们大家都可以清楚地认识到，不管是谁在发动战争，其本质都是为了自己的政治经济利益，而在《推背图》中的六十个象中所阐述的官鬼爻，在六爻易术中的基础理论中其实就是政治，发动战争只不过是政治的一种极端的手段，妻财（经济、财富）爻生官鬼（战争、灾难）爻，源头还在经济利益上，说明发动战争的本质还是为了经济利益，所有的理由与旗号只不过就是一个堂而皇之的借口而已。《周易》中的"有赏于商"这句话的本意就是典型的例子，就像美军攻打伊拉克一样。

在《推背图》中，原作者的本意是在极力推崇狠抓国家经济的综合发展和国民的精神文明与素质教育，通过大自然运行的自然法则和客观规律，我们大家也都可以清楚地认识到，在一个多极的世界里，只有发展才是硬道理。

由于笔者只是一位易学爱好者，水平还很有限，在作品中对《推背图》的逻辑分析和演绎论述观点，也只代表本人的一家之言，演绎方法和解读的准确与否，还有待于历史学家和易学研究专家来下最后的结论，因为科学本身就是一个不断探索，不断发现和发展的过程，而后才被揭示，才被应用。

但笔者坚信，《推背图》的这种写作方式对我们今天所有研究中国文化中的易学思想和《周易》的人们都会很有帮助，能打开一个全新的思路。

2015 年 11 月作者修改于乌鲁木齐市

图书在版编目（CIP）数据

解读《推背图》/ 许钦彬著 . -- 修订本 . -- 北京：
社会科学文献出版社，2016.1（2025.4 重印）
　（述而作）
　ISBN 978 - 7 - 5097 - 8372 - 6

　Ⅰ . ①解…　Ⅱ . ①许…　Ⅲ . ①命书 - 中国 - 古代
②《推背图》- 研究　Ⅳ . ①B992.3

　中国版本图书馆 CIP 数据核字（2015）第 268744 号

· 述而作 ·

解读《推背图》（修订版）

著　　者 / 许钦彬

出 版 人 / 冀祥德
组稿编辑 / 宋月华
责任编辑 / 周志宽　侯培岭
责任印制 / 岳　阳

出　　版 / 社会科学文献出版社 · 人文分社（010）59367215
　　　　　地址：北京市北三环中路甲 29 号院华龙大厦　邮编：100029
　　　　　网址：www. ssap. com. cn
发　　行 / 社会科学文献出版社（010）59367028
印　　装 / 三河市东方印刷有限公司

规　　格 / 开本：889mm × 1194mm　1/32
　　　　　印 张：14　字 数：301 千字
版　　次 / 2016 年 1 月第 1 版　2025 年 4 月第 16 次印刷
书　　号 / ISBN 978 - 7 - 5097 - 8372 - 6
定　　价 / 59. 00 元

读者服务电话：4008918866